es 1250

edition suhrkamp

Neue Folge Band 250

Neue Historische Bibliothek
Herausgegeben von Hans-Ulrich Wehler

Der Nationalismus ist eine der großen politischen Triebkräfte des 19. und 20. Jahrhunderts. Durch den Prozeß der Nationen- und Nationalstaatsbildung wurde die Landkarte Europas grundlegend umgestaltet. Auch in der Welt von heute ist er wahrscheinlich eine stärkere ideologische und politische Macht als die Ideen von Freiheit und Demokratie oder die des Kommunismus. Doch gerade die Deutschen neigen dazu, die fortwirkende Bedeutung des Nationalismus in der Weltpolitik zu unterschätzen. Ist der Grund darin zu suchen, daß sie »gebrannte Kinder« sind? Denn der Nationalismus des Kaiserreiches mündete in die Niederlage des Ersten Weltkrieges, und der pervertierte Nationalismus des Dritten Reiches führte in die Katastrophe des Zweiten Weltkrieges und zur Zerstörung des 1871 begründeten deutschen Nationalstaates. Heute stellt sich uns der Nationalismus als Phänomen der Ungleichzeitigkeit dar. In Westeuropa hat er nach 1945 seinen Gipfelpunkt offensichtlich überschritten, während er in den meisten Ländern der Dritten Welt in voller Blüte steht. Im Zeichen der europäischen Einigungsbestrebungen betrachten viele Europäer den Nationalismus als eine überwundene, kriegerische Konflikte auslösende Ideologie. In den Entwicklungsländern dagegen wird Nationalismus als etwas Fortschrittliches empfunden, als Medium kollektiver Selbstfindung nach den Erfahrungen kolonialer Herrschaft. Nationalismus ist deshalb in der Dritten Welt vielfach noch das, was er im Europa des frühen 19. Jahrhunderts war: Ausdruck eines Verlangens nach politischer und sozialer Emanzipation. Der Band gibt folglich nicht nur einen chronologischen Abriß des modernen Nationalismus, sondern fragt auch nach seinen sich wandelnden Funktionen.
Peter Alter ist Historiker an der Universität Köln.

Peter Alter
Nationalismus

Suhrkamp

edition suhrkamp 1250
Neue Folge Band 250
Erste Auflage 1985

Erstausgabe

Satz: Philipp Hümmer, Waldbüttelbrunn
Druck: Nomos Verlagsgesellschaft, Baden-Baden
Umschlagentwurf: Willy Fleckhaus
Printed in Germany

1 2 3 4 5 6 – 90 89 88 87 86 85

Inhalt

V. Renaissance des Nationalismus?

Vorbemerkung

Als Anfang der fünfziger Jahre junge Europäer aus Begeisterung über die ersten Ansätze einer europäischen Integrationspolitik an der deutsch-französischen Grenze die Schlagbäume entfernten, glaubten sie, mit dieser symbolischen Handlung den Nationalismus endgültig überwunden zu haben. Im vielerorts verwüsteten und demoralisierten Europa der unmittelbaren Nachkriegszeit war alles, was Assoziationen mit Nationalismus auch nur entfernt nahelegte, gründlich diskreditiert. Die Nation und der Nationalstaat, zwei Begriffe, die seit dem 19. Jahrhundert im Mittelpunkt des politischen Denkens und Handelns gestanden hatten, waren auf dem besten Wege – so schien es damals in der Euphorie hochgespannter Erwartungen –, in einem sich wirtschaftlich und politisch einigenden Europa obsolet zu werden.

Indes, die Hoffnung der Europäer auf eine schnelle politische Einigung ihres Kontinents, wenigstens seines westlichen Teils, und die auch anderswo gehegte Vorstellung einer »One World«, die 1945 durch die Gründung der Vereinten Nationen in San Francisco beflügelt worden war, erwiesen sich nur allzu bald als Illusion. Schon wenige Jahre nach dem Ende der nationalsozialistischen Gewaltherrschaft über Europa und den beispiellosen Greueln des Zweiten Weltkrieges stand der Nationalismus nicht nur in den jungen Staaten Afrikas und Asiens wieder in voller Blüte. Auch in Westeuropa war die Rückkehr nationaler, ja nationalistischer Motivationen und Denkkategorien in die praktische Politik ungeachtet aller gegenteiligen Beteuerungen der Politiker nicht zu leugnen.

Heute, vier Jahrzehnte nach dem Zweiten Weltkrieg, ist es realistisch, davon auszugehen, daß der Nationalismus als ein universalgeschichtliches Prinzip auch in der absehbaren Zukunft die innere Ordnung der Staaten und die Beziehungen der Völker untereinander entscheidend bestimmen wird. Ihn leichthin als politische Fehlentwicklung zu bezeichnen oder ihn als unvermeidbare, historische Übergangserscheinung aufzufassen, hieße, seine fortdauernde Wirksamkeit in der Politik zu unterschätzen. Trotz aller berechtigten Abscheu vor den Übersteigerungen des Nationalismus, wie sie vor allem in den Jahren nach dem Ersten Weltkrieg virulent waren, kann man ihn nicht als pathologische Erscheinung in der

Geschichte moderner Gesellschaften aus dem Bewußtsein verdrängen oder die Beschäftigung mit seiner historischen Wirkung als überflüssig abtun. Das käme dem naiven Bemühen gleich, die Gefahren, die von Nationalismus und nationalistischem Denken für die Gesellschaft im Industriezeitalter und für den Weltfrieden unzweifelhaft ausgehen, in geradezu fahrlässiger Weise zu ignorieren. Die genaue Kenntnis des Nationalismus, seiner historischen Ursachen und der mit ihm verbundenen politischen und sozialen Probleme ist schon aus diesem Grunde heute notwendiger denn je.

Nicht zuletzt diese Überzeugung liegt diesem Band zugrunde. Der Nationalismus wird hier als politisch-historisches Gesamtphänomen analysiert, das sich in bestimmten, oft räumlich und zeitlich begrenzten Erscheinungsformen darstellt. Ein solcher Ansatz schließt den Nationalismus im Europa des 19. Jahrhunderts und der Zwischenkriegszeit ebenso in die Betrachtung ein wie den deutschen Nationalismus während der Befreiungskriege gegen Napoleon, im Kaiserreich von 1871 und im »Dritten Reich« wie auch den Nationalismus in der Dritten Welt. In einer so umfassenden Perspektive ist – angesichts der Breite unserer historischen Kenntnisse über den Gegenstand[1] – die anzustrebende Diagonale zwischen dem Besonderen und dem Allgemeinen nicht einfach zu ziehen. Dennoch: Auch wenn eine überblickartige Darstellung des Nationalismus und seiner Geschichte seit der Französischen Revolution in Anbetracht seiner Vielgestaltigkeit nicht unproblematisch erscheint, lassen sich über die politischen und sozialen Bedingungen für das Auftreten spezifischer Formen von Nationalismus generalisierende Feststellungen treffen. Sie stützen sich auf Monographien und vergleichende Analysen nationaler Bewegungen und nationalistischen Denkens, wie sie besonders seit dem Zweiten Weltkrieg als Reaktion auf die politische Entwicklung der zwanziger und dreißiger Jahre in größerer Zahl erschienen sind.

Im Anschluß an diese Arbeiten berücksichtigt der folgende Essay sowohl Fragestellungen der ideen- als auch der sozialgeschichtlich orientierten Nationalismusforschung. Der Nationalismus wird dabei als eine politische Kraft begriffen, die in den letzten zwei Jahrhunderten unter ganz verschiedenartigen historischen Umständen und in unterschiedlicher Weise wirksam wurde. Die Ausführungen sollen auf die sich wandelnden politischen und sozialen Funktionen aufmerksam machen, die er in der Geschichte übernommen hat. Damit ist die entscheidende Frage nach einem möglichen Funktionsverlust des Nationalismus in der Gegenwart aufgeworfen. Sie verbindet sich mit der Hoffnung, daß insbesondere seine extremen Erscheinungsformen durch die Kenntnis ihrer Ursachen zumindest in entwickelten demokratischen Gesellschaften überflüssig werden.

Die wissenschaftliche Beschäftigung mit dem Nationalismus hat als »Spezialforschung mit universalem Horizont«[2] unter dem Eindruck der europäischen Katastrophe in der Epoche der Weltkriege und der Dekolonisation in der Dritten Welt großen Auftrieb erhalten. In der Bundesrepublik Deutschland ist sie vor allem von der 1965 gegründeten Forschungsabteilung des Historischen Seminars der Universität zu Köln maßgeblich gefördert worden. Die Bestände ihrer mittlerweile einzigartigen Bibliothek wurden mir in großzügiger Weise zugänglich gemacht. Dafür und für vielfältige Anregungen seit 1962 gilt mein Dank ihrem Leiter, Professor Theodor Schieder. Seinem Andenken ist dieser Band gewidmet.

Herzlich danken für ihre Unterstützung und Ermutigung möchte ich auch Renate Alter (Köln), Lydia Kramer (Köln) und Christa Metzger (Freiburg).

London, im Oktober 1984 *Peter Alter*

I. Was ist Nationalismus?

1. Problematik eines Begriffs

Der Nationalismus ist eine politische Kraft, welche die Geschichte Europas und der Welt in den letzten beiden Jahrhunderten stärker bestimmt hat als die Ideen der Freiheit und parlamentarischen Demokratie oder die des Kommunismus. Der moderne Nationalismus hat seinen Ursprung im ausgehenden 18. Jahrhundert in Westeuropa und Nordamerika. In der Folgezeit breitete er sich über ganz Europa, schließlich über die ganze Welt aus. Neben dem Sozialismus war er einer der beiden »Ideenströme des 19. Jahrhunderts« (Friedrich Meinecke). Im 20. Jahrhundert erlebte der Nationalismus schließlich einen Siegeszug ohnegleichen, mit sprunghaft zunehmender Bedeutung in Europa unmittelbar vor und nach dem Ersten Weltkrieg, dann in Asien und Afrika besonders nach dem Zweiten Weltkrieg.

Die Fülle der politischen Erscheinungen, die unter »Nationalismus« zusammengefaßt werden, deutet an, daß der Begriff einer der inhaltlich vieldeutigsten ist, den es heute in unserem politischen und wissenschaftlichen Sprachgebrauch gibt. Das Programm einer Aufstandsbewegung auf dem Balkan im 19. Jahrhundert oder in Afrika im 20. Jahrhundert, um nur zwei Beispiele zu nennen, wird dem Begriff ebenso zugeordnet wie die Unterdrückung eines Volkes durch ein anderes. Nationalismus zeigte und zeigt sich im Gewand des Imperialismus wie dem des Anti-Imperialismus. Nationalismus kann verbunden sein mit Bestrebungen der politischen, sozialen, wirtschaftlichen und kulturellen Emanzipation wie solchen der Unterdrückung.

Unter Berufung auf den Nationalismus wurden im 19. und 20. Jahrhundert historisch gewachsene multinationale Großstaaten wie das Osmanische Reich oder die Habsburgermonarchie in eine Vielzahl kleiner Nachfolgestaaten zerschlagen. Unter Berufung auf den Nationalismus entstanden in den vergangenen anderthalb Jahrhunderten neue Staaten wie Griechenland, Italien, das Deutsche Reich, die Tschechoslowakei oder Polen. Nationalistische Interessen waren seit dem späten 19. Jahrhundert Anlaß für die koloniale Expansion der europäischen Mächte, die sich in Asien, Afrika und in anderen Teilen der Erde überseeische Imperien schufen. In der Zwischenkriegszeit und im Zweiten Weltkrieg wurde Nationalismus zu einem Synonym für Intoleranz, Inhumanität und Gewalt. Im Namen des Nationalismus wurden Kriege geführt und geschahen ungeheuerliche Verbrechen. Auf Nationalismus war es einerseits zurückzuführen, daß Menschen gewaltsam aus ihren angestammten Siedlungsgebieten vertrieben und territoriale Eroberungen gerechtfertigt werden konnten. Mit Nationalismus verbanden sich andrerseits Hoffnungen auf eine freie und gerechte Gesellschaftsordnung. Nationalismus bedeutete in der Tat für Völker und Individuen vielfach Befreiung von politischer und sozialer Diskriminierung. Nationalismus bedeutete für Völker und Individuen aber nicht weniger häufig Gefährdung und Einschränkung ihrer Freiheit, in nicht seltenen Fällen sogar Bedrohung, ja Vernichtung ihrer physischen Existenz. Die Ausrottungspolitik der Nationalsozialisten ist dafür das schrecklichste Beispiel.

Im Nationalismus, der offenbar mühelos für viele Entwicklungen als Etikett und als Rechtfertigung benutzt werden kann, verbergen sich mithin extreme Gegensätze und Widersprüche. Er kann Emanzipation, und er kann Unterdrückung bedeuten. Der Nationalismus enthält, scheint es, Chancen und Gefahren. Er stellt sich in so unterschiedlichen Formen und »nationalen« Ausprägungen dar, daß oft bezweifelt wird, ob es sich überhaupt um ein und dieselbe Sache handelt. Erst im historischen Zusammenhang kann deutlich werden, wofür der Begriff jeweils steht oder stehen soll. Das läßt, zumindest vorläufig, nur eine Schlußfolgerung zu: *Den* Nationalismus gibt es nicht, sondern nur dessen vielgestaltige Erscheinungsformen. Deshalb wäre es wahrscheinlich angebrachter, von *Nationalismen* zu reden statt von Nationalismus. Dennoch bleibt die Frage zu beantworten, ob die verschiedenen Nationalismen formal und inhaltlich nicht trotzdem gemeinsame Strukturen aufweisen und auf vergleichbare historische Ausgangspositionen zurückgeführt werden können.

Im heutigen deutschen Sprachgebrauch und Sprachverständnis handelt oder argumentiert jemand »nationalistisch« oder wird jemand als »Nationalist« bezeichnet, wenn er die Interessen einer Nation, in der Regel die der eigenen, den Interessen anderer Nationen rücksichtslos überordnet und bereit ist, diese gegebenenfalls unter dem Gesichtspunkt eines *sacro egoismo* der eigenen Nation zu mißachten. Nationalismus ist in der Definition einer verbreiteten Enzyklopädie die »übersteigerte, intolerante Erscheinungsform des Nationalgedankens«.[1] Dem Nationalismus als einer angeblich extremen Ideologie haftet daher heute ein starker negativer Beigeschmack an, eine mehr oder weniger eindeutige moralische Bewertung. Der Begriff wird benutzt, um Formen kollektiver Selbstsucht und Aggressivität im vorgeschobenen Namen der Nation zu brandmarken. Demgegenüber werden eine »nationale Gesinnung«, »Nationalgefühl« oder ein Handeln im »nationalen« Sinne positiv gewertet, da hiermit offenbar legitime Interessen berührt werden, die nicht zwangsläufig zu Konflikten mit dem Nationalismus anderer Völker führen müssen. Vorausgesetzt wird vielmehr in diesem Falle die Annahme, daß die verschiedenen Nationalismen gleichberechtigt sind und die Fähigkeit besitzen, ihre sich häufig gegenseitig ausschließenden Ansprüche durch Kompromisse friedlich auszugleichen.

Um das im Deutschen pejorativ besetzte Wort »Nationalismus« zu vermeiden, wird deshalb gelegentlich wieder der ältere Begriff des Patriotismus, der Vaterlandsliebe, bemüht, der im Europa des 18. Jahrhunderts die emotionale Bindung an eine Landschaft, an einen dynastischen Staat oder einen Herrscher zum Inhalt hatte. In manchen Territorien des Alten Reiches, vor allem im Südwesten, lassen sich auch Formen eines Reichspatriotismus nachweisen. Die Liebe zum Vaterland verband sich mit allgemeinmenschlichen Idealen: Man konnte sehr wohl Patriot und Weltbürger zugleich sein. Seit dem 19. Jahrhundert wurde der Begriff Patriotismus auf die Bindung zur Nation und zum Nationalstaat übertragen und wurde zu einem allerdings immer seltener gebrauchten Synonym für Nationalismus und Nationalbewußtsein. Später tauchte der Begriff Patriotismus wieder auf, nun oft als Gegenbegriff zu einem zunehmend als expansiv erlebten Nationalismus, nämlich, wie es der niederländische Historiker Johan Huizinga einmal formulierte, als »Wille zu wahren und zu schirmen, was gut und teuer ist«.[2] Im Unterschied zum Nationalismus ist Patriotismus praktisch nie als offensive politische Kraft wirksam geworden. Der Historiker Hans Kohn, der neben Carlton Hayes als Nestor der modernen Nationalismusforschung gelten kann, nannte den Patriotismus deshalb mit einiger Berechtigung ein »rein vegetatives Gruppengefühl«.[3]

Der Gebrauch des Begriffs Nationalismus, der sich zum erstenmal im Jahre 1774 in einer Schrift Johann Gottfried Herders nachweisen läßt, verbreitete sich in der Alltagssprache erst seit der Mitte des 19. Jahrhunderts.[4] Aber bis heute ist umstritten, was unter Nationalismus genau zu verstehen ist. Auf allgemeinverbindliche Definitionen, auch für solche Begriffe wie Nation oder Nationalität, hat sich selbst die seit Jahrzehnten betriebene Nationalismusforschung noch nicht zu einigen vermocht. Die Zahl der vorliegenden Definitionen von Nationalismus entspricht daher durchaus der Vielgestaltigkeit der Erscheinungsformen von Nationalismus in der historisch-politischen Wirklichkeit seit dem ausgehenden 18. Jahrhundert.[5] Noch täglich mit neuen Formen und Aktionen von Nationalismus konfrontiert, war und ist der Erfahrungshorizont der Autoren für die Definition von Nationalismus und die Ansätze zu seiner Erforschung ebenso von Bedeutung wie die Gewichtung der Komponenten, die nach einem ziemlich breiten Konsens in unterschiedlicher Ausprägung und Kombination vorliegen müssen, wenn von Nationalismus die Rede sein soll. Solche gemeinschaftstiftenden Komponenten oder Merkmale von Nationalismus sind z. B. das Bewußtsein eines Anders- oder Besondersseins vor allem aufgrund ethnischer, sprachlicher oder konfessioneller Homogenität, die Betonung der Gemeinsamkeit von soziokulturellen Einstellungen und historischen Erinnerungen, Sendungsbewußtsein, Geringschätzung anderer Völker oder Animosität ihnen gegenüber.

Der Politikwissenschaftler Karl W. Deutsch, dessen Arbeiten die Nationalismusforschung seit den fünfziger Jahren außerordentlich befruchtet haben, nannte den Nationalismus deshalb eine »Geistesverfassung«, die »nationalen« Nachrichten, Erinnerungen und Vorstellungen einen bevorzugten Platz in der gesellschaftlichen Kommunikation und ein stärkeres Gewicht bei politischen Entscheidungen einräumt. Nach Deutsch schenkt ein Nationalist vorzugsweise jenen Nachrichten Aufmerksamkeit, die spezifisch nationale Symbole enthalten oder die in dem spezifisch nationalen Sprach- und Kultur-Kode abgefaßt sind.[6] Diese Definition von Nationalismus, die den Nachdruck auf intensive soziale Kommunikation als Voraussetzung für ein Gefühl nationaler Identität legt, ist jedoch unbefriedigend, da sie nur bestimmte, wenngleich wichtige Teilaspekte von Nationalismus berücksichtigt.

Eine Definition, welche die Erscheinungsformen des Nationalismus im 19. wie auch im 20. Jahrhundert, den Nationalismus von Völkern im Nichtbesitz und im Besitz des eigenen Staates einschließt, muß notwendigerweise umfassender sein. Einer solchen

Forderung kommt der Soziologe und Historiker Eugen Lemberg wesentlich näher, wenn er im Rahmen seiner »soziologischen Theorie des Nationalismus«[7] den Nationalismus als »ein System von Vorstellungen, Wertungen und Normen, ein Welt- und Gesellschaftsbild« charakterisiert, das einer sozialen »Großgruppe ihre Zusammengehörigkeit bewußt macht und dieser Zusammengehörigkeit einen besonderen Wert zuschreibt, mit anderen Worten: diese Großgruppe integriert und gegen ihre Umwelt abgrenzt«.[8] Als Kristallisationskerne für das Zusammengehörigkeitsgefühl einer sozialen Großgruppe nennt Lemberg in diesem Zusammenhang »Gleichheit der Sprache, der Abstammung, des Charakters, der Kultur oder der Unterstellung unter eine gemeinsame Staatsgewalt«.[9]

Lembergs Definition des Nationalismus als einer Ideologie, die große gesellschaftliche Gruppen zu integrieren vermag, hat Theodor Schieder noch dahingehend ergänzt, daß Nationalismus eine *spezifische* Integrationsideologie ist, »die immer eine ›Nation‹ in irgendeinem Sinne im Auge hat, nicht etwa eine *nur* am Sozialen oder Religiösen orientierte Gruppe«.[10] An dieses breite Verständnis von Nationalismus ist anzuknüpfen. Der moderne Nationalismus, wie er sich seit der Amerikanischen und Französischen Revolution darstellt, wird im folgenden als eine Ideologie und zugleich als eine politische Bewegung verstanden, die sich auf die Nation und den souveränen Nationalstaat als zentrale innerweltliche Werte beziehen und die in der Lage sind, ein Volk oder eine große Bevölkerungsgruppe politisch zu mobilisieren. Nationalismus verkörpert also in hohem Maße ein dynamisches Prinzip, das Hoffnungen, Emotionen und Handlungen auszulösen vermag. Er ist ein Instrument zur politischen Solidarisierung und Aktivierung von Menschen, um ein gemeinsames Ziel zu erreichen.

Nationalismus liegt dann vor, wenn die Nation die gesellschaftliche Großgruppe ist, der sich der einzelne in erster Linie zugehörig fühlt, und wenn die emotionale Bindung an die Nation und die Loyalität ihr gegenüber in der Skala der Bindungen und Loyalitäten oben steht. Nicht der Stand oder die Konfession, nicht eine Dynastie oder ein partikularer Staat, nicht die Landschaft, nicht der Stamm und auch nicht die soziale Klasse bestimmen primär den überpersonalen Bezugsrahmen. Der einzelne ist auch nicht länger, wie das z. B. noch die Philosophie der Aufklärung postulierte, in erster Linie Mitglied der Menschheit und damit Weltbürger, sondern fühlt sich vielmehr als Angehöriger einer bestimmten Nation. Er identifiziert sich mit ihrem historischen und kulturellen Erbe und mit der Form ihrer politischen Existenz. Die Nation (oder der Nationalstaat) bildet für ihn den Lebensraum und vermittelt ihm ein Stück Lebenssinn in Gegenwart und Zukunft. In seiner berühmt gewordenen und einflußreichen Studie *Weltbürgertum und Nationalstaat* hat Friedrich Meinecke diesen vielschichtigen Vorgang der geistigen Umorientierung vom humanitären Universalismus der Aufklärung auf die Nation und den Nationalstaat hin am deutschen Beispiel eindringlich aufgezeigt.[11]

2. Nation als zentraler Wert

Die Nation stellt für den Nationalismus den höchsten Wert dar, sie ist die allein verbindliche Sinngebungs- und Rechtfertigungsinstanz. Nationen sind gewissermaßen die Bausteine, aus denen sich die Menschheit zusammensetzt. Die Interessen der Nation werden vor allen anderen zum Maßstab des politischen Denkens und Handelns. Dies führt dann vielfach in radikaler Konsequenz zur »Umwandlung des Nationalismus in einen Religionsersatz«.[12] Darauf ist von der Nationalismusforschung schon früh hingewiesen worden. Vor allem der amerikanische Historiker Carlton Hayes hat auf die religiösen Prädikate aufmerksam gemacht, die sich in nahezu allen uns bekannten Beispielen mit Nationalismus verbanden[13]: Die Nation ist religiös geweiht, sie ist letztlich heilig. Der Dienst, gar der Tod für den Zusammenhalt, für die Selbstbehauptung, für den Ruhm der Nation werden in der nationalen Rhetorik zum Opfer und Martyrium überhöht. Der nationale Aufbruch in Deutschland im frühen 19. Jahrhundert und später in anderen Ländern wird als rauschhaftes Gemeinschafts- und Solidaritätserlebnis erfahren. »Das Religiöse«, so hat es Thomas Nipperdey auf eine Formel gebracht, »wird im Nationalen säkularisiert, das Säkulare sakralisiert.«[14]

Falsch wäre es aber, zwischen Religion und Nationalismus eine einfache Wechselbeziehung herstellen zu wollen, in dem Sinn, daß der Nationalismus in einer sozialen Gruppe in dem Maße an Stärke gewinnt, in dem der religiöse Glaube schwindet. Gegen eine solche Vereinfachung sprechen Beispiele wie die der Iren, Waliser, Basken oder Slowaken. Bei ihnen büßte ungeachtet eines starken Nationalismus die religiöse Bindung nichts von ihrer Kraft ein. Der Klerus unterstützte die nationale Bewegung, häufig nahm er in ihrer Organisation und Agitation eine führende Stellung ein.

Alles bisher über den Nationalismus Gesagte stützt sich auf den abstrakten Begriff der Nation. Dies führt zu der Frage, was unter Nation zu verstehen ist, was eine Nation ausmacht. Was unterscheidet sie vom Volk? Schon ein flüchtiger Blick in die ausgedehnte Literatur zeigt, daß die Zahl der Definitionen von Nation nicht weniger groß ist als diejenige von Nationalismus und daß keine von ihnen sich als allgemeinverbindlich hat durchsetzen können. Die einfachste Antwort auf diese Frage lautet: Die Nation ist das politisch mobilisierte Volk. Für Karl W. Deutsch ist das Volk – wieder unter Verwendung seines Schlüsselbegriffs Kommunikation – eine Ansammlung von Individuen, die »schnell und effektiv über Distanzen hinweg und über unterschiedliche Themen und Sachverhalte miteinander kommunizieren können«. Diese Fähigkeit zur Kommunikation setzt in der Regel eine gemeinsame Sprache, Religion und Kultur voraus, einen »Bestand von gemeinsamen Bedeutungen und Erinnerungen«. Kommunikationsgemeinschaft beruht wesentlich auf Gemeinsamkeit der Kultur. Wenn das so definierte Volk dann noch über einen eigenen Staatsapparat verfügt, über autonome politische Macht, kann es nach Deutsch als Nation bezeichnet werden. Eine Nation ist für ihn folglich ein Volk im Besitz eines Staates.[15]

Es bedarf keiner weiteren Begründung, daß dies eine sehr eingeschränkte Definition von Nation darstellt. Da ein eigener Staat oft erst das Ergebnis nationaler Bestrebungen ist, könnte danach z. B. ein Volk im vorstaatlichen Stadium seiner Existenz nicht als Nation bezeichnet werden. Fraglos verstanden sich aber die Deutschen seit dem ausgehenden 18. Jahrhundert als Nation – einen eigenen Nationalstaat gewannen sie erst 1871. In gleicher Weise bildeten die Polen eine Nation, die aber im 19. Jahrhundert aufgeteilt in den drei multinationalen Großreichen Rußland, Österreich-Ungarn und Preußen/Deutschland lebten. Den eigenen Nationalstaat gewannen die Polen 1918. Die Definition von Deutsch läßt auch die bekannte geschichtliche Erfahrung außer acht, daß es Völker gibt, deren Charakter als Nation seit dem 19. Jahrhundert unbestritten ist, deren Bemühungen um Konstituierung eines eigenen Staates aber bis heute erfolglos blieben. Beispiele dafür sind die Schotten, Armenier, Ukrainer oder Basken. Deutschs Definition erlaubt überdies den Schluß, daß sich die Zahl der existierenden Staaten mit der Zahl der Nationen deckt. Das trifft natürlich nicht zu, auch wenn der amerikanische Präsident Woodrow Wilson als Advokat eines rigoros angewandten Selbstbestimmungsrechts zeitweilig die Vorstellung gehegt haben mochte, jeder Nation könne das Recht zur Staatsbildung mehr oder weniger garantiert werden. Kurzum: Aus diesen und ähnlichen Beispielen ist zu folgern, daß die Nation durchaus ohne den eigenen Staat, ein Staat ohne eine einheitliche Nation existieren kann. Die Frage des tatsächlichen Besitzes oder des Nichtbesitzes autonomer staatlicher Macht spielt für die Definition von Nation eine eher untergeordnete Rolle – nicht jedoch, und das ist entscheidend, für den Nationalismus als Ideologie.

Für Max Weber besagte der Begriff Nation zunächst, daß »gewissen Menschengruppen ein spezifisches Solidaritätsempfinden anderen gegenüber zuzumuten sei«.[16] Das ist auf den ersten Blick eine sehr vage Formulierung, die im Grunde auch auf Religionsgemeinschaften, Gewerkschaften oder Parteien zutrifft. Das Schlüsselwort der Weberschen Definition ist aber das Attribut »spezifisch«. Das Solidaritätsempfinden orientiert sich an bestimmten Merkmalen, wird durch diese ausgelöst und wachgehalten. Diese sind dabei im wesentlichen die gleichen, denen bereits bei der Definition von Nationalismus eine nationsbildende Funktion zugeschrieben wurde: Sprache, Kultur, historisches Bewußtsein, Sitten, Kommunikation, Religion, politische Ziele und anderes. Sie können für verschiedene Nationen ein unterschiedliches Gewicht als Medium der nationalen Identitätsfindung und der Abgrenzung gegen eine andersnationale Umwelt haben. Zum Beispiel war es bei den Serben oder Griechen bis ins 19. Jahrhundert hinein in erster Linie das orthodoxe Christentum, das sie gegenüber den moslemischen Türken trotz jahrhundertelanger Symbiose als eigene soziale Gruppe identifizierte. Als 1923 zwischen Griechen und Türken ein Bevölkerungsaustausch durchgeführt wurde, war das Kriterium für die Zuordnung zur jeweiligen Nationalität nicht die Sprache oder der Wille des Individuums, sondern allein die Religionszugehörigkeit. In Irland schied primär die römisch-katholische Konfession die große Mehrheit der Iren von der protestantischen anglo-irischen Oberschicht des Landes und den Engländern. Aber in sehr vielen anderen Fällen kam der Sprache eine größere Bedeutung als Medium der Absonderung und Trennung zu als der Konfessionszugehörigkeit, vor allem in Ostmitteleuropa. Zu nennen wäre hier das Verhältnis von Polen und Deutschen in den preußischen Ostprovinzen und in Oberschlesien, von Tschechen, Slowaken und Deutschen in Böhmen, von Finnen und Schweden im russischen Finnland.

Die gemeinsame Sprache vermochte sogar unterschiedliche Religionszugehörigkeit zu überbrücken, wie das Beispiel der moslemischen, griechisch-orthodoxen und römisch-katholischen Albaner im Osmanischen Reich oder das der orthodoxen Serben und der römisch-katholischen Kroaten zeigt. Ebenso bildete für die Rumänen die Sprache das entscheidende Kriterium ihres nationalen Zusammengehörigkeitsgefühls. Die verbindende oder auch abgrenzende Kraft der Sprache wird bekanntlich immer dann intensiv erfahren, wenn Begegnungen mit anderssprachigen Menschen die elementare Wirkung von Verstehen und Nichtverstehen vor Augen führen. In den multinationalen dynastischen Reichen wie dem russischen, dem osmanischen oder dem habsburgischen gehörte dies für das Individuum beinahe zum Alltag.

Gelegentlich waren Konfession und Sprache gemeinsam die nationsbildenden Merkmale, etwa bei den Polen im Zarenreich oder im frühen 19. Jahrhundert bei Wallonen, Flamen und Holländern in den Vereinigten Niederlanden, die 1830/31 in das Königreich der Niederlande und das Königreich Belgien auseinanderbrachen. Angesichts dieser historischen Erfahrungen glaubte Josef Stalin, die Nation anhand von vermeintlich objektiven wissenschaftlichen Kriterien definieren zu können. In seiner berühmten und später weit verbreiteten Schrift »Marxismus und nationale Frage«, die er Anfang 1913 offenbar auf Geheiß Lenins verfaßte, bezeichnete er die Nation als »eine historisch entstandene stabile Gemeinschaft von Menschen«, die sich durch vier charakteristische Merkmale auszeichne: durch die Gemeinschaft der Sprache, des Territoriums, des Wirtschaftslebens und »der sich in der Gemeinschaft der Kultur offenbarenden psychischen Wesensart«.[17] Zum letzten Merkmal führte Stalin aus, daß sich Nationen nicht nur durch ihre Lebensbedingungen voneinander unterscheiden, sondern auch durch ihre »Geistesprägung, die in den Besonderheiten der nationalen Kultur ihren Ausdruck findet«.[18] Die wenig präzise beschriebene »psychische Wesensart« – andere Autoren sprechen von »Nationalcharakter« – entstehe im Verlaufe vieler Generationen. Erst in ihrer Kombination machen nach Stalin die vier Merkmale die Nation aus. Fehlt nur eines dieser Merkmale, hört die Nation auf, eine

Nation zu sein. Stalin demonstrierte diesen Sachverhalt am Beispiel der Deutschen und Letten im Baltikum, die ungeachtet eines gemeinsamen Territoriums und Wirtschaftslebens im 19. Jahrhundert keine Nation zu bilden vermochten.[19] Aufgrund seiner theoretischen Beschäftigung mit dem Nationsproblem wurde Stalin 1917 der erste sowjetische Volkskommissar für Nationalitätenfragen, die Ausgangsposition für seinen schnellen Aufstieg zur Macht.

Der Engländer Hugh Seton-Watson, einer der besten Kenner des modernen Nationalismus, beantwortete die Frage nach der Nation dahingehend, daß die Angehörigen einer Nation durch ein Gefühl der Solidarität, durch eine gemeinsame Kultur und ein nationales Bewußtsein sich miteinander verbunden glauben. Eine Nation existiert für Seton-Watson, wenn »a significant number of people in a community consider themselves to form a nation, or behave as if they formed one«.[20] Wie groß diese Zahl sein muß, läßt sich nach Seton-Watson nicht festlegen. Die Möglichkeit einer genauen wissenschaftlichen Definition dessen, was eine Nation ist, wird von ihm sogar prinzipiell bestritten.

3. Kulturnation und Staatsnation

Einer der bekanntesten und immer noch einleuchtendsten Ansätze, sich dem Phänomen der Nation zu nähern, stellt die Unterscheidung von Staatsnation und Kulturnation dar. Diesem Begriffspaar, für das es im Englischen oder Französischen keine Entsprechung gibt, hat der deutsche Historiker Friedrich Meinecke in der Nationalismusforschung zum Durchbruch verholfen.[21] Ausgangspunkt waren für Meinecke die schon genannten Merkmale der Gleichheit oder Gemeinsamkeit als Bestimmungsfaktoren der Nation (vgl. S. 17). Die Staatsnation, an der Idee der individuellen und kollektiven Selbstbestimmung orientiert, leitet sich danach aus dem freien Willen und dem subjektiven Bekenntnis des Individuums zur Nation her – in der anschaulichen, wenngleich zugespitzten Formulierung des französischen Religionshistorikers Ernest Renan aus dem Jahre 1882: »L'existence d'une nation est... un plébiscite de tous les jours.«[22] Nachdem Renan in seiner Vorlesung über die Frage »Was ist eine Nation?« die üblichen Kriterien für die Unterscheidung von Nationen geprüft und sie unzulänglich gefunden hatte, kam er zu dem Schluß, daß es letzten Endes vom Willen der Individuen abhängt, ob eine Nation besteht oder nicht. Die Bevölkerung eines bestimmten, historisch entstandenen Territoriums begreift sich als Nation, Staatsangehörigkeit wird mit Nation gleichgesetzt.

Dagegen begreift sich die Kulturnation, die über keinen eigenen Staat oder ein anderes politisches Medium zur Vermittlung eines Gemeinschaftsgefühls verfügt, aufgrund angeblich objektiv vorgegebener Kriterien wie gemeinsame Herkunft und Sprache, geschlossenes Siedlungsgebiet, Religion, Gewohnheiten und Geschichte. Das Einheitsbewußtsein, das Gefühl der Zusammengehörigkeit, entwickelt sich unabhängig vom Staat. Die vorpolitische Kulturnation überwölbt partikularistische Staatsbildungen wie in Deutschland oder Italien im frühen 19. Jahrhundert. Sie vermag sogar, wie das Beispiel der Polen zwischen 1772 und 1918 zeigt, die Aufteilung unter drei multinationale dynastische Großstaaten über einen längeren Zeitraum hinweg zu überdauern. Sie läßt dem Individuum nur wenig Spielraum, über seine nationale Zugehörigkeit selbst zu entscheiden. Bei den nationalen Einheitsbewegungen seit dem 19. Jahrhundert erschien die Nation folglich »als eine *vor* dem Staat gegebene, entweder historisch oder kulturell oder als sozialer Verband begründete Größe«.[23] Indem sich die Kulturnation politisiert und »etatisiert«, versucht sie, den Schritt zur Staatsnation zu vollziehen.

Der Begriff Staatsnation hat seinen konkreten geschichtlichen Bezugspunkt in Frankreich und England, aber auch in den Vereinigten Staaten, dem klassischen polyethnischen Einwandererland. In den drei Staaten entstand die Nation als politisch bewußte Gemeinschaft rechtsgleicher Bürger, unabhängig von sozialer und wirtschaftlicher Stellung, ethnischer Herkunft und religiöser Überzeugung, in einem innerstaatlichen Transformationsprozeß. Frankreich ist, so wird es in der Rückschau gern gesehen, eine Schöpfung des Willens: Das individuelle Bekenntnis zu den Ideen von 1789 und zur »grande patrie« konstituiert, in der Theorie jedenfalls, die Nation als politische Willensgemeinschaft, als mündige Staatsbürgerschaft. In den Worten von Hans Rothfels: »Politische Freiheit und Nationalität gingen eine eigentümliche Synthese ein, die den Optimismus von Generationen beflügelt hat.«[24] Nation und Staat fallen zusammen. Die einheitliche Sprache, ein einheitliches Rechts- und Verwaltungssystem, eine zentralistische Regierung und gemeinsame politische Ideale bilden das einigende Band. Grundlage der Staatsgewalt ist die Volkssouveränität.

Das Prinzip der Kulturnation, das Abstammung und Sprache betont, kennzeichnet die Entstehung der Nationen in Mitteleuropa, in Italien und – mit Einschränkungen – in Ostmitteleuropa. Dort war die Nationszugehörigkeit dem Belieben des Individuums weitgehend entzogen. Die Zugehörigkeit zur Nation ist ein durch Natur und Geschichte bestimmtes Schicksal. Einem voluntaristischen, liberaldemokratischen steht mithin ein deterministischer, vielfach als undemokratisch und irrational bezeichneter Begriff der Nation gegenüber.[25]

Eng angelehnt an die Begriffe Staats- und Kulturnation sind auch zwei weitere Begriffspaare, die in der Literatur über den Nationalismus vor allem seit den einflußreichen Arbeiten von Hans Kohn gebräuchlich sind: westeuropäischer und mittel- bzw. osteuropäischer oder subjektiver und objektiver Nationsbegriff.[26] Diese Begriffe stützen sich auf die gleichen Unterscheidungsmerkmale, die Meinecke anführte, und sie meinen im Grunde auch den gleichen Sachverhalt wie Staats- und Kulturnation.

In der Realität überschneiden sich natürlich solche begrifflichen Differenzierungen, die sich theoretisch aufgrund vermeintlich subjektiver oder objektiver Kriterien voneinander abgrenzen lassen. So sind dem einen die Elsässer Deutsche, weil Kultur und Geschichte, in vieler Hinsicht auch die Sprache, auf die Zugehörigkeit zur deutschen Kulturnation hinweisen – dem anderen sind die Elsässer Franzosen, weil sie Bürger des französischen Staates sein wollen, mit dem sie sich spätestens seit der Revolution von 1789 und der Ära Napoleons eng verbunden fühlen.[27] Die politische Nation der Schweiz umfaßt drei, wahrscheinlich sogar vier Kulturnationen, wenn man auch die Rätoromanen berücksichtigt. Selbst die französische Nation, die Staatsnation *par excellence*, beruht letzten Endes ebenfalls auf sprachlichen, kulturellen und geschichtlichen Faktoren. Frankreich verdankt seine politische Existenz nicht nur dem Willen der Nation, der *volonté générale*, sondern sie ist auch das Ergebnis dynastischen Ehrgeizes, glücklicher politischer Umstände, erfolgreicher Kriege und geschickter Diplomatie. Bei genauerem Hinsehen wird man daher feststellen, daß dem politischen Nationsbegriff stets ein längerer Prozeß der Angleichung innerhalb eines größeren staatlichen Rahmens zugrunde liegt, dem zuweilen durch flankierende Maßnahmen des

Staates, die z. B. auf sprachliche Assimilation oder rechtliche Vereinheitlichung zielten, massiv nachgeholfen wurde. Diese Tatsache wird oft übersehen. Das freiwillige Bekenntnis zur Nation im Sinne Renans bleibt leer, wenn es sich nicht auf bestimmte grundlegende Gemeinsamkeiten beziehen kann. Das plebiszitäre Element ist mithin nur ein Faktor unter anderen. Dies heißt: Im Begriff der Nation sind objektive Gegebenheiten und das Moment der subjektiven politischen Selbstbestimmung miteinander verschränkt, und zwar in einer Weise, die sich in jedem einzelnen Fall anders darstellt.

Völker, die wie die Italiener oder die Deutschen im frühen 19. Jahrhundert und wie die Polen selbst noch zu Beginn des 20. Jahrhunderts über keinen gemeinsamen Staat verfügten, beriefen sich zunächst und vor allem auf ihre kulturellen und sprachlichen Gemeinsamkeiten, um damit ihre Forderung nach Herstellung der Identität von Kultur- und Staatsnation im Nationalstaat zu legitimieren. Aber auch bei ihnen war der Wille, eine staatliche Gemeinschaft zu bilden, letztlich entscheidend. Das Wort Renans vom täglichen Plebiszit, das die Nation in einem sich wiederholenden Integrationsprozeß konstituiert, trifft auf Italiener, Deutsche und Polen ebenfalls zu. Im Grunde ist der freie Entschluß eine entscheidende Vorbedingung nahezu jeder Form von sozialer Organisation. Die theoretische Begründung vermag überdies je nach Interessenlage bei ein und derselben Nation zu wechseln, so wenn z. B. die Deutschen vor 1918 im Falle der polnischen Dialekt sprechenden Masuren in Ostpreußen das subjektiv-politische Moment betonten und im Falle der Elsässer das objektiv-kulturelle.[28]

Bezeichnend für das opportunistische Argumentationsmuster ist auch der dominante Nationalismus im ungarischen Teil der Donaumonarchie, wo die Magyaren im 19. Jahrhundert nicht mit kulturell-sprachlichen, sondern mit historisch-staatlichen Argumenten die Einheit der Länder der Stephanskrone begründeten, ohne dabei jedoch der freien Entscheidung der nichtmagyarischen Bevölkerungsgruppen im Königreich Ungarn Rechnung zu tragen. Die zahlenmäßig dominierende Sprachnation identifizierte sich mit der Staatsnation und versuchte, die Minderheiten unter Berufung auf das demokratische Prinzip des Mehrheitswillens gewaltsam zu assimilieren. Die räumliche Zuordnung des subjektiven Nationsbegriffs zum Westen Europas und seines objektiven Pendants nach Ostmittel- und Südosteuropa ist deshalb problematisch und nur mit erheblichen Einschränkungen möglich. Unbestreitbar ist jedoch, daß in den nationalen Auseinandersetzungen in Europa im 19. Jahrhundert und vor allem in der Zwischenkriegszeit der Begriff Nation fast ausnahmslos ethnisch, d. h. vor allem durch vorgegebene sprachlich-kulturelle Gesichtspunkte, bestimmt war.

Es erweist sich mithin als außerordentlich schwierig, eine allgemeingültige wissenschaftliche Definition von Nation zu geben. Dieser Befund entbindet jedoch noch nicht von der Notwendigkeit, einen Begriff inhaltlich zu bestimmen, der im folgenden häufig benutzt wird. Wir verstehen deshalb hier im Anschluß an die genannten Kriterien unter Nation eine soziale Gruppe (ein Volk bzw. die Schicht eines Volkes), die sich aufgrund vielfältiger historisch gewachsener Beziehungen sprachlicher, kultureller, religiöser oder politischer Art ihrer Zusammengehörigkeit und besonderen Interessen bewußt geworden ist. Sie stellt die Forderung nach politischer Selbstbestimmung oder hat diese Forderung im Rahmen eines Nationalstaates bereits verwirklicht. Konstitutiv für *Nation* sind das Bewußtsein einer sozialen Gruppe *(Volk)*, eine Nation zu sein oder doch sein zu wollen, und der Anspruch auf politische Selbstbestimmung. Gegenüber anderen Solidaritätsverbänden wie der sozialen Klasse, der Konfessionsgemeinschaft oder der Familie wird ihr eine höherrangige und allgemeinere Bedeutung zugestanden.

Wenn das Streben nach unabhängiger Staatlichkeit ein wesentliches Element der Definition von Nation ist, ist dies ein Hinweis darauf, daß sich Nation und Staat zwar nicht notwendigerweise gegenseitig bedingen, aber zumindest doch eng zusammenhängen. In der englischen und französischen Sprache wird das insofern besonders deutlich, als *nation* dort Nation *und* Staat bedeuten kann. Dem hat sich auch das heutige Völkerrecht angeschlossen. Der 1920 gegründete Völkerbund (»League of Nations«/»Société des Nations«) und seine Nachfolgeorganisation seit 1945, die »United Nations«, sind Organisationen von Staaten, nicht von Völkern und Nationen. Und *nationalisation* meint im Englischen und Französischen Verstaatlichung.

Zu unterscheiden von Nation ist der häufig anzutreffende Begriff *Nationalität*, dem im allgemeinen eine zweifache Bedeutung zukommt. In Anlehnung an die hier vorgeschlagene Definition von

Nation ist eine Nationalität die sich als ethnische Minderheit verstehende soziale Gruppe, die lediglich nach der Respektierung als eigenständige Gemeinschaft strebt, allenfalls nach kultureller oder politischer Autonomie in einem größeren Staatsverband. Sie strebt jedoch nicht nach der Kontrolle politischer Machtpositionen oder der eigenen unabhängigen Staatlichkeit. Ein solches Streben nach Eigenstaatlichkeit läßt sich z. B. bei den Nationalitäten der Habsburgermonarchie erst seit dem späten 19. Jahrhundert vereinzelt beobachten. Außer als Bezeichnung für nationale Minderheiten wird der Begriff Nationalität im innerstaatlichen Recht, vor allem in Westeuropa, in der Bedeutung von Staatsbürgerschaft oder Staatsangehörigkeit verwendet (»nationality«, »nationalité«).

4. Nationalbewußtsein und Nationsbildung

Konstitutive Grundlage sowohl der Kultur- als auch der Staatsnation ist das Nationalbewußtsein, also das Bewußtsein, einer politischen und sozialen Gemeinschaft anzugehören, die eine staatlich organisierte Nation bildet oder bilden will. Vom Bestehen eines nationalen Staats ist das Nationalbewußtsein im Prinzip unabhängig – eine nationale Bewegung würde aber ohne das Vorhandensein von Nationalbewußtsein verkümmern. Nationalbewußtsein wird durch Erziehung im weitesten Sinne vermittelt. Und es kann sich ebenso wandeln wie die Werte, Gegenstände und Symbole, auf die es sich bezieht. Bei der Entwicklung eines Nationalbewußtseins betonen soziale Gruppen die bereits genannten Gemeinsamkeiten wie Sprache, Kultur, Religion, politische Ideale und Geschichte und lassen demgegenüber je konkrete regionale wie universale politische oder auch religiöse Bindungen in den Hintergrund treten. Sie können sich aber auch auf einen existierenden Staat beziehen oder auf einen Staat, der in geschichtlicher Zeit einmal bestanden hat und dessen damalige Ausdehnung als historischer Siedlungsraum eines Volkes empfunden wird. Daneben neigen die Angehörigen einer sozialen Gruppe aber auch dazu, ihre nationale Identität bzw. ihr nationales Bewußtsein negativ zu definieren: durch Abgrenzung von den Nachbarn oder durch Vergleiche mit ihnen. In der Konfrontation mit dem Fremden – der anderen Sprache oder Religion, den anderen Sitten, dem anderen politischen System – werden sie sich ihrer eigenen engen Beziehungen, ihrer Gemeinsamkeiten bewußt, aufgrund derer sie leichter miteinander kommunizieren können als mit den »Fremden«.

Zumindest zeitweilig richtet sich das Nationalbewußtsein vor allem bei den Völkern, die ihren Nationalstaat noch erkämpfen müssen, gegen einen vermeintlichen Gegner, gegen eine andere Nation, gegen einen bestehenden multinationalen Staat, in dem die soziale Gruppe oder die Nation lebt. Ein Auslöser für das politische Nationalbewußtsein der Deutschen im frühen 19. Jahrhundert war die Herrschaft Napoleons, die in breiten Schichten der deutschen Bevölkerung als Fremdherrschaft und Unterdrückung erfahren wurde. Die Jahre zwischen 1806 und 1813 wurden in Deutschland zu den Geburtsjahren der nationalen Bewegung, die sich jedoch zunächst nur auf eine intellektuelle Elite stützte. Die unverkennbar antifranzösische Prägung des deutschen Nationalbewußtseins schwächte sich nach 1815 wieder ab, zumal der deutsche Frühliberalismus Frankreich vor allem seit der Julirevolution von 1830 als das Land einer freiheitlichen bürgerlichen Verfassung schätzte. Erst als Frankreich im Zuge einer erneuten expansiven Politik nach der Rheingrenze strebte und damit einen »historischen« Siedlungsraum der Deutschen in Frage stellte, gewann das deutsche Nationalbewußtsein abermals den starken antifranzösischen Grundton, der es dann fast ein Jahrhundert lang begleiten sollte. In der nationalen Erregung der Rheinkrise von 1840 entstanden Lieder wie »Die Wacht am Rhein« und das Deutschlandlied August Heinrich Hoffmann von Fallerslebens, ebenso Nikolaus Beckers »Sie sollen ihn nicht haben, den freien deutschen Rhein«. Binnen kurzem gewannen die Rheinlieder in Deutschland eine ungeheure Popularität. Um 1840 setzte auch die Dombaubewegung ein, getragen von den Dombauvereinen und begleitet von einer Fülle von Dombauliteratur. Der Dom zu Köln wurde zum Nationaldenkmal, sein Weiterbau eine Sache aller Deutschen. Der Kölner Dom galt weithin als Symbol der Befreiung von französischer Vorherrschaft; die Erinnerung an 1813 wurde angesichts der französischen Rheinpolitik neu belebt.[29] Im Mittelpunkt des großen Dombaufestes vom 4. September 1842 stand der preußische König Friedrich Wilhelm IV.

Zum antifranzösischen Element im Nationalbewußtsein der Deutschen gesellte sich in den vierziger Jahren des 19. Jahrhunderts ein antidänisches, das sich bis zur Entscheidung von 1864 aus dem deutsch-dänischen Konflikt um Schleswig-Holstein speiste.

In diesem Gebiet stießen zwei Nationalismen aufeinander. »Schleswig-Holstein meerumschlungen« wurde damals zum einschlägigen nationalen Kampflied der Deutschen.[30] Seit dem ausgehenden 19. Jahrhundert reihte sich als zusätzliches Problem für das deutsche Nationalbewußtsein schließlich die Weltmacht England unter die Mächte ein, die den nun weltweiten nationalen Interessen der Deutschen, so glaubte man und so suggerierten es die Machteliten des Kaiserreiches, im Wege standen.

Das Nationalbewußtsein der Italiener nährte sich im 19. Jahrhundert aus der Erinnerung an die Größe des antiken Rom und aus der Gegnerschaft zur Habsburgermonarchie, die unter der politischen und militärischen Führung Piemont-Sardiniens und mit der Hilfe Frankreichs seit 1859 auf der italienischen Halbinsel schrittweise zurückgedrängt wurde. Für die Völker des südlichen Balkans bildete die Auseinandersetzung mit der osmanischen Türkei bis zum Ersten Weltkrieg ein wichtiges Element ihres nationalen Bewußtseins, für die Iren die Auseinandersetzung mit England, für die Polen der Konflikt mit den Teilungsmächten Rußland, Preußen/Deutschland und Österreich-Ungarn. Für viele der neuen Staaten, die nach dem Zweiten Weltkrieg in Afrika und Asien entstanden, wurde in ähnlicher Weise der Kampf gegen den Imperialismus der europäischen Kolonialmächte der Ausgangspunkt für ein Nationalbewußtsein, das dort in den meisten Fällen überhaupt erst noch geschaffen werden mußte. Die »Befreiungskriege« gegen die weißen Kolonialherren und ihre Kollaborateure vermittelten den kolonisierten Völkern über alle anderen Trennungslinien hinweg vielfach zum erstenmal die Erfahrung eines gemeinsamen politischen Schicksals.

Bei einigen europäischen Völkern lassen sich Vorstufen eines Nationalbewußtseins und nationaler Argumentation schon im 14. Jahrhundert, teilweise früher, nachweisen. Zitate aus den Dichtungen Petrarcas, Dantes oder Shakespeares werden dafür gern als besonders eindrucksvolle Belege angeführt. Auch das Schlußkapitel von Machiavellis »Il Principe« von 1513, das zur Befreiung Italiens von den Barbaren aufruft, wird genannt. Generell wird man feststellen müssen, daß sich der Zeitpunkt, von dem an sich eine soziale Gruppe oder ein Volk als Nation begreift, nicht exakt datieren läßt. Die Nation ist, von einigen Ausnahmen abgesehen, weniger etwas Gegebenes denn ein Ziel. Zugespitzt formuliert: Die Nationen sind nicht Geschöpfe aus »Gottes Hand«, wie es Propheten des Nationalismus in der Nachfolge Herders behaupteten, sondern Erzeugnisse aus der Retorte. Nationen werden geschaffen.

Der schwer zu fassende Vorgang der Nationsbildung *(Nation-Building)*, der von Minderheiten getragen wird und der auf die soziale Gruppe in ihrer Gesamtheit zielt, ist in der Regel ein überaus langwieriger sozialer und politischer Integrationsprozeß. Er kann zu keinem Zeitpunkt, auch nicht nach der Gründung des eigenen unabhängigen Staates der Nation, als abgeschlossen betrachtet werden. Die Entwicklung eines einheitlichen, über innere Gegensätze hinwegreichenden politischen Bewußtseins verläuft auch nicht geradlinig, sondern ist von Verzögerungen und Rückschlägen begleitet. Ziel des Nationsbildungsprozesses ist die Integration und die Homogenität sozial, regional oder sogar politisch-staatlich voneinander getrennter Teile eines Volkes. Die Triebkräfte hinter dem Vorgang der Nationsbildung sind unterschiedlich und abhängig vom historisch-politischen Umfeld. Der Nationalismus als Ideologie und politische Bewegung hat an ihm in neuerer Zeit erwartungsgemäß einen maßgeblichen Anteil. Als entscheidend für das Gelingen des Prozesses wird man auf jeden Fall die Entstehung eines Bewußtseins ansehen müssen, das die Besonderheit eines Wertes oder einer politischen Aufgabe an eine bestimmte »nationale« Gruppe bindet und ihre »Eigenart« zum Inhalt einer nationalen Ideologie macht. Nationsbildung und der Nationalismus, den Elie Kedourie pointiert als eine »Methode zur rechten Formung des Willens« bezeichnet[31], sind folglich eng aufeinander bezogen. Beide Begriffe meinen und bezeichnen freilich unterschiedliche Dinge, so daß es sich empfiehlt, den Grundprozeß der Nationsbildung und den Nationalismus als Ideologie und politische Bewegung stärker, als das bisher in der Nationalismusliteratur geschah, voneinander zu trennen.[32]

Förderer eines Nationalbewußtseins und Schöpfer der Nation kann auch der auf Zentralisierung, Vereinheitlichung und Effizienz ausgerichtete Staat sein. Das *Nation-Building* vollzieht sich dann in Grenzen, die mit denen des Staates identisch sind. Dies war z. B. in Frankreich, England, Portugal oder Schweden bereits früh der Fall. Dort ging der Prozeß der Staatsbildung mit dem der Nationsbildung Hand in Hand, wahrscheinlich lief er ihm voraus. Zur Nation wurde die Bevölkerung, die innerhalb der Grenzen des Staates lebte, in dem der König von Frankreich, der König von England oder der König von Schweden der Souverän war. Die französische

Nation z. B. schließt in sich Bevölkerungsgruppen verschiedener Herkunft und Kultur, sogar verschiedener Sprache ein. Die Nation wurde sozusagen »von oben« mehr oder weniger nach dem Prinzip des »cuius regio eius natio« geschaffen (»Staatsnation«). Das Nationalbewußtsein orientierte sich an den vorgegebenen Grenzen. Während dies im Falle Frankreichs weitgehend gelang, vermochten dynastisch verklammerte Großreiche wie die Habsburgermonarchie und bis zu einem gewissen Grade auch das russische Zarenreich nur ein auf schmale Schichten beschränktes gesamtstaatliches Nationalbewußtsein zu entwickeln.

Im Europa des 19. und frühen 20. Jahrhunderts sind die Beispiele häufiger, in denen das *Nation-Building* noch im vornationalstaatlichen Raum einsetzte. Es übersprang bestehende Staatsgrenzen, ließ sie obsolet werden und führte letztlich zur Bildung eines neuen Staates mit neuen Grenzen. Grundlage des *Nation-Building* waren die sprachlich-kulturellen Gemeinsamkeiten. Das angestrebte Ziel war die Zusammenfassung der Kulturnation in *einem* Staat, mit anderen Worten: die politische und sprachlich-kulturelle Kongruenz. Das Entstehen einer nationalen Bewegung signalisiert demnach stets ein fortgeschrittenes Stadium in der Nationalisierung einer Bevölkerung: den Übergang zur politischen Aktion. Die Nation oder die Teile einer Bevölkerung, die sich als Nation begreifen, versuchen, sich ihren Staat zu schaffen. Beispiele für Fälle, in denen dies aufgrund günstiger politischer Umstände gelang, sind die nationalen Einigungsbewegungen der Griechen, der Italiener, der Deutschen, der Iren oder der Polen. Doch selbst in diesen Fällen bleibt ungeklärt, wie weit die Nationsbildung zum Zeitpunkt der Nationalstaatsgründung bereits fortgeschritten war. Nach der geglückten Gründung des italienischen Nationalstaates 1861 soll der frühere piemontesische Ministerpräsident Massimo d'Azeglio vor allem mit Blick auf den Nord-Süd-Gegensatz innerhalb Italiens bemerkt haben: »Wir haben Italien geschaffen, nun müssen wir Italiener schaffen.«[33] Daß der Nationalstaat nicht die Nation garantierte, war d'Azeglio also sehr bewußt. Ansätze der Nationsbildung und eines nationalen Bewußtseins sind jedoch Voraussetzung jeder organisierten nationalen Bewegung, die den Nationalstaat anstrebt.

II. Emanzipation und Unterdrückung: Zur Typologie des Nationalismus

1. Der historische Erfahrungshorizont

Als der moderne Nationalismus in Deutschland und in anderen europäischen Ländern im frühen 19. Jahrhundert seine erste Blütezeit erlebte, erschien er als eine Macht, die die Völker des Kontinents in die Lage versetzte, die Fesseln ihrer politischen und sozialen Unfreiheit zu sprengen. Als Ideologie, welche die Selbstbestimmung der Völker auf ihre Fahnen schrieb, legitimierte der Nationalismus die Forderung nach eigener Staatlichkeit. Er weckte Hoffnungen und Erwartungen.

Eine der führenden Persönlichkeiten der früh einsetzenden griechischen Unabhängigkeitsbewegung, der in russischen Diensten stehende Fürst Alexander Ypsilanti, richtete im Februar 1821 zu Beginn des griechischen Aufstandes gegen die osmanische Herrschaft einen flammenden Appell an seine Landsleute. Darin hieß es: »Erhebet nur eure Blicke, Kameraden! Sehet an euren erbarmenswerten Zustand, eure entheiligten Tempel, eure Töchter der Wollust von Barbaren preisgegeben, eure geplünderten Häuser, eure verwüsteten Felder, euch selbst als unselige Sklaven! Wäre es nicht endlich Zeit, das unerträgliche Joch abzuschütteln, das Vaterland zu befreien? Legt alles Ungriechische ab, schwingt die Fahnen, schlagt das Kreuz, und ihr werdet überall siegen und das Vaterland und die Religion von der Beschimpfung der Gottlosen retten. Wer von euch, edle Griechen, wird das Vaterland nicht freudig von seinen Banden befreien wollen?« Der Aufruf fuhr dann fort: »Vor allem aber muß Gemeinsinn herrschen. Die Reichen unter euch müssen einen Teil ihres Vermögens beisteuern, die Priester durch Lehren und Beispiele dem Volke Mut machen, und die an auswärtigen Höfen dienenden Zivil- und Militärpersonen müssen ihrer Dienste abdanken, unter welcher Regierung sie sich auch befinden. Sie alle müssen zu dem großen Ziele mitstreben und hierdurch dem Vaterlande die alte Schuld abtragen. Wie es edlen Männern ziemt, müssen sie alle sich ohne Zeitverlust bewaffnen, und ich verspreche euch in kurzem den Sieg und mit ihm alles Glück. Stellt jenen verweichlichten Sklaven, jenen Mietlingen ein tapferes Volk entgegen und zeigt euch als wahre Abkömmlinge der Helden der Vorzeit.«[1]

Die Griechen lebten damals wie andere Völker des Balkans seit Jahrhunderten unter türkischer Herrschaft. Als Christen waren sie im Reich des Sultans Diskriminierungen ausgesetzt, aber in der Wirtschaft und selbst in der Verwaltung des Osmanischen Reiches besetzten sie Schlüsselpositionen. Ihre Lebensbedingungen waren unsicher, aber nicht unerträglich. Kolonien griechischer Kaufleute und Händler existierten in allen größeren Städten des östlichen Mittelmeerraums. Obwohl die Griechen aus ihrer ungehinderten Bewegungsfreiheit im Osmanischen Reich bedeutenden wirtschaftlichen Nutzen zogen, regten sich parallel zu dem fortschreitenden Zerfall der osmanischen Zentralgewalt bei ihnen wie bei ihren nördlichen Nachbarvölkern Bestrebungen nach größerer politischer Freiheit. Unter dem Eindruck der Französischen Revolution und ihrer Ideen brachen seit dem späten 18. Jahrhundert Bandenkriege und Aufstände gegen die Türken aus, die zuerst den Serben 1815 eine begrenzte politische Autonomie brachten.

Der Erfolg der Serben ermutigte die Griechen, ihren Kampf um die Änderung des politischen Status quo für die Gebiete, die sie als griechisches Territorium betrachteten, zu forcieren. Für diese Bestrebungen und die sie begleitende Rhetorik ist der Appell Ypsilantis ein typisches Zeugnis. Die darin angeführten Argumente wiederholten sich, nur unwesentlich variiert, in der Programmatik anderer nationaler Bewegungen im Europa des 19. Jahrhunderts. Auch später tauchen sie in geradezu ermüdender Monotonie immer wieder auf, bis hin zu den antikolonialen Befreiungsbewegungen in Asien und Afrika seit dem Ersten Weltkrieg. Welches waren diese Argumente?

Ypsilantis Aufruf zum Kampf gegen die osmanische Fremdherrschaft appelliert an die Solidarität des Volkes, an die Taten mythischer Helden seiner Geschichte, an die Opferbereitschaft der einzelnen. Ypsilanti verlangt den Dienst am Vaterland und fordert zur Besinnung auf das »Griechische« auf, was immer auch er darunter verstehen mochte. Er verspricht den Sieg über die Türken und »mit ihm alles Glück«. Damit versuchte er ganz unverhüllt, Hoffnungen auf ein besseres Leben in einem unabhängigen griechischen Staat zu wecken, der aber als wirtschaftliche Einheit (und das war schon damals unschwer abzusehen) den Griechen weitaus weniger

Entfaltungsmöglichkeiten bieten würde als das über drei Kontinente ausgedehnte Osmanische Reich. Dieser ökonomische Gesichtspunkt spielte jedoch in der zeitgenössischen Diskussion noch keine Rolle. Das übergeordnete Ziel des griechischen Nationalismus, die eigene Staatlichkeit, überragte alle anderen Fragen. Die Realisierung dieses Ziels schien in den zwanziger Jahren des 19. Jahrhunderts greifbar nahegerückt zu sein, da der Freiheitskampf der Griechen in Europa auf Sympathie und Unterstützung stieß. Vor allem die liberale Öffentlichkeit Westeuropas erblickte im Nationalismus das wirkungsvolle Mittel zur Veränderung erstarrter politischer und sozialer Verhältnisse in den Jahren der Restauration nach dem Wiener Kongreß.

Ungefähr 130 Jahre nach dem Beginn der griechischen Unabhängigkeitsbewegung gegen die türkische Herrschaft besaß der Nationalismus für die Völker Asiens und Afrikas immer noch die Qualität einer revolutionierenden Kraft. Unterdessen hatte sich in Europa die Einschätzung des Nationalismus seit den Tagen des Fürsten Ypsilanti stark gewandelt. In Europa erschien Nationalismus nicht länger als Vorbote und Begleiter eines »Völkerfrühlings«, nicht länger als Kraft, die die Völker Europas in eine bessere Zukunft führen und eine friedliche Staatenordnung schaffen würde. Nationalismus war in der Mitte des 20. Jahrhunderts zu einer destruktiven Kraft geworden. Für die Menschen in Europa bedeutete Nationalismus nun primär »den mächtigen Trieb zum Herrschen«, die »Sucht, dem eigenen Volk oder dem eigenen Staat vor, über und auf Kosten von anderen Geltung zu verschaffen«.[2] Die überwiegende Mehrheit der Europäer setzte nach dem Zweiten Weltkrieg Nationalismus mit kriegerischer Aggression, ungezügeltem Expansionsdrang und Rassismus gleich. Nationalismus hatte sie als Ausdruck einer Gesinnung erlebt, die über Europa unermeßliches Unheil gebracht hatte.

»Von allen Übeln, die ich hasse, ist mir der Nationalismus wohl am meisten verhaßt«, schrieb 1952 der britische Schriftsteller und Verleger Victor Gollancz in seiner Autobiographie. »Nationalismus – nationaler Egoismus, der lieber in Begriffen seines Volkes als in denen der Humanität denkt – ist deshalb vom Übel, weil er sich auf vergleichsweise unwesentliche Dinge konzentriert (wo jemand lebt, was für eine Sprache er spricht, welcher Art seine Kultur ist, die Merkmale seines ›Bluts‹) und das Wesentliche ignoriert, nämlich die einfache Tatsache, daß jemand ein Mensch ist ... Er [= der

Nationalismus] führt zu Eifersucht, Ausbreitungsdrang, Unterdrückung, Streitfällen und schließlich zum Krieg.«[3]

Gollancz war Zeitgenosse eines Nationalismus, der seinen ursprünglich emanzipatorischen und liberalen Charakter völlig eingebüßt hatte und sich als eine extreme Ideologie mit verhängnisvollen Auswirkungen auf das Zusammenleben der europäischen Völker erwies. Insbesondere der deutsche und der italienische Nationalismus hatten die Unterdrückung, ja sogar die Vernichtung anderer Nationen als Programm verkündet und in den dreißiger und vierziger Jahren auch in die Tat umgesetzt. Nach den Erfahrungen mit dem pervertierten Nationalismus des faschistischen Regimes in Italien und des Nationalsozialismus in Deutschland stellte der Nationalismus aus der Perspektive der Europäer eine moralisch verwerfliche Erscheinung dar.

Die negative Bewertung des Nationalismus nach 1945, wie sie bei Gollancz unmißverständlich zum Ausdruck kommt, bestimmt in Europa heute noch weitgehend die Sicht von Nationalismus. Auch frühere Erscheinungsformen des Nationalismus werden rückblikkend häufig mit einem moralischen Verdikt belegt. Die gewandelte Einstellung zum Nationalismus läßt sich besonders deutlich bei den Deutschen beobachten, für die Nationalismus in den Nachkriegsjahren gründlich diskreditiert war. Sie hatten erlebt, wie der Nationalismus des Kaiserreiches in den Ersten Weltkrieg eingemündet war und wie der maßlos übersteigerte Nationalismus des »Dritten Reiches« mit seiner radikalen Volkstums- und Rassenpolitik zur Zerstörung des erst 1871 gegründeten deutschen Nationalstaats geführt hatte. Eine gegenüber früher diametral veränderte Haltung zum Nationalismus begünstigte in der Folge im westlichen Teil Deutschlands die Neigung, die fortwirkende Bedeutung des Nationalismus in anderen Teilen der Welt zu unterschätzen. Es würde aber jede tiefere Einsicht verhindern, den Nationalismus und seine Geschichte vor allem unter dem Eindruck des Nationalsozialismus und der Selbstentmachtung Europas in zwei Weltkriegen zu sehen. Als politisches Prinzip, das heute erst recht die innere und äußere Politik vieler Staaten maßgeblich bestimmt und das seine Fähigkeit zur Mobilisierung von Massen gegen innere und äußere Gegner nicht eingebüßt hat, kann der Nationalismus noch längst nicht als gegenstandslos betrachtet werden.

2. Der Risorgimento-Nationalismus

Aus den Äußerungen von Ypsilanti und Gollancz geht deutlich hervor, daß sich mit »Nationalismus« unterschiedliche Vorstellungen, Erwartungen und Erfahrungen verbinden. Beide, der Grieche Ypsilanti und der Brite Gollancz, sprechen von Nationalismus, aber für jeden von ihnen hat Nationalismus einen bestimmten Stellenwert, wie er gegensätzlicher kaum denkbar ist – ein Beispiel für die bereits erwähnte Verwirrung bei der Definition des Begriffes Nationalismus. Die höchst unterschiedliche Funktion, die der Nationalismus im jeweiligen historischen Kontext zu übernehmen vermag, kann Ausgangspunkt für eine Typologie sein, die dessen vielfältige Erscheinungsformen in zwei großen Gruppen oder Grundtypen systematisierend zusammenfaßt: in den Risorgimento-Nationalismus und in den integralen Nationalismus. Eine solche, wenn auch vereinfachende historische Typologie, die am funktionalen Charakter von Nationalismus orientiert ist, verwendet Nationalismus als eine neutrale wissenschaftliche Kategorie und bemüht sich um eine Distanzierung von moralischen Wertungen wie »gut« und »böse«. Als heuristisches Instrument zur Beschreibung und Erklärung des vielschichtigen Phänomens Nationalismus ist sie ungeachtet aller Vergröberungen von beträchtlichem Wert.

Die Erscheinungsform des Risorgimento-Nationalismus, für die Ypsilanti ein typischer Repräsentant ist, kann zunächst mehr oder weniger pauschal und formelhaft als politische Kraft mit emanzipatorischer Funktion bezeichnet werden. Sie begleitet die Emanzipation neuer Gesellschaftsschichten innerhalb eines schon bestehenden, vormals absolutistischen Staates in Westeuropa ebenso wie die Emanzipation eines ganzen, sich seiner selbst bewußt gewordenen Volkes gegenüber einem multinationalen Herrschaftsverband in Ostmitteleuropa. Der Risorgimento-Nationalismus, der vielfach auch als »liberaler Nationalismus« (C. J. H. Hayes), als »genuiner Nationalismus« oder als »Nationalismus in seiner originären Phase«[4] bezeichnet wird, dient als Medium zur politischen Zusammenfassung großer gesellschaftlicher Gruppen, zur Bildung von Nationen und zu deren Selbstidentifizierung im Nationalstaat. Der Risorgimento-Nationalismus, dessen historisches Modell der italienische Nationalismus im 19. Jahrhundert ist (»Risorgimento«), zielt letzten Endes auf die Befreiung von politischer und sozialer Unterdrückung, er enthält unübersehbar Elemente einer liberalen Oppositionsideologie. Er ist Protestbewegung gegen ein bestehendes System politischer Herrschaft, gegen einen Staat, welcher der Entfaltung der eigenen Nation entgegensteht, die eigenen nationalen Traditionen zerstört. Vertreter dieses Nationalismus betonen das Recht jeder Nation, und darin eingeschlossen auch das Recht *jedes* Angehörigen der Nation, auf autonome Entfaltung. Individuelle Freiheit und nationale Unabhängigkeit hängen in ihrer Sicht eng zusammen. Die nationale Bewegung in Deutschland trat deshalb zugleich für bürgerliche Freiheiten ein. Die verfassunggebende griechische Nationalversammlung, die in Epidaurus beriet, richtete am 27. Januar 1822 an die Völker Europas eine Erklärung, in der es hieß: »Der Krieg, den wir gegen die Türken führen, ist nicht der einer Partei oder das Resultat einer Meuterei, er wird nicht geführt, um Vorteile für irgendeinen einzelnen Teil des griechischen Volkes zu gewinnen; es ist ein nationaler Krieg, ein heiliger Krieg, ein Krieg mit dem Ziel, die Rechte der persönlichen Freiheit, des Eigentums und der Ehre zurückzuerobern – Rechte, die die zivilisierten Völker Europas, unsere Nachbarn, heute besitzen, Rechte, die die grausame, unerhörte Tyrannei der Ottomanen uns vorenthält – uns allein –, und noch die Erinnerung an diese Rechte wollen sie in unseren Herzen ersticken.«[5]

Für so einflußreiche Propheten des Risorgimento-Nationalismus liberaler Prägung wie Johann Gottfried Herder und Giuseppe Mazzini erfüllten die Völker, die sich durch Sprache und Charakter deutlich voneinander unterschieden, darüber hinaus einen jeweils besonderen Auftrag für die Menschheit. Mit dieser Vorstellung vermochten sie direkt an den französischen Nationalismus im späten 18. und frühen 19. Jahrhundert anzuknüpfen. Denn die französischen Revolutionäre rechtfertigten ihren Nationalismus mit der Betonung der Mission, die allgemeinmenschlichen Ideale der Freiheit, Gleichheit und Brüderlichkeit überall in Europa verbreiten zu müssen. Das gab dem französischen Nationalismus einen höheren Sinn – zumindest glaubten das die Zeitgenossen. In Analogie dazu war nach Meinung Mazzinis, der einige Zeit im französischen Exil gelebt hatte, die »Sendung« der Engländer Industrialisierung und die Gründung von überseeischen Kolonien, diejenige der Russen die Zivilisierung Asiens, diejenige der Deutschen Denken und diejenige der Italiener die Führung der Welt als »Drittes Rom«.

Im Jahre 1857 legte Mazzini eine Karte seines »idealen Europa« vor. Es bestand aus nur elf Nationen. Einigen kleineren europäischen Völkern, die nach nationaler Unabhängigkeit strebten, sprach Mazzini das Recht auf den eigenen Nationalstaat ab. Er verneinte ihre Qualität als Nation. Den Iren gehe es, argumentierte er z.B., im Grunde nur um eine bessere Regierung. Wesentliche Merkmale der Nation wie Sprache und Bräuche fehlten ihnen, ebenso eine besondere historische Mission, ein spezifisches Amt im übergeordneten Dienst an der Menschheit. Mazzinis Rat an die Iren beinhaltete, sich damit abzufinden, ein integrierter Bestandteil des Vereinigten Königreichs zu sein.[6] Solche Feststellungen erbosten natürlich nicht nur die irischen Nationalisten, auch wenn das alles in der Rückschau heute etwas naiv und unhistorisch klingen mag. Doch in dem Bemühen, den Risorgimento-Nationalismus ideologisch abzustützen und zu legitimieren, spielten solche Vorstellungen damals eine nicht unerhebliche Rolle.

Um ihre gewissermaßen göttliche Mission, deren meist sehr allgemein gehaltene Definition mehr oder weniger dem Phänomen der nationalen Mythenbildung verhaftet ist, erfüllen zu können, müssen die Völker frei sein. Dieser Zusammenhang leuchtete den Zeitgenossen ein. Der von Kriegen geplagten Welt des Ancien Régime hielt Mazzini das Ideal einer über die Grenzen greifenden Freundschaft aller freien Nationen entgegen, ohne Rücksicht auf ihre Größe und Macht. Das junge Europa der Nationen, wie sie Gott durch Geographie und Sprache geschaffen hatte, sollte dem alten Europa der restaurierten Monarchien entgegentreten. Die nationalstaatliche Ordnung – ist sie einmal durchgesetzt – garantiere den Frieden, denn sie entspreche nicht nur dem Willen der Völker, sondern auch göttlichem Willen.[7]

Als visionärer Entwurf einer humaneren und friedlichen Weltordnung, die auf der Pluralität individueller Nationen gründete, klang dies in der Theorie überzeugend, aber in der politischen Wirklichkeit stieß die konsequente Umsetzung der Vision auf unüberwindliche Schwierigkeiten. Nicht nur mußte der Widerstand multinationaler Großreiche, die das nationalstaatliche Prinzip zu Recht als Kampfansage an ihr Fortbestehen begriffen, überwunden werden. Konflikte zwischen verschiedenen Nationalismen waren durch den Grundsatz von der Gleichberechtigung aller Nationen und ihrer politischen Bestrebungen gleichsam vorprogrammiert. Nationale Ansprüche mußten sich besonders in jenen Gebieten überschneiden, in denen, wie auf dem Balkan oder in großen Teilen Ostmitteleuropas, die sich als Nationen begreifenden Völker in einer Gemengelage lebten, oder auch in solchen Fällen, in denen eine im Gesamtstaat dominierende Nation die Entfaltung anderer Nationalismen zu verhindern suchte. Die Geschichte der multinationalen Habsburgermonarchie bis zu ihrer Auflösung bietet eine Fülle von Anschauungsmaterial für die Entstehung von »Sub-Nationalismen«. Vor allem in der ungarischen Reichshälfte setzte nach 1875 eine radikale Magyarisierungspolitik ein, die bis zu einem gewissen Grade eine Reaktion auf den starken Einfluß Wiens in der Gesamtmonarchie darstellte. Der magyarische Nationalismus, der auf die Einsprachigkeit Ungarns abhob, löste seinerseits die nationale Reaktion der Nicht-Magyaren aus, der Slowaken, der Kroaten, der Deutschen, der Rumänen. Die Absage der Magyaren an den habsburgischen Gesamtstaat überkreuzte sich mit der Absage der in Ungarn lebenden Nationalitäten an den magyarischen Nationalismus.

Als Beispiel für die Assimilierungspolitik eines dominanten Nationalismus wird man die Russifizierungspolitik der zaristischen Regierung seit den sechziger Jahren des 19. Jahrhunderts im russischen Teil Polens, in den baltischen Provinzen, in der Ukraine und später in Finnland heranziehen können oder die preußische Germanisierungspolitik in der Provinz Posen in den dreißiger Jahren und dann erneut seit den siebziger Jahren des 19. Jahrhunderts. Hinter einer solchen, auf Unifizierung zielenden, Druck und Zwang nicht ausschließenden Politik stand die verbreitete Auffassung, daß die Nationalität sich in erster Linie durch die Sprache ausweise und ein Nationalstaat seinen Charakter in einer einheitlichen nationalen Sprache manifestiere.

Generell galt aber insbesondere für den frühen Risorgimento-Nationalismus das Prinzip von der Solidarität der Unterdrückten gegen die Unterdrücker. Der Nationalismus stellte nicht Nation gegen Nation, sondern er einte alle Nationen *in tyrannos*, seien es einzelne Duodez-Fürsten, seien es Dynastien oder seien es multinationale Großreiche. Die Heilige Allianz der Völker stand gegen die Heilige Allianz der Fürsten. Die Anhänger der nationalen Bewegungen im frühen 19. Jahrhundert unterstützten sich gegenseitig ideell und gegebenenfalls auch materiell, jedoch nur so lange, wie sich ihre Nationalismen nicht gegenseitig im Weg standen. Die Nationalisten in der ersten Hälfte des 19. Jahrhunderts waren, in ähnlicher Weise wie die antikolonialen Befreiungsbewegungen des 20. Jahrhunderts, eine Internationale. Wie andere Europäer begeisterten sich die Deutschen in den zwanziger Jahren des 19. Jahrhunderts für den Freiheitskampf der Griechen gegen die osmanische Herrschaft. Die politische Begeisterung für »Griechenlands Wiedergeburt« (Wilhelm Traugott Krug, 1821) gab den Anstoß zu Freiwilligenaufgeboten und zur Gründung von Griechenvereinen, zu einer Fülle literarischer und künstlerischer Beiträge. Der englische Lord Byron, der allerdings schon 1824 kurz nach seiner spektakulären Ankunft in Griechenland starb, wurde damals zu einer europäischen Berühmtheit. In den verbreiteten politischen und literarischen Philhellenismus ging besonders in Deutschland viel von der eigenen unterdrückten nationalen Sehnsucht ein, aber in ihm lassen sich unschwer auch christliche und neuhumanistische Motive nachweisen.

Seit 1830/31 wurden dann die Polen, von denen nach der Niederschlagung ihres Aufstandes gegen das zaristische Regime viele nach Westeuropa emigrierten, als die Vorkämpfer des politischen und nationalen Liberalismus gefeiert. Sie sahen sich selber als Opfer des autokratischen Zarismus und als Märtyrer für die Sache der Freiheit in Europa. Polen war »Christus unter den Völkern«. Doch die »gekreuzigte Nation« (Adam Mickiewicz) werde auferstehen. Ihre Befreiung bedeute die Befreiung der ganzen Menschheit von Krieg und Unterdrückung. Schon die von Henryk Dąbrowski 1797 gegründete polnische Legion kämpfte unter dem Motto »Für unsere und eure Freiheit« (»za naszą i waszą wolnośc«). Polenbegeisterung und Polenfreundschaft, die im schroffen Gegensatz zur polenfeindlichen Haltung der preußischen und österreichischen Regierung seit dem Aufstand in Kongreßpolen standen, entwickelten sich zu charakteristischen Merkmalen des liberalnational und demokratisch gesinnten Deutschland. Das Hambacher Fest von 1832 liefert dafür eindrucksvolle Zeugnisse. Die Sache der deutschen Einheit und Freiheit und die der polnischen nationalen Selbständigkeit schienen zwischen 1830 und 1848 weithin identisch zu sein.

In den dreißiger und vierziger Jahren des 19. Jahrhunderts entstanden internationale Vereinigungen der Nationalisten. Mazzini gründete 1834 in der Schweiz den Geheimbund »La Giovine Europa« (»Junges Europa«), der mit seinen italienischen, polnischen und deutschen Unterorganisationen die nationalen Befreiungsbewegungen in Europa unterstützen und den Kern des ihm vorschwebenden Bundes der freien Nationen bilden sollte. Auf die 1844 in London gegründete Vereinigung der »Democratic Friends of all Nations« folgten 1845 die »Fraternal Democrats« mit polnischen, deutschen und irischen Mitgliedern und 1847 »The People's International League«. Diese meist kurzlebigen Zusammenschlüsse sollten die politische und praktische Solidarität der liberaldemokratisch gesinnten Nationalisten festigen. Für die Lösung der sich häufenden Fälle, in denen Nationalismen mit ihren sich gegenseitig ausschließenden Zielen aufeinanderprallten, hatte jedoch auch die Internationale des Risorgimento-Nationalismus keine Patentrezepte zur Hand.

Der liberale, reformbereite Risorgimento-Nationalismus, der in Europa seine Blüte zwischen dem Wiener Kongreß und der Pariser Friedenskonferenz von 1919 erlebte, läßt sich differenzieren, je nachdem, ob sich die emanzipatorische Komponente dieses Nationalismus primär auf die Sphäre des menschlichen Zusammenlebens richtet, die bestimmt ist durch gewisse Formen und Institutionen des Machterwerbs und der Machtausübung (»politischer Nationalismus«), oder ob sie speziell auf die Wirtschaftspolitik zielt (»ökonomischer Nationalismus«). In Analogie dazu ist die Rede von einem »kulturellen Nationalismus«, wenn sich das emanzipatorische Bemühen vorab auf Kultur und Sprache, auf Kunst, Literatur und Erziehung konzentriert. Dabei können insbesondere Sprache und Religion derart im Vordergrund stehen, daß es sogar gerechtfertigt erscheint, von sprachlichem bzw. religiösem Nationalismus zu sprechen. Zwischen allen diesen Formen des Risorgimento-Nationalismus besteht eine Interdependenz. In der Regel dominierte in den uns bekannten historischen Fällen über kurz oder lang der politische Nationalismus, der durch den wirtschaftlichen oder kulturellen Nationalismus gestärkt wurde und der seinerseits diesen nationalen Bestrebungen eine Hilfsfunktion zur Festigung des nationalen Bewußtseins zuwies. Häufig ging aber auch ein kultureller oder wirtschaftlicher Nationalismus dem politischen Nationalismus voraus. Seltener war der umgekehrte Fall. Ein Beispiel dafür ist Irland, wo erst gegen Ende des 19. Jahrhunderts ein kultureller und wirtschaftlicher Nationalismus an Bedeutung gewann und damit einem schon lange vorhandenen politischen Nationalismus eine ganz neue Dimension und Richtung gab.

Je nach dem angestrebten politischen Ziel kann der Risorgimento-Nationalismus als unifizierender Nationalismus bezeichnet werden, wenn er den nationalen Staat durch den Zusammenschluß getrennter Teile erreichen will, oder als sezessionistischer Nationalismus, wenn er die Ausgliederung einer Nation aus einem multinationalen dynastischen Reichsgebilde anstrebt. Beispiele für unifizierenden Nationalismus sind für das 19. und frühe 20. Jahrhundert in Europa die italienische und die deutsche Nationalbewegung, Beispiele für sezessionistischen Nationalismus die griechische, tschechische, finnische und irische Nationalbewegung. Die polnische Nationalbewegung, welche die Herauslösung der von Polen bewohnten Gebiete Rußlands, Österreich-Ungarns und Preußens und ihre Vereinigung in einem zu restaurierenden polnischen Staat anstrebte, ist das Beispiel eines Nationalismus, der wahrscheinlich am deutlichsten sezessionistische und unifizierende Ziele kombinierte.

3. Der Reform-Nationalismus

Mit dem Risorgimento-Nationalismus in mancher Hinsicht verwandt ist eine Form von Nationalismus, die seit der zweiten Hälfte des 19. Jahrhunderts vornehmlich in Asien anzutreffen ist: der Reform-Nationalismus. Er hat mit dem Risorgimento-Nationalismus gemein, daß auch er auf eine Art staatlicher Wiedergeburt zielt. Die Ausgangslage ist jedoch im Unterschied zum Risorgimento-Nationalismus ein bereits bestehender Staat, der sich allerdings bei der Konfrontation mit westlichen Mächten in wirtschaftlich-technischer und militärischer Hinsicht unterlegen zeigt.

Obwohl diese meist sehr alten Staaten Asiens nicht unter die formelle politische Kontrolle westlicher Mächte gerieten, ließ der Kontakt mit dem Westen einen Nationalismus entstehen, der viele Merkmale des antikolonialen Nationalismus im 20. Jahrhundert vorwegnimmt. Der Reform-Nationalismus entwickelte sich aus einer defensiven Position heraus. Er wandte sich gegen wirtschaftliche Kontrolle von außen, gegen fremden kulturellen Einfluß, gegen politische Bevormundung durch andere Mächte. Gleichzeitig orientierte er sich aber an westlichen Vorbildern, um die bereits staatlich verfaßte Gesellschaft und ihre verkrusteten Strukturen einer umfassenden politischen und wirtschaftlichen Modernisierung zu unterziehen. Die Repräsentanten eines Reform-Nationalismus versuchten, die tradierten Werte und Normen ihrer Gesellschaft und die Unabhängigkeit ihres Staates dadurch zu erhalten, daß sie die Gesellschaft reformierten und den Charakter des Staates veränderten. Die Durchführung der schwierigen Aufgabe, deren Ziel der moderne Nationalstaat war, geschah durch das Medium der aus dem Westen importierten nationalen Ideologie. Die bekanntesten historischen Beispiele für Reform-Nationalismus sind Japan und die Türkei, mit Einschränkungen aber auch China, Ägypten und der Iran seit 1921.

Die Träger des Reform-Nationalismus kamen in diesen Fällen aus den traditionalen staatstragenden Schichten: aus der höheren Bürokratie, aus dem Adel, aus der Armee. Der Reformimpuls war zunächst nahezu ausschließlich auf den militärischen Bereich und die Verwaltungsstruktur gerichtet, aus dem verständlichen Bemühen heraus, der direkten militärischen Bedrohung durch westliche Mächte besser gewachsen zu sein. Die isolierte Reformierung eines bestimmten Sektors der Gesellschaft erwies sich aber schon bald als unzureichend. Diese Einsicht leitete über zur Entwicklung immer umfassenderer Modernisierungsprogramme. Innergesellschaftlichen Widerständen gegen die Modernisierung, die natürlich nicht ausblieben, begegneten die Reformer mit der Berufung auf das nationale Interesse, auf die Notwendigkeit, die nationale Identität und die nationale Unabhängigkeit gegen die Bedrohung von außen verteidigen zu müssen. Unerläßliche Vorbedingung für das, was letztlich auf eine Revolution von oben hinauslief, war die Kontrolle politischer Schlüsselstellungen im Staat durch die Reformer. In Japan, dem erfolgreichsten Fall einer Modernisierung von Staat und Gesellschaft nach westlichem Vorbild und unter nationalen Vorzeichen, gelang dies während der Meiji-Ära 1868 bis 1912. Das nicht ganz so erfolgreiche Bemühen der Reform-Nationalisten in der Türkei, das ebenfalls schon im 19. Jahrhundert einsetzte, konnte sich erst nach dem Zerfall des Osmanischen Reiches im Ersten Weltkrieg und nach der Absetzung des letzten Sultans 1923 voll entfalten.

Unmittelbarer Auslöser für den Reform-Nationalismus in Japan war die amerikanische Flottendemonstration in der Bucht von Tokio im Jahre 1853 und der erzwungene Handelsvertrag von Kanagawa 1854, der amerikanischen Kaufleuten Hafen- und Handelsrechte in Japan einräumte. Ähnliche Verträge mit den europäischen

Mächten folgten. Der unfreiwillige Kontakt Japans mit der Außenwelt stand als Erfahrung hinter dem Reformprogramm seit den späten sechziger Jahren des 19. Jahrhunderts, das von bürokratischen Eliten getragen wurde. Es verwandelte den nach westlichen Maßstäben unterentwickelten und militärisch schwachen Feudalstaat Japan binnen weniger Jahrzehnte in einen Industriestaat und eine regionale Militärmacht.

Die grundlegenden Reformen der Meiji-Ära im Heerwesen, in der Verwaltung, der Justiz und der Wirtschaft fanden unter der Losung »Restauration des Kaisertums« statt. Das bedeutete, daß die Reformer an eine alternative Institution im politischen System Japans anknüpften, die von den Schogunen seit dem 12. Jahrhundert in den Hintergrund gedrängt worden war. Nach dem Sturz des letzten Schoguns 1867 bildete der Kaiser folglich den Bezugspunkt für die nationale Erneuerungsbewegung. Wahrer Patriotismus bewies sich, folgte man der Rhetorik ihrer Sprecher, in der Opferbereitschaft für den Kaiser als dem Symbol für die Unabhängigkeit seines Volkes. Der Kaiser konnte aber nur dann ungeschmälert der Herrscher seines Volkes bleiben, wenn sich Japan der modernen Welt öffnete und sich ihr auf vielen Gebieten anpaßte. Mit der Betonung nationaler Traditionen und dem Hinweis auf die gefährdete staatliche Unabhängigkeit Japans verschleierten die Reformer die von ihnen eingeleiteten radikalen Umwälzungen in der Gesellschaft und im politischen System des Landes. Die Opposition vermochten sie damit auszuschalten. Der Nationalismus, ursprünglich die Reaktion auf die Herausforderung durch die westlichen Mächte, wurde zum Integrationsmittel im Modernisierungsprozeß mit seinen destabilisierenden und mobilisierenden Wirkungen. Als Ideologie verband er das Bemühen um den Erhalt der japanischen Identität mit der Einsicht in die Notwendigkeit, die rückständige japanische Gesellschaft an die technische Zivilisation des Westens anzugleichen. Die Betonung der Kontinuitäten sollte die unvermeidlichen Diskontinuitäten ausbalancieren.

Massive Interventionen der europäischen Mächte erlebte auch die osmanische Türkei seit der Mitte des 19. Jahrhunderts. Der Zusammenhalt des multinationalen Reiches, das sich vom Balkan über Kleinasien und Palästina bis nach Nordafrika erstreckte, war angesichts des separatistischen Nationalismus der christlichen Balkanvölker und später dem der Araber zunehmend schwächer geworden. Die Revolution der Jungtürken, die ihren Rückhalt in erster Linie bei den Streitkräften und der meist im Westen ausgebildeten Bildungsschicht hatten, beendete zwar 1908/09 das autokratische Regime des Sultans. Aber erst der Kemalismus mit seinem politischen und kulturellen Reformprogramm legte die Grundlagen für den türkischen Nationalstaat europäischer Prägung, für den die Voraussetzungen durch die Auflösung des Osmanischen Reiches überhaupt erst geschaffen waren. Als geistiger und politischer Führer der Reformbewegung, die nach dem Krieg eine breitere soziale Basis gewann, organisierte der aus Makedonien stammende Berufsoffizier Mustafa Kemal (1934: Kemal Atatürk) seit Mai 1919 von Anatolien aus den Widerstand gegen die alliierte und griechische Besetzung von Teilen des Landes. Eine Form von Xenophobie, ein Gefühl des Bedrohtseins von außen, war im türkischen Reform-Nationalismus ebenso ein entscheidendes Motiv wie im japanischen des späten 19. Jahrhunderts. In der Republik, die im Oktober 1923 ausgerufen wurde, bestimmte der Kemalismus das nationale Regenerationsprogramm, eine Ideologie, die unter nationalen Vorzeichen die Säkularisierung und die »Europäisierung« der Türkei vorantrieb.

Bei allen offenkundigen Parallelen sind die Unterschiede zwischen dem türkischen und dem japanischen Reform-Nationalismus jedoch nicht zu übersehen. Während in Japan traditionale Vorstellungen und Symbole in der nationalen Ideologie eine Schlüsselrolle spielten, richtete sich der türkische Reform-Nationalismus explizit gegen einige zentrale traditionale Werte. So leugneten die Reform-Nationalisten gegen den heftigen Widerstand konservativer Kreise die im Islam verankerte Einheit von Staat und Religion, sie schufen 1924 das Kalifat ab, verlegten die Hauptstadt von Istanbul nach Ankara und wandten sich gegen das Tragen von Fes und Schleier. Die türkische Sprache sollte vom Einfluß des Arabischen befreit und der Volkssprache angenähert werden, so daß die Literatur der erwachenden Nation in breiten Schichten verstanden werden konnte. Das Arabische und das Persische wurden 1929 aus den Lehrplänen der Höheren Schulen gestrichen – zugunsten des Lateinischen und des Griechischen. Alle diese Maßnahmen deuten darauf hin, daß es im Fall der Türkei nach dem Ersten Weltkrieg um mehr ging als lediglich um eine Reformierung des bestehenden Staates und der Gesellschaft, sondern de facto um den Neuaufbau eines auf der Nation gegründeten Staates aus der Erbmasse des multinationalen Osmanischen Reiches. Dieser Neuaufbau erforderte revolutionäre Eingriffe, den partiellen Bruch mit den Werten und Normen der vornationalen Vergangenheit. Denn die alten Gesellschafts- und Herrschaftsstrukturen standen dem Risorgimento der türkischen Nation im Wege.

4. Der integrale Nationalismus

Der integrale Nationalismus begegnet als Gegentypus zum Risorgimento-Nationalismus unter verschiedenen Namen. Radikaler Nationalismus, extremer Nationalismus, militanter Nationalismus, aggressiv-expansionistischer Nationalismus, abgeleiteter Nationalismus, rechter Nationalismus, reaktionärer Nationalismus oder exzessiver Nationalismus sind einige der geläufigeren Begriffe – ein deutlicher Hinweis darauf, daß sich für die Typologie des Nationalismus selbst im wissenschaftlichen Sprachgebrauch noch keine verbindliche Nomenklatur durchgesetzt hat. Die Bezeichnung »integraler Nationalismus«, der hier trotz mancher Bedenken der Vorzug gegeben wird, prägte der französische Schriftsteller Charles Maurras, einer der einflußreichsten geistigen Väter dieser Form des Nationalismus. Maurras propagierte den Nationalismus als einen im mystischen Kult der Erde und der Toten gipfelnden Religionsersatz, der an das Individuum totale Ansprüche stellt und es völlig vereinnahmt. Der integrale Nationalismus wirft allen ethischen Ballast ab und verpflichtet das Individuum auf einen einzigen Wert: die Nation. Ihr hat sich das Individuum völlig unterzuordnen. »La France d'abord«, »Right or wrong, my country«, »Recht ist, was dem Volke nützt«, »Du bist nichts, Dein Volk ist alles« – so oder ähnlich lauten die Gebote, auf die der integrale Nationalismus seine Gläubigen verpflichtet und mit denen er auch die physische Gewaltanwendung gegenüber Andersdenkenden legitimiert.

Im Unterschied zum liberalen Risorgimento-Nationalismus, der grundsätzlich von einer Gleichberechtigung der Nationalismen und der Ansprüche nationaler Bewegungen ausgeht, setzt der integrale Nationalismus die Nation absolut. Seine Anhänger verzichten auf seine Rechtfertigung aus dem Dienst an einem höheren Wert. Der Kult der Nation wird zum Selbstzweck. Die Lehre Darwins von der natürlichen Auslese und vom Überleben der Tüchtigeren ersetzt als mageres philosophisches Fundament die

Ideen Herders und Mazzinis. Was bei Tieren und einzelnen Menschen gilt, muß – so die Propheten des integralen Nationalismus – auch bei den Gattungen und Nationen gelten. Die Nation, die sich in einer Welt von Feinden als die stärkste und tüchtigste erweist, werde das Feld behaupten und letztlich überleben. Während sich für Herder und Mazzini im Erwachen der Nationen die Grundlagen einer neuen Weltordnung entfalteten, verschärfte sich damit für den integralen Nationalismus nur der Kampf aller gegen alle. Es existieren mithin qualitative Unterschiede gegenüber dem Risorgimento-Nationalismus. Auf die Personen bezogen wird man sagen können: Mussolini oder Hitler verkörpern einen völlig anderen Typ von Nationalist als Ypsilanti oder Mazzini.

Die Vertreter des integralen Nationalismus sind bereit, die Interessen der eigenen Nation skrupellos auf Kosten anderer Nationen durchzusetzen. Diese werden von ihrem leitenden Politiker, dem »Führer«, definiert oder interpretiert. »Il Duce ha sempre ragione«, der Führer hat immer recht, hieß es im Italien der zwanziger und dreißiger Jahre. Die absolute Hingabe an die Nation wurde dort zum leitenden Prinzip aller faschistischen Erziehung. Die Existenz anderer Nationen wurde in Frage gestellt oder sogar völlig negiert. Die Parole von der nationalen Suprematie, der herausragenden Stellung der eigenen Nation, tritt im integralen Nationalismus an die Stelle der Parole von der nationalen Selbstbestimmung, die in den Jahrzehnten nach der Französischen Revolution dem Risorgimento-Nationalismus seine gewaltige Triebkraft verlieh. Bildlich ausgedrückt: Es wird in einem bestimmten geschichtlichen Moment ein Siedepunkt erreicht, an dem der Nationalismus in einen anderen Aggregatzustand übergeht. Das System der bis dahin geltenden Werte und Normen erhält einen anderen Charakter. Als »moralisch« gilt schließlich nur noch, was der eigenen Nation und ihrer Macht dient, und dafür geschieht Unrecht, werden selbst Verbrechen in Kauf genommen. Das ist die Ursache für Rechtsbeugung und Verfolgung, für expansive Außenpolitik und den ungehemmten Anspruch einer »Herrenrasse« auf »Lebensraum«, für die Vertreibungen und die Völkermorde, die im 20. Jahrhundert im Namen der Nation begangen wurden.

Daß der Schritt über alle moralischen Schwellen hinweg im nationalen Denken zumindest potentiell angelegt ist, haben schon Vertreter des frühen Risorgimento-Nationalismus gelegentlich hellseherisch gespürt. Die Revolutionsära in Frankreich hatte davon einen Vorgeschmack geboten. Die radikale, jakobinische Variante des Nationalismus in der Revolution nahm bereits totalitäre Züge an: Die Nation ist eins und unteilbar (»une et indivisible«), egalitär und homogen. Widerstände gegen ihre Ansprüche werden notfalls mit Gewalt beseitigt. Im vermeintlichen Interesse der Nation wandten sich die Jakobiner gegen Dissens, Pluralismus, Föderalismus und autonome Institutionen wie die Kirche. Höhepunkt der Entwicklung war die Errichtung von Altären für das Vaterland. Hatte der fromme Bürger bisher für Leben und Wohlfahrt seinem Gott gedankt, wurde ihm nun bedeutet, daß er alles der Nation verdanke, ihr dafür aber auch alles schulde. »Es liegt etwas Schreckliches in der heiligen Liebe zum Vaterland«, bekannte Louis Antoine Saint-Just, ein Protagonist des jakobinischen Nationalismus und Augenzeuge seiner politischen Wirkung. »Sie ist so ausschließlich, daß sie alles dem öffentlichen Interesse aufopfert, ohne Erbarmen, ohne Furcht, ohne Achtung vor der Menschlichkeit ... Was dem allgemeinen Wohl dient, ist immer schrecklich.«[8] Dieser Nationalismus, der nur noch den Willen der Mehrheit gelten ließ, kehrte sich schließlich militant, aggressiv und imperial nach außen. Napoleon Bonaparte wurde sein Vollstrecker.

Der »jakobinische« Nationalismus, den zuerst der amerikanische Historiker Carlton Hayes als Typus beschrieben hat[9], muß mit Fug und Recht als früher Vorläufer des integralen Nationalismus angesehen werden. Als verbreitetes politisches Phänomen ist er aber wesentlich jüngeren Datums. Es lassen sich gute Gründe dafür anführen, ihn als eine Form von Nationalismus zu sehen, welcher der Risorgimento-Nationalismus, der »genuine« Nationalismus, vorausgeht. Daher rührt die Benennung »abgeleiteter« Nationalismus. Der integrale Nationalismus ist eine Erscheinungsform des Nationalismus, die bei jedem Volk auftreten kann. Die Voraussetzungen lassen sich sogar in groben Umrissen beschreiben. Sein Entfaltungsraum ist der vorgegebene nationalstaatliche Rahmen. Das Ziel des Risorgimento-Nationalismus, der eigene nationale Staat, ist bereits verwirklicht. Zugespitzt formuliert: Der integrale Nationalismus ist überhaupt nur möglich in einer Welt der etablierten Nationalstaaten. Er stellt sich dar als eine Ideologie, die die Interessen des Nationalstaats rücksichtslos und expansiv behauptet.

In historischen und soziologischen Analysen des integralen Nationalismus wird häufig darauf hingewiesen, daß der integrale Nationalismus in besonderer Weise ein Kennzeichen der »verspäteten Nationen« (Helmuth Plessner) in der ersten Hälfte des 20. Jahrhundert gewesen zu sein scheint, also des Deutschen Reiches, Italiens und bis zu einem gewissen Grade auch Japans. Sie zeigten eine starke Neigung, sich im Hinblick auf die koloniale Aufteilung der Welt als benachteiligte Nationen zu betrachten und kollektive nationale Minderwertigkeitsgefühle durch aggressiven Nationalismus zu kompensieren, zumal in einem Zeitalter, das die politische und wirtschaftliche Durchdringung der noch unentwickelten Gebiete des Erdballs als die neue große nationale Aufgabe propagierte.

Ist auch der Hinweis auf die verspätete Nationalstaatsgründung dieser Nationen im wesentlichen zutreffend, so wäre es aber sicherlich unzulässig, das Phänomen des integralen Nationalismus ganz auf die speziellen Fälle des italienischen Faschismus und des deutschen Nationalsozialismus beschränken zu wollen. Legt man das ihn charakterisierende Kriterium, die Absolutsetzung der Nation, zugrunde, ist das Spektrum seiner Erscheinungsformen wesentlich breiter anzusetzen. So sind dem integralen Nationalismus bereits im Deutschen Kaiserreich verschiedene politische Organisationen seit den achtziger Jahren des 19. Jahrhunderts verpflichtet. Der 1891 gegründete, bis 1939 bestehende Alldeutsche Verband, dessen Sprecher die Reichseinigung lediglich als Ausgangsbasis für die Gewinnung einer deutschen Weltmachtstellung betrachteten, war der bekannteste der sog. »nationalen Verbände« in dieser Zeit. Zu ihnen zählten auch der Verein für das Deutschtum im Ausland (seit 1881), die Deutsche Kolonialgesellschaft (1887–1936), der Deutsche Ostmarkenverein (1894–1935) und der Deutsche Flottenverein (1898–1934).[10]

In den bürgerlichen Schichten des Kaiserreichs, die ihren Vorstellungen nahestanden, sich sogar mit ihren Zielen identifizierten, stießen die »nationalen Verbände« auf eine breite Resonanz. Heinrich v. Treitschke oder Max Weber, beide unzweifelhaft Repräsentanten des deutschen Bildungsbürgertums in jenen Jahren, gaben dem überschäumenden, missionarischen Selbstbewußtsein der Nation und dem veränderten politischen Klima in Deutschland beredten Ausdruck. Der »junge Riese«, das Reich, solle seine starken Arme nun brauchen, schrieb Treitschke 1884, um »die Gesittung der Menschheit zu fördern und den deutschen Namen der Welt zugleich furchtbar und teuer zu machen«, indem er an der »großen Arbeit der expansiven Zivilisation seinen gebührenden Anteil« nehme. Und Max Weber forderte in seiner berühmten Freiburger Antrittsrede 1895: »Wir müssen begreifen, daß die Einigung Deutschlands ein Jugendstreich war, den die Nation auf ihre alten Tage beging und seiner Kostspieligkeit halber besser unterlassen hätte, wenn sie der Abschluß und nicht der Ausgangspunkt einer deutschen Weltmachtpolitik sein sollte.«[11]

Die nationalistische, gegen Parlamentarismus und Sozialdemokratie gerichtete Agitation der »nationalen Verbände« prägte weithin das politische System des Wilhelminischen Deutschland. Gemeinsam war allen nationalen Agitationsverbänden, die gelegentlich wie z. B. der Deutsche Flottenverein 80000 Einzel- und korporative Mitglieder zählten, der Glaube an ein objektives nationales Interesse, das der Parteipolitik übergeordnet und ihr moralisch weit überlegen war. Als die selbsternannten Wahrer des nationalen Interesses behielten sie sich seine inhaltliche Bestimmung als exklusives Vorrecht vor. Den Nationalismus benutzten die »nationalen Verbände« in diesem Sinne als Integrationsideologie und als ein ebenso bequemes wie wirkungsvolles Instrument zur Festschreibung des innenpolitischen Status quo. Der politische und soziale Status quo erschien im höchsten Grade gefährdet durch die divergierenden Interessen der gesellschaftlichen Gruppen, durch die sozialen Auswirkungen des ungestümen Übergangs in die Phase der Hochindustrialisierung seit 1871, durch den Aufstieg der sozialistischen Arbeiterbewegung. Innere Geschlossenheit bildete in der Perspektive der »nationalen Verbände« jedoch die notwendige Vorbedingung für die Selbstbehauptung der deutschen Nation in der Konkurrenz mit anderen Nationen und für die von ihnen propagierte Expansion des Reiches in der Welt, für Deutschlands »Platz an der Sonne« (Bernhard v. Bülow). Um innen- und außenpolitische Ziele zu erreichen, wurden im Sinne der »negativen Integration« Feindbilder geschaffen: Der Nationalismus diente dazu, durch die künstliche Steigerung vorhandener politischer Konflikte mit anderen Staaten Loyalität gegenüber der Nation zu erzwingen.[12] Innerstaatliche Differenzen verwandelten sich auf diese Weise in gefährliche Gegensätze zwischen souveränen Staaten.

Der emanzipatorische und liberale Anspruch, ein zentrales Element des Risorgimento-Nationalismus, war im Nationalismus der »nationalen Verbände« völlig zurückgedrängt. Als Ideologie war dem Nationalismus nun eine ganz andere Funktion zugewachsen. Die nationale Parole, ursprünglich eine Waffe des liberalen Bürgertums, hatte sich in eine Waffe gegen Liberale und gegen die politische Linke aller Schattierungen verwandelt. Wer ein Gegner restaurativer Ideologien war, konnte in Deutschland schon seit den ausgehenden siebziger Jahren des 19. Jahrhunderts kein Freund des Nationalismus mehr sein. Er gab sich, in den Worten Golo Manns, zu erkennen als »schnarrende Phrase, in der kein großes Herz mehr schlägt, die nur noch den Dünkel nährt, materielle Bereicherung verbirgt und fördert«.[13] Tief beunruhigt über den neuen reichsdeutschen Nationalismus stellte der liberale Reichstagsabgeordnete Ludwig Bamberger schon am Ende der Bismarckzeit fest, daß »ein Geschlecht herangewachsen« sei, »dem der Patriotismus unter dem Zeichen des Hasses erscheint, Haß gegen alles, was sich nicht blind unterwirft, daheim oder draußen«.[14]

Die geistige Nachbarschaft von Nationalismus und Rechtsradikalismus war jedoch seit dem späten 19. Jahrhundert kein deutsches Privileg. Ähnliche Entwicklungen wie in Deutschland lassen sich fast zur gleichen Zeit in Großbritannien beobachten. Die 1895 gegründete »Navy League« bezweifelte z. B. die Stabilität der britischen Gesellschaft in einer Zeit legalisierter Gewerkschaften und umfassender Wahlrechtsreformen.[15] Imperialistisches Denken, die Vorstellung eines »Größeren Britannien«, der Glaube an die Überlegenheit des eigenen politischen und sozialen Systems, ein nicht zu unterschätzender Antisemitismus und die Forderung nach protektionistischen Maßnahmen zur Abwehr ausländischer Handelskonkurrenz vermischten sich in Großbritannien zu einem aggressiven Nationalismus, dem die Zeitgenossen den Sammelnamen »Jingoismus« gaben. Der Burenkrieg 1898–1901 und die nach der Jahrhundertwende einsetzende Flottenrivalität mit dem Deutschen Reich bildeten dann in Großbritannien den eigentlichen Katalysator für die Formierung einer »radikalen Rechten«, die für eine bewußte, ausschließlich am »nationalen Interesse« orientierte Reichspolitik eintrat, mit dem Ziel einer Konsolidierung des Britischen Empire zu einer Art »Superstaat«.[16]

Die enge Verbindung des Nationalismus mit dem Imperialismus, des nationalen Machtstaates mit kolonialer Expansion in Übersee, ist auch in Italien nachzuweisen, und zwar schon lange vor der Ära Mussolinis mit ihrer ausgreifenden Annexionspolitik unter dem Schlagwort des »mare nostro«, das sich nicht mehr nur auf die Adria, sondern auf das ganze Mittelmeer bezog. Für die italienische Nationalbewegung war der Einigungsprozeß, der 1859 mit dem Krieg Piemont-Sardiniens gegen Österreich in seine Schlußphase eingetreten war, nach dem Gewinn Roms im September 1870 im wesentlichen abgeschlossen. Aber es lebten immer noch zahlreiche Italiener jenseits der 1870 erreichten Grenzen des italienischen Nationalstaates: im österreichischen Trentino (»Welschtirol«), in der Stadt Triest und ihrem Umland stellten sie die Mehrheit der Bevölkerung. Italienische Minderheiten lebten in Istrien, in Dalmatien, das zwischen 1420 und 1797 zur Republik Venedig gehört hatte, und in Südtirol. Das Tessin war ein schweizerischer Kanton, Nizza und Korsika waren französisch. Für den italienischen Nationalismus seit den späten siebziger Jahren des 19. Jahrhunderts, der sich in der »Società Dante Alighieri«, der »Lega Navale«, der »Società Geografica« und dann seit 1910 in der »Associazione Nazionalista Italiana« organisierte[17], waren vor allem die Territorien im Besitz der Habsburgermonarchie »unerlöste« Gebiete. Das konnte nur heißen: Es waren Gebiete, die in den italienischen Nationalstaat notfalls unter Anwendung von Gewalt einbezogen werden mußten, ohne Rücksicht auf den Umstand, daß in ihnen auch Nichtitaliener mit unterschiedlich hohem Anteil an der Bevölkerung lebten. Zur Untermauerung der italienischen Ansprüche wurden höchst fragwürdige historische Argumente angeführt. Das demagogische Schlagwort von der »Italia irredenta« fiel zum erstenmal im Jahre 1877.

Die kostspieligen und verlustreichen kolonialen Abenteuer Italiens in Afrika begrüßten die Nationalisten mit Begeisterung. In dem Jahrzehnt vor dem Ersten Weltkrieg, in dem Italien eine Phase beschleunigter Industrialisierung mit allen sich daraus ergebenden sozialen Konsequenzen erlebte, entwickelten sie mit geradezu hektischem Eifer eine Fülle expansionistischer Programme, die sich jedoch nur begrenzt in die Realität umsetzen ließen. Nach dem Krieg gegen die osmanische Türkei 1911/12 verbuchte der aggressive italienische Imperialismus als kolonialen Gewinn Libyen und die Inseln des Dodekanes in der Ägäis. Als Preis für seinen Eintritt in den Weltkrieg auf seiten der Alliierten wurden Italien im Londoner Vertrag vom April 1915 bedeutende Gebietserweiterungen in Aussicht gestellt. Nicht nur sollte es nach dem Sieg über die Mittelmächte das Trentino und Triest erhalten, sondern auch Tirol bis zum Brenner, Istrien und große Teile Dalmatiens. Die Politik des damaligen Außenministers Sidney Sonnino stand damit im direkten Gegensatz zum liberalen Kern des Risorgimento und zu den Idealen Mazzinis, der dem geeinten Italien die Rolle eines Protektors und nicht die eines Unterdrückers der Südslawen zugedacht hatte. Über die Rechte anderer Völker setzte sich die italienische Politik nun bedenkenlos hinweg. Nach Ende des Ersten Weltkrieges fiel der territoriale Zugewinn Italiens vor allem aufgrund des amerikanischen Widerstandes zwar geringer aus, als 1915 versprochen worden war. Aber nicht weniger als eine viertel Million Deutsche in Südtirol und mehr als eine halbe Million Kroaten und Slowenen wurden 1919 unter Mißachtung des von Wilson proklamierten Selbstbestimmungsrechts Italien eingegliedert, weil sie mit Menschen zusammenlebten, die ein extremer Nationalismus als Angehörige der italienischen Nation reklamierte. Den italienischen Nationalisten war das jedoch noch nicht genug. In ihrer Sicht besiegelten die Pariser Friedensverträge den »verlorenen Sieg«, weil Gebiete mit italienischen Minderheiten in den neuen südslawischen Staat einbezogen wurden.

Die Enttäuschung vieler Italiener über den Ausgang des Weltkrieges bildete auch den Nährboden für den Faschismus, der schon nach Mussolinis »Marsch auf Rom« am 27./28. Oktober 1922 an die Macht kam und umgehend die Umwandlung des liberalen parlamentarischen Systems des Landes in einen totalitären Staat einleitete. Vorausgegangen waren 1921 die Gründung des »Partito Nazionale Fascista«, der als erste Partei in Europa auf der Grundlage eines rechten Nationalismus eine Massenanhängerschaft gewann. Vor 1918 hatten überall in Europa politische Parteien, die einen extremen, stark antisemitisch gefärbten Nationalismus vertraten, nur vorübergehend Bedeutung gewonnen. Die Deutschnationalen um Georg v. Schönerer in Österreich und die 1889 gegründete Christlich-Soziale Partei des Berliner Hofpredigers Adolf Stoecker, die an die Stelle des äußeren Feindes die Juden als inneren Feind setzte, sind diesem Parteientyp zuzurechnen.

Im Unterschied zur Vorweltkriegszeit entstanden in den zwanziger und dreißiger Jahren in zahlreichen europäischen Ländern faschistische Bewegungen und Parteien, meist nach italienischem

Vorbild, die einen extremen Nationalismus propagierten und den bestehenden Staat nach ihren Vorstellungen radikal umgestalten wollten. Sie verstanden sich als Retter vor der Bedrohung durch den Sozialismus und die international organisierte Arbeiterbewegung. Zu diesen radikalen, antibürgerlichen, antiliberalen wie antimarxistischen Organisationen, die unter sehr verschiedenen Namen auftraten, gehörten in Deutschland die Nationalsozialistische Arbeiterpartei (gegr. 1919/20), in Österreich die Heimwehren (gegr. 1918), in Belgien die Rexisten (gegr. 1930), in Rumänien die Eiserne Garde (gegr. 1930), in den Niederlanden die Nationaal Socialistische Beweging (gegr. 1931), in Norwegen die Nasjonal Samling (gegr. 1933), in Spanien die Falange (gegr. 1934) und in Frankreich der Parti Populaire Français (gegr. 1936). Die Anhänger der faschistischen Organisationen stammten vorwiegend aus dem alten und neuen Mittelstand. Durch das Anwachsen der Arbeiterbewegung und die fortschreitende Industrialisierung fühlten sich Handwerker, Kaufleute, Angestellte, Beamte und Bauern in ihrer materiellen Existenz und ihrem sozialen Status bedroht. Ihre Ängste und Hoffnungen machten sie empfänglich für Antisemitismus und Formen des integralen Nationalismus.

4.2. *Voraussetzungen des integralen Nationalismus*

Zur Frage der Voraussetzungen des integralen Nationalismus, dem die faschistischen Parteien und Bewegungen nach dem Ersten Weltkrieg zugerechnet werden müssen, hat Eugen Lemberg die These vertreten, daß dem Auftreten des integralen Nationalismus in der Regel eine Krise des nationalen Selbstbewußtseins vorausgeht, eine außerordentliche Bedrohung von außen, eine wirkliche oder vermeintliche Gefahr für die nationale Existenz. Das ist für Lemberg insbesondere immer dann der Fall, wenn eine Nation eine schwere politische oder militärische Niederlage erlitten hat, die ihr Selbstwertgefühl verletzt und im Gefolge davon die für den Fortbestand der Nation notwendige Integrationskraft schwinden läßt. Auf die vermeintliche Gefahr ihrer Desintegration reagiert die Nation, die hier von Lemberg als Kollektivperson gesehen wird, mit einem integralen Nationalismus.[18]

Als Beleg für seine These führt Lemberg zwei Beispiele an: den französischen Nationalismus nach der militärischen Niederlage im deutsch-französischen Krieg 1870/71 und den deutschen Nationalismus nach 1918. Beide Völker fanden sich mit der jeweiligen Niederlage, die sie als tiefen Einschnitt ihrer nationalen Geschichte erlebten, nicht ab. Die Franzosen antworteten auf sie mit der Betonung ihrer zivilisatorischen Mission, die in einen kulturellen Nationalismus und in den Imperialismus einmündete. Der Schriftsteller und Politiker Paul Déroulède, der 1882 die Patriotenliga gründete, rief zur Selbstbesinnung und Einheit der Nation auf, die nicht zuletzt durch die erstarkende sozialistische Arbeiterbewegung in Frage gestellt war. Er propagierte die historische Größe der gedemütigten Nation. Von dort war es nur noch ein kleiner Schritt zur Forderung nach Reinigung der »überfremdeten« und »verderbten« Nation, die die Suche nach einem Sündenbock für den Sturz und die Krise des Landes auslöste. In diesem Klima der politischen Verdächtigungen und Schuldzuweisungen gewann die schon lange vorher konzipierte Rassenlehre des Grafen Gobineau eine beträchtliche Popularität. Zusammen mit Edouard Drumonts Schrift *La France juive* aus dem Jahr 1886 legte sie den Grund für einen verbreiteten Antisemitismus, der in der Dreyfus-Affäre der Jahre 1894–1900 einen spektakulären Ausbruch erlebte und die Spaltungen der französischen Gesellschaft noch vertiefte. Auf dem Höhepunkt der Affäre entstand 1898 unter Führung von Charles Maurras die rechtsradikale Organisation »Action française«, die dem Parlamentarismus, dem Liberalismus, dem Internationalismus und den Juden pauschal die Schuld für den angeblichen politischen und moralischen Niedergang Frankreichs zuwies. Die explosive Mischung von Irrationalität und Demagogie übte eine Anziehungskraft weit über den kleinen Kreis der »Action française« hinaus in der französischen Öffentlichkeit aus. Symbole und Parolen, die Leidenschaft und der Haß bei der Bekämpfung des politischen Gegners und die Verachtung der demokratischen Gesellschaft rechtfertigen es, in der »Action française« einen Vorläufer des Faschismus zu sehen. Aber wo der Nationalismus wie in Frankreich eine lange revolutionäre und demokratische Tradition besaß, konnte der integrale Nationalismus das Feld nie allein beherrschen. Es gab Gegengewichte im liberalen Bürgertum, die in Deutschland fehlten.

Wie in Frankreich betrachtete sich auch in Deutschland nach 1918 der integrale Nationalismus als Retter, Reiniger und Erneuerer der Nation. Die Dolchstoß-Legende war die unmittelbare Reaktion auf die militärische Niederlage und das »Diktat von Versailles«. Innerhalb weniger Monate wurde sie zu einer »tragenden Säule der konservativ-nationalistischen Rechtfertigungs- und Kampfideologie«.[19] Für den Zusammenbruch des vertrauten Orientierungsrahmens und die Misere der Gegenwart wurden Schuldige gesucht, zugleich sollte sie kompensiert werden: zum einen durch kulturell-wissenschaftliche Leistungen und zum anderen durch den Beweis nationaler Geschlossenheit. Nicht das Volk sei besiegt, sondern das monarchische System, lautete die Devise. Aus dem Glauben an die Nation sollte die Kraft zum Wiederaufstieg kommen. Der gemäßigte preußische Kultusminister Carl Heinrich Becker definierte 1919 Kulturpolitik, der seiner Meinung nach nun eine wichtige Aufgabe zufalle, als »bewußte Einsetzung geistiger Werte im Dienste des Volkes und des Staates zur Festigung im Innern und zur Auseinandersetzung mit anderen Völkern nach außen«.[20] Nie wurde so viel von der kulturellen Sendung der Deutschen gesprochen und geschrieben, nie der deutsche Kulturbegriff vom französischen Zivilisationsbegriff so leidenschaftlich abgegrenzt wie in den Jahren nach dem Ersten Weltkrieg. Und nie wurde der Ruf nach einer straffen Führung, der Wunsch nach dem starken Mann, der das zerrissene Volk einigen und aus den Fesseln des Versailler »Schmachfriedens« zu neuer Größe führen würde, in Deutschland lauter erhoben als damals.

In Frankreich und Deutschland bildete der nachwirkende Schock eines militärischen Zusammenbruchs den Nährboden für den integralen Nationalismus, der im nationalsozialistischen Deutschland eine bis dahin nicht gekannte Übersteigerung erfahren sollte. Franzosen und Deutsche befanden sich in einer Ausnahmesituation, die Eugen Lemberg mit der Krise des nationalen Selbstbewußtseins gleichsetzt. Die politische Geschichte des Deutschen Reiches, Großbritanniens oder Italiens seit dem ausgehenden 19. Jahrhundert legt es aber nahe, Lembergs These über die Voraussetzungen des integralen Nationalismus dahingehend zu ergänzen, daß auch wirtschaftliche und soziale Systemkrisen, wie sie im Gefolge der Industrialisierung und dem Erstarken der organisierten Arbeiterschaft nicht ausblieben, günstige Bedingungen für das Auftreten des integralen Nationalismus schaffen können. Der Nationalismus, der sich spätestens in dieser Phase seiner Geschichte als manipulierbar erwies, dient dann in der industrialisierten Massengesellschaft als psychisches Ventil für politischen und sozialen Druck im Innern, wie er sich in Deutschland und anderen Staaten besonders während der sog. »Großen Depression« 1873–1896, einer Periode weltweit verlangsamten wirtschaftlichen Wachstums und scharfer Konjunktureinbrüche, anstaute. Ihm fällt die Aufgabe zu, von sozialer Unzufriedenheit und von inneren Konflikten abzulenken. Er wird für konservative Machteliten, die die emotionale Ansprechbarkeit einer fundamentalen Veränderungen unterworfenen Gesellschaft bewußt ausnützen, zu einem gefährlichen und im Grunde nur oberflächlich wirksamen Instrument der Krisenbewältigung und Machtbehauptung. Als »Herrschaftstechnik«, die vor allem bürgerliche Schichten in einer Zeit krisenhafter Erschütterungen der Gesellschaft hinter den traditionellen Führungseliten mobilisiert, vermag Nationalismus innergesellschaftliche Krisen zwar zeitweilig zu überdecken, aber in der Regel nur um den Preis schwerer außenpolitischer Verwicklungen und Konflikte.

Als Typus läßt sich der integrale Nationalismus aufgrund seiner Inhalte und durch seine leichtere Manipulierbarkeit vom Risorgimento-Nationalismus klar unterscheiden. Carlton Hayes ging so weit, im Hinblick auf den integralen Nationalismus von »Konter-Nationalismus« zu sprechen. Die Begriffe konservativ und national werden im integralen Nationalismus identisch, während sie im Risorgimento-Nationalismus eher Gegensätze bezeichnen. Die Voraussetzungen und Rahmenbedingungen für das Auftreten des integralen Nationalismus sind andere als im Falle des liberalen Risorgimento-Nationalismus. Aber beide Typen von Nationalismus sind in mehr als einer Hinsicht Produkte von Krisen – Krisen der politischen Partizipation und Machtkontrolle in einer Gesellschaft, der Auseinandersetzungen um die Modernisierung von gesellschaftlicher Infrastruktur und politischen Institutionen, Krisen der wirtschaftlichen Entwicklung und der Verteilung des erwirtschafteten Volkseinkommens. In der Geschichte des modernen Nationalismus seit der Französischen Revolution tritt der integrale Nationalismus in reiner Form erst relativ spät auf. In vielen Fällen kann man sogar den Zeitpunkt festlegen, an dem sich der Umschlag vom »genuinen« zum »abgeleiteten«, vom »linken« zum »rechten« Nationalismus vollzog. Mit der Gründung des Nationalstaats als Schöpfung der Nation hatte der Risorgimento-Nationalismus sein Ziel verwirklicht und im Grunde seine eigentliche Funktion verloren. Was folgte, war sentimentales Nachspiel. Der Nationalismus lebte im Nationalstaat fort als rückwärtsgewandte Ideologie zur Glorifizierung des Erreichten, zur Festigung und

Bewahrung des nationalen Bewußtseins, als Agens im anhaltenden Prozeß des *Nation-Building*. Diese Variante des Nationalismus wird im alltäglichen, aber auch im wissenschaftlichen Sprachgebrauch als »normale«, als legitime Erscheinungsform des Nationalismus angesehen. Vielfach wird sie als »traditionaler« Nationalismus bezeichnet. In Deutschland bezog sich dieser Nationalismus, der das »Nationale« nicht als Inbegriff aller Werte sieht, seit 1871 auf die staatlich organisierte kleindeutsche Reichsnation.

Aber gerade die Geschichte Europas zeigt, daß schon am Tage ihres Sieges die Solidarität der auf politische Freiheit und Selbstbestimmung gerichteten nationalen Bewegungen zerfiel: Die brüderlich verbundenen Revolutionäre gegen den Status quo verwandelten sich schnell in Verfechter des nationalen Egoismus. Mazzinis idealistische Hoffnungen hatten sich nicht erfüllt. Das Weltbild des Risorgimento, wie es sich bei Mazzini in klassischer Form verdichtete, hatte sich als Utopie erwiesen. Die Interessen der Völker, deren Emanzipation und Freiheit der Risorgimento-Nationalismus auf seine Fahnen geschrieben hatte, waren letzten Endes doch nicht zu vereinheitlichen.

Ebensowenig garantierte ein System von Nationalstaaten eine friedliche Weltordnung. Der Nationalstaat steckte vielmehr den Rahmen ab für die Metamorphose des emanzipatorischen und »legitimen« Nationalismus in eine konservative, ja reaktionäre Integrationsideologie, als die der Nationalismus heute im allgemeinen weithin angesehen wird. Diese Form des Nationalismus, die sich offenbar darin erschöpft, die mit der »Nation« gleichgesetzten Teile der Gesellschaft zur Wahrung des innergesellschaftlichen Status quo gegen innere und äußere Gegner zu mobilisieren, überschattet zu Unrecht auch die nationalen Unabhängigkeitsbewegungen im Europa des 19. und 20. Jahrhunderts. Die unübersehbare Formveränderung des Nationalismus, sein Funktionswandel von einer ehedem fortschrittlichen »linken« in eine vorwiegend »rechte« Integrationsideologie, gerichtet gegen Internationalismus, Liberalismus, Sozialismus, tritt weder als zwangsläufige Folge eines vorangegangenen Risorgimento-Nationalismus oder des als »legitim« apostrophierten Nationalismus auf, noch vollzieht sie sich in jeder Nation nach dem gleichen Schema, zur gleichen Zeit und mit der gleichen Intensität. Aber als Möglichkeit ist sie in jeder Gesellschaft, die sich als Nation begreift, angelegt. Das zumindest hat die Geschichte der beiden letzten Jahrhunderte als historische Erfahrung gelehrt. Vom spezifischen politischen und sozialen Kontext hängt es dabei ab, ob der integrale Nationalismus sich entfalten kann und in welcher Weise er sich darstellt.

5. Der Nationalsozialismus

Die Frage, warum der integrale Nationalismus gerade in Deutschland eine so beispiellose Übersteigerung erfuhr, ist in der Literatur über den Nationalsozialismus ausgiebig erörtert worden und soll an dieser Stelle nicht noch einmal näher betrachtet werden, ebensowenig wie die Geschichte des Nationalsozialismus vor und nach dem Januar 1933. Statt dessen sollen zwei zentrale Merkmale des integralen Nationalisxus in Deutschland hervorgehoben werden, die ihn von vergleichbaren Erscheinungsformen dieses Nationalismustyps in anderen Ländern unterscheiden: zum einen die ihn leitende geopolitische Raumvorstellung, welche die Grenzen des 1871 geschaffenen deutschen Nationalstaats sprengte, und zum anderen seine spezifische Volkstums- und Rassenpolitik. Beide Merkmale waren eng miteinander verknüpft. Der Vorwand, für das deutsche Volk »Lebensraum« gewinnen und die deutsche Weltmachtstellung durchsetzen zu müssen, diente dazu, eine expansive Außenpolitik zu rechtfertigen. Die konsequente Verwirklichung der nationalsozialistischen Volkstums- und Rassenideologie, der ein kruder Sozialdarwinismus zugrunde lag, führte zu grauenvollen Verbrechen. Der Nationalsozialismus erhob insbesondere das Volk, die unabhängig von politisch-staatlichen Grenzen auf gemeinsamer Abkunft, Sprache und Kultur beruhende Gemeinschaft, unter Zurückstellung des Nationsbegriffs zu einem absoluten Wert. Seiner uneingeschränkten Geltung fielen alle ethischen und moralischen Hemmungen zum Opfer.

Die nationalsozialistische Variante des integralen Nationalismus hatte eine ihrer Wurzeln im »völkischen« Nationalismus der Weimarer Republik. Dieser Nationalismus, dessen Ansätze sich bereits im Kaiserreich nachweisen lassen, bezog sich nicht mehr nur auf die kleindeutsche Reichsnation, sondern grundsätzlich auf alle Deutschen, wo auch immer sie lebten. Das deutsche Volkstum, in dem man den Urquell für die Erneuerung des Reiches sah, war zum Schlüsselbegriff konservativer Intellektueller geworden.[21]

Da der Versailler Vertrag den Deutsch-Österreichern den Anschluß an das Reich untersagt hatte und nach 1918 deutsche Minderheiten fremden, z. T. neugeschaffenen Staaten überantwortet wurden, strebten die Ideologen des »völkischen« Nationalismus primär die Erhaltung und Stärkung des deutschen Volkstums diesseits und jenseits der Reichsgrenzen an. Vor allem um die deutschen Sprachinseln und »Volksgruppen«, wie es damals hieß, in Ostmittel- und Südosteuropa kümmerten sich Verbände und Institutionen, die von der Berliner Regierung weithin unabhängig waren, so z. B. der schon 1908 aus dem »Allgemeinen Deutschen Schulverein« hervorgegangene »Verein für das Deutschtum im Ausland«, das seit 1920 bestehende Berliner »Institut für Grenz- und Auslandsstudien« oder das 1917 gegründete »Deutsche Ausland-Institut« in Stuttgart. Hinter ihrer Arbeit stand die Hoffnung auf eine neues Reich, das die von Desintegration bedrohte Nation zusammenbinden, die abgetrennten Volksteile in Ostmitteleuropa wieder einschließen und den Volksgruppen wirksamen Schutz gewähren würde. Die Konturen des künftigen »Dritten Reiches« (Arthur Moeller van den Bruck, 1923) blieben verschwommen, deshalb war die von ihm ausgehende Faszination wahrscheinlich so groß: Gemeint war gewiß nicht das Reich der Weimarer Verfassung, eher ein großdeutsches Reich unter Einschluß der Österreicher, vermutlich ein Reich, das in irgendeiner Form an das universalistische mittelalterliche Kaiserreich anknüpfte.

Wie für die meisten Vertreter des »völkischen« Nationalismus hatte für Hitler das vielbeschworene »Dritte Reich«, dessen Realisierung er seit 1938 mit Drohung und Gewalt einleitete, mit dem Nationalstaaat, wie er seit dem 19. Jahrhundert definiert worden war, praktisch nichts mehr gemein. Oberste Prämisse war für ihn nicht die Vollendung des Nationalstaats der Deutschen, sondern »den Boden in Einklang zu bringen mit der Volkszahl«.[22] Das öffnete einer ausufernden Annexionspolitik Tür und Tor. Den Anspruch des deutschen Volkes auf »Lebensraum« ordnete Hitler den Ansprüchen anderer, »minderwertiger« Völker rücksichtslos über. Was ihm und anderen Repräsentanten des Regimes offenbar vorschwebte, war eine umfassende Neuordnung und, damit verbunden, eine Germanisierung weiter Teile Europas, die sich über die historischen Siedlungsräume von Völkern und Minderheiten ohne Bedenken hinwegsetzte. Das hegemoniale »Germanische Reich Deutscher Nation«, das nach der Annexion Österreichs und des Sudetenlandes 1938 von Hitlers Phantasie zunehmend Besitz ergriff, sollte sich, folgt man den oft widersprüchlichen und vagen Äußerungen nationalsozialistischer Politiker, im Westen germanische Völker wie die Elsässer, Luxemburger, Flamen oder Niederländer letztlich einverleiben und im Norden die skandinavischen Völker als Satellitenstaaten an sich binden. Als erstes Land wurde Luxemburg im August 1942 in das »Großgermanische Reich« eingegliedert. Nach Osten sollte es sich territorial ausdehnen und dabei, nach einer Formulierung Hitlers aus dem Jahre 1928, die dort lebenden »rassisch fremden Elemente ... kurzerhand entfernen und den dadurch freigewordenen Grund und Boden den eigenen Volksgenossen überweisen«.[23]

Gedanklich waren die Grundlagen für eine Entrechtung und Vertreibung osteuropäischer Völker aus ihren angestammten Siedlungsgebieten, für ihre brutale Entnationalisierung und schließlich für den Genozid an Polen, Ukrainern oder Juden mithin schon früh gelegt. Mit der systematischen Realisierung einer solchen Politik, die auf eine »ethnisch-nationale Flurbereinigung« in Ostmittel- und Osteuropa zielte, begann das nationalsozialistische Regime schon wenige Tage nach dem Ende des Polenfeldzuges. In der kaltblütigen Grausamkeit ihrer Durchführung und in ihrem Ausmaß übertraf sie alles, was Europa in seiner Geschichte bis dahin erlebt oder selbst fanatische Verfechter des Nationalitätsprinzips je gedacht hatten. Im Grunde war sie »die Negation jeder Volkstumspolitik«[24], von der damals so viel die Rede war. Der Reichsführer-SS Himmler, im Oktober 1939 zum »Reichskommissar für die Festigung Deutschen Volkstums« ernannt, erhielt den Auftrag, die verstreut lebenden Volksdeutschen in Ost- und Südosteuropa entweder in den durch Annexionen vergrößerten deutschen Kernstaat oder in die eroberten und besetzten Gebiete zwangsweise umzusiedeln. Die dort geplanten »Reichskommissariate« sollten als deutsche Siedlungs- und Rohstoffkolonien dem »Großgermanischen Reich« vorgelagert sein.

Insgesamt war dies ein Konzept, das historisch gewachsene Verhältnisse und humanitäre Gesichtspunkte skrupellos mißachtete und die »Volksgruppen« im Interesse einer wahnwitzigen Weltmachtpolitik hin und her schob. Die Zahl der damals umgesiedelten Volksdeutschen wird auf knapp eine Million geschätzt.[25] Wie rücksichtslos nach dem Kalkül außen- und machtpolitischer Zweckmäßigkeit dabei verfahren wurde, zeigte exemplarisch die

Behandlung der Südtiroler, der einzigen im Zusammenhang mit dem deutschen Siedlungsgebiet lebenden deutschen »Volksgruppe«. Aufgrund eines Abkommens mit dem verbündeten Italien Mussolinis sollten diejenigen unter ihnen, die für Deutschland optierten, in das Reich umgesiedelt werden. Zwischen 1939 und 1942 verließen 75 000 Südtiroler ihre Heimat.[26] 1942 griff Hitler vorübergehend den Gedanken auf, die Südtiroler auf der Krim, in dem noch zu schaffenden »Reichsgau Taurien«, anzusiedeln.[27] Es blieb bei dem Gedankenspiel.

Die Umsiedlungsaktionen, allesamt eine leichtfertige »Manipulation mit Menschen« (Theodor Schieder), erreichten 1940 ihren Höhepunkt. 1943 mußten sie vor allem als Folge der militärischen Entwicklung abgebrochen werden. Das Dogma von der Überlegenheit des deutschen Volkes und der germanischen Rasse hatten Hitler und die nationalsozialistische Führung veranlaßt, »die eigenen Kräfte permanent zu überschätzen«.[28] Was sie in ihrer Verblendung geplant und begonnen hatten, sollte dann ab 1944 mit der Vertreibung der Deutschen aus Ostmitteleuropa und den Gebieten jenseits von Oder und Neiße in unvorhergesehener Weise auf die Urheber zurückschlagen. Der rassistische Imperialismus des Dritten Reiches mündete in die »deutsche Katastrophe« (Friedrich Meinecke), die auch eine Katastrophe Europas war.

III. Der Risorgimento-Nationalismus in Europa

1. Nationalismus in der Epoche der Französischen Revolution

Der Zeitpunkt für das Auftreten von integralem Nationalismus in einer Gesellschaft läßt sich relativ eindeutig bestimmen. Aber wann und wo nahm der Risorgimento-Nationalismus seinen Ausgang? Seit wann kann man überhaupt von Nationalismus sprechen? Unter Historikern und Sozialwissenschaftlern sind diese Fragen immer noch umstritten. Für die häufig vertretene Auffassung, die großen europäischen Nationen, die »historischen« Nationen, hätten sich seit dem frühen Mittelalter herausgeformt, können einige gute Begründungen angeführt werden. Ein genauer Zeitpunkt dafür, wann der Prozeß der Nationsbildung einsetzte, wird sich aber kaum benennen lassen. Mittelalterliche und frühneuzeitliche Quellenzeugnisse für Nationalgefühl, für nationales Denken, für ein durchaus vorhandenes Bewußtsein nationaler Unterschiede lassen sich unschwer beibringen. Aber von Nationalismus schon im Mittelalter und in der frühen Neuzeit zu reden, gar vom jüdischen Nationalismus in der Antike, wie das gelegentlich geschieht, ist unzutreffend.[1] Das Bewußtsein ihrer Individualität, das Franzosen, Engländer, Italiener oder Spanier seit dem Mittelalter entwickelten, blieb eingebettet in den überkommenen christlichen Universalismus wie auch in die historisch gewachsenen regionalen und ständischen Zusammenhänge.

Nach der vorherrschenden Meinung gibt es Nationalismus im modernen Sinne erst seit dem revolutionären politischen Umbruch in der zweiten Hälfte des 18. Jahrhunderts. Sein Geburtsland ist Frankreich. Neu war am Nationalbewußtsein der Franzosen nach 1789, daß es rein säkular und Ausdruck wie Instrument einer politischen Mobilisierung der Massen war.[2] Seit der Französischen Revolution versteht man daher unter Nationalismus eine von breiten Schichten getragene politische Bewegung, welche die Bindung an die Nation zur höchsten gesellschaftlichen Bindung überhaupt erklärt und die Selbstbestimmung der Nation im Nationalstaat anstrebt. Der moderne Nationalismus hat ein Programm, das eine neue politische und soziale Wirklichkeit entwirft, und er ist organisiert. Der den mittelalterlichen Autoren geläufige Begriff *natio* meint bezeichnenderweise auch nicht dasselbe wie der Begriff der Nation nach 1789. Für den nachrevolutionären Menschen ist die Nation zur verbindlichen Sinngebungs- und Rechtfertigungsinstanz geworden. *Natio* (von lateinisch ›nasci‹ = geboren werden) ist hingegen in seiner Bedeutung wesentlich eingeschränkter. Der Begriff bezog sich auf Menschen gemeinsamer Abstammung, gemeinsamer Herkunft. Er deutete auf Siedlungsgebiete, auf Landschaften und ihre Bewohner hin, nicht aber auf einen politischen Verband.[3] »Nation« im alten Reich (»Heiliges Römisches Reich Deutscher Nation«) meinte den Hochadel als die führende Schicht in diesem übernationalen Staatsverband. Als das Reich 1711 mit der »ungarischen Nation« den Frieden von Szátmar schloß, bedeutete »Nation« nicht die Gesamtheit des Volkes, sondern nur die »Barone, Prälaten und Adligen Ungarns«. Die sozial privilegierten Schichten in Ungarn und Polen waren die »Adelsnation«. Trotzdem: Die moderne Nation und das Nationalbewußtsein haben eine weit zurückreichende Vorgeschichte, nicht jedoch der Nationalismus als Ideologie und politische Bewegung. Der moderne Nationalismus ist ein Kind der Französischen und der Amerikanischen Revolution.

In der Revolution haben sich die Bewohner der Provinzen des Königs von Frankreich gegen alle regionalen, ständischen und konfessionellen Sonderungen als ein Staatsvolk zusammengeschlossen, als Nation konstituiert. Alle diese Unterschiede sollte die Nation als die neue zentrale Lebensgemeinschaft zwar nicht einebnen, aber doch überwölben und in ihrem trennenden Charakter überwinden. Auf die Frage, was eine Nation sei, antwortete der Abbé Sieyès: »Ein Verband von Menschen, die unter dem gleichen gemeinen Recht leben und von ein und derselben gesetzgebenden Körperschaft vertreten werden.«[4] Die politische und soziale Gemeinschaft rechtsgleicher Bürger wollte sich selbst bestimmen, Subjekt, nicht länger Objekt des politischen Willens sein. »Nation« war der Kampfbegriff, den die Revolutionäre der ständischen Gesellschaft entgegenhielten. Der traditionellen Legitimierung von Herrschaft war damit der Boden entzogen worden. Im revolutionären Verständnis war die Nation die Gemeinschaft aller politisch bewußten Staatsbürger, die nun Staat und Herrschaftsausübung legitimierte. Allein die Nation war die Quelle der Macht. Indem das Volk unter der Führung des aufstrebenden Bürgertums die Kontrolle der Macht im Staate beanspruchte, sah es sich nach den klassischen Worten von Sieyès als den allgemeinen Stand an und identifizierte sich als solcher mit der Nation. Ihm mußte als dem geistig und wirtschaftlich dominierenden Stand die politische Führung zufallen, um die Umwandlung des ständisch gegliederten Untertanenverbandes in die staatsbürgerliche Gesellschaft zu vollenden.

Die revolutionäre Bewegung mit ihrem freiheitlichen Nationsbegriff richtete sich folglich zunächst gegen die Gegner im Innern, in erster Linie gegen die alte Führungsschicht des Adels und gegen den Klerus, die beide ihre Autorität völlig eingebüßt hatten. Die bislang privilegierten Stände wurden, soweit sie sich nicht dem revolutionären Bürgertum anschlossen, als nicht zur Nation gehörig betrachtet. In dem Maße, wie die monarchischen Regierungen Europas die Souveränität der französischen Nation und die Legitimität ihrer Staatsordnung bestritten, wandte sich der französische Nationalismus dann auch gegen sie. Der Ausbruch des Krieges mit den kontinentalen Monarchien 1792 beflügelte den Gedanken, es gelte den anderen Völkern die in der Revolution errungenen politischen Freiheiten nahezubringen. Die französische Nation hatte eine Sendung.

Das Beispiel einer revolutionären Umgestaltung der Gesellschaft fand seine Bewunderer auch jenseits der Grenzen Frankreichs. Der Anspruch auf politische Mündigkeit, den das französische Bürgertum als politisch bewußte Staatsbürgergemeinschaft stellte, wurde in Europa gegenüber den traditionellen Führungseliten, den Fürsten und Königen, immer vernehmlicher geltend gemacht. Darüber hinaus forderte die Herrschaft über Europa, die das Mutterland der bürgerlichen Revolution unter Napoleon unverhohlen anstrebte und bis zu einem gewissen Grade auch verwirklichte, den Widerstand der Völker heraus. Sie erlebten nämlich, wie ihnen Freiheit und Selbstbestimmung von der gleichen *»grande nation«* verwehrt wurden, die diese Prinzipien als Errungenschaften der Revolution von 1789 in ganz Europa verkündete. Die französische Expansion und der französische Anspruch auf Vorherrschaft veranlaßten schließlich die monarchischen Regierungen in Mitteleuropa, an den Patriotismus ihrer Untertanen zu appellieren, um mit ihrer Hilfe das französische Hegemoniestreben zu bekämpfen.

Die politische Situation in Deutschland zu Beginn des 19. Jahrhunderts illustriert die paradoxe Konstellation besonders anschaulich. Der frühe deutsche Nationalismus orientierte sich einerseits am Vorbild des revolutionären Frankreich und an den dort propagierten Ideen der Menschen- und Bürgerrechte, der Demokratie und der Volkssouveränität. Andrerseits trug der deutsche Risorgimento-Nationalismus angesichts der napoleonischen Expansionspolitik deutlich antifranzösische Züge. Auf die revolutionären Ideen von der Gleichheit aller und von der Volkssouveränität war es vor allem zurückzuführen, daß sich auch in Deutschland der Nationalismus zugleich gegen innere und äußere Gegner richtete. Das aufstrebende Bürgertum begriff sich als Handlungsträger der Nation, die sich als kulturelle Gemeinschaft verstand, und als Motor ihrer politischen Einheit. Seine volle wirtschaftliche und politische Entfaltung konnte es aber nur erlangen, wenn es den deutschen Nationalstaat realisierte – und seiner Verwirklichung standen die Dynastien und der Adel in den Einzelstaaten im Wege. Der frühe deutsche Nationalismus war mithin antifeudal und antidynastisch, so lange und in dem Umfang jedenfalls, wie die deutschen Einzelstaaten, insbesondere der größte von ihnen, Preußen, die deutsche Einigung nicht auf ihre Fahnen geschrieben hatten. Der Nationalismus war Opposition gegen den politischen Status quo im Innern, gegen die monarchische Autorität, gegen den einzelstaatlichen Partikularismus, gegen die willkürliche Beschränkung politischer Freiheiten, deren anzustrebender Umfang und deren Qualität schon seit langem theoretisch erörtert worden waren. Schließlich war der Nationalismus, zumindest in seiner frühen Phase, Opposition gegen die französische Vorherrschaft über Europa.

2. Das »nationale Erwachen« der europäischen Völker

Die Ideen der französischen Revolutionäre, die Gedanken Herders und die unmittelbare Erfahrung der Fremdherrschaft wurden in Deutschland zum Ausgangspunkt einer politischen Bewegung, die in der sich selbst bestimmenden Nation die alleinige Quelle legitimierter staatlicher Herrschaft und im Nationalstaat die angemessene politische Organisationsform erblickte. Die kritische Umbruchszeit im politischen Denken der Deutschen, die auf die Jahre um die Wende vom 18. zum 19. Jahrhundert zu datieren ist, war ein

Vorgang, der sich in verblüffend ähnlichen Formen und Phasen auch bei anderen europäischen Völkern, vor allem bei den sog. »ungeschichtlichen« Völkern im Osten und Südosten des Kontinents, beobachten läßt. Es war mehr oder weniger ein gesamteuropäischer Vorgang, der sich seit dem frühen 19. Jahrhundert wie eine Kettenreaktion verbreitete. Er beruhte auf den gleichen Voraussetzungen und beeinflußte sich wechselseitig. Im Bewußtsein der ost- und südosteuropäischen Völker kennzeichnete er eine entscheidende Wende ihrer Existenz, eine Art Neubeginn, vor dem alle bisherige Geschichte zur Vorgeschichte verblaßte. So zeigte z. B. das Siegel Ypsilantis einen Phönix über Flammen, und zeitweilig wurde erwogen, den Phönix im Wappen des neuen griechischen Nationalstaates als Symbol für die staatliche »Wiedergeburt« aufzunehmen.[5]

Die europäischen Völker haben dem Vorgang, der die Menschheit als eine Gesellschaft politisch autonomer Kulturgemeinschaften konzipierte, auch ähnliche Namen gegeben. Sie sprachen von nationaler Erhebung, nationalem Erwachen, nationalem Aufbruch oder nationaler Wiedergeburt. Die Italiener nannten den Vorgang *Risorgimento* (»Wiederauferstehung«) in Anlehnung an die Zeitschrift *Il Risorgimento*, die Cesare Balbo seit Ende 1847 in der piemontesischen Hauptstadt Turin herausgab. Cavour, einer der großen Wegbereiter der italienischen Einheit, seit 1852 tatkräftiger Ministerpräsident des Königreichs Piemont-Sardinien, war in den ersten Jahren ihres Erscheinens einer ihrer bedeutendsten Mitarbeiter. Von der Nationalismusforschung ist der Begriff »Risorgimento« als Gattungsbezeichnung für den emanzipatorischen Nationalismus übernommen worden, weil er den gemeinten Sachverhalt überaus treffend beschreibt.

Das »nationale Erwachen« der europäischen Völker seit dem frühen 19. Jahrhundert war ein kollektiver Vorgang, in dem die »Erwecker« eine maßgebliche Rolle spielten. Jede Nation hat später die Taten und Verdienste der Philologen, Dichter, Historiker und Politiker, die den Anspruch des Volkes auf Eigenständigkeit und Selbstbestimmung begründeten und in den meisten Fällen auch durchzusetzen vermochten, nach Kräften gerühmt. Friedrich Schleiermacher bezeichnete sie, die »Gründer und Wiederhersteller von Staaten«, neben den Stiftern und »Reinigern der Religionen« als die »großen Männer«, die geschichtsmächtigen historischen Individuen.[6] Hegel nannte sie »Heroen«.[7] Zu den

»Erweckern« zählte die deutsche Nationalbewegung Johann Gottfried Herder, den Philosophen Johann Gottlieb Fichte, der in seinen »Reden an die deutsche Nation« im Winter 1807/08 die Deutschen zur nationalen Regeneration aufgerufen hatte, den »Turnvater« Friedrich Ludwig Jahn und den Publizisten Ernst Moritz Arndt. Die Griechen führen den Dichter Rigas Velestinlis und den großen Philologen und Sprachschöpfer Adamantios Korais an, der fast sein ganzes Leben im Ausland verbrachte und von dort aus in seine Heimat hineinwirkte. Die Iren rühmen Daniel O'Connell, den »Befreier« und wortgewaltigen Volkstribunen, und den Dichter Thomas Davis. Die Polen zählen zu den »Erweckern« den Historiker Joachim Lelewel und den Dichter Adam Mickiewicz, den visionären Künder eines humanitären Messianismus der polnischen Nation, die Tschechen den Historiker František Palacký und, wegen des berühmten Slawenkapitels in seinen »Ideen zur Philosophie der Geschichte der Menschheit« von 1791[8], auch den in Ostpreußen geborenen Herder.

Die »Erwecker« der Völker gingen davon aus, daß sich die Nation in der einheitlichen Sprache manifestiert und sprachliche Uniformität eine Vorbedingung des Nationalstaates ist. Im Nationalstaat wird eine »Nationalsprache« gesprochen. »Soweit die deutsche Zunge klingt«, wollte Ernst Moritz Arndt 1813 das »ganze Deutschland« geeint wissen. Die Sprachgrenzen seien die natürlichen Grenzen eines Staates. Damit erfuhr das Kriterium der Sprache eine enorme Aufwertung. Sie wurde eine Art Statussymbol, Gegenstand vielfältiger wissenschaftlicher und literarischer Bemühungen. Nicht selten geschah dies unter ausdrücklicher Berufung auf Herder, der den Eigenwert jeder Sprache betont hatte: Alle Sprachen sind gleich vor Gott, jeder Mensch verwirklicht sich nur in der Muttersprache.[9] Die Sprache ist das äußere, sichtbare Zeichen all jener Merkmale, die eine Nation von der anderen unterscheiden. Sie ist der wichtigste Prüfstein, der das Vorhandensein einer Nation beweist und das Anrecht auf den eigenen Staat begründet.

Die »Erwecker« betätigten sich daher vielfach als Sprachschöpfer. Sie schufen eine Literatur in der nationalen Sprache, die ihrerseits vielfach erst als Literatur- und Umgangssprache neu gestaltet werden mußte. Manche dieser Sprachen dienten schon lange nicht mehr als Umgangssprache der Gebildeten oder als Unterrichtssprache in den Schulen, häufig eine Folge staatlicher Diskriminierungs- und Unifizierungsmaßnahmen in multinationalen Großreichen. Die vermeintlich »nationale« Sprache existierte nur noch als bäuerliche Mundart wie das Tschechische, das Slowakische, das Flämische oder das Rumänische. Katalanisch wurde in spanischen Bühnenstücken des späten 19. Jahrhunderts zur Erzielung komischer Effekte benutzt.

Vor allem dann, wenn wie in Katalonien die Sprache der Minorität der Diskriminierung durch eine dominierende »Staatssprache«, eine »Hochsprache«, ausgesetzt war, konnten Sprachbewegungen zu Kristallisationskernen eines radikalen, zu gewaltsamen Aktionen neigenden Nationalismus werden. Beispiele dafür bieten neben den Katalanen die Basken, die Flamen und die Iren. Sprachenkampf hat in vielen europäischen Staaten den Nationalisierungsprozeß begleitet: Ausgangspunkt der Auseinandersetzung waren das Verhältnis von Staats- und Volkssprache, die Festlegung der Gerichts- und Schulsprache, der Geschäftssprache der Behörden und der Kommandosprache beim Militär. Es war ein Konflikt zwischen Sprachen höherer und minderer Geltung.

Einige baltische Sprachen hatten in der Vergangenheit sogar nie den Rang einer Schrift- und Literatursprache erreicht. Ihre Durchsetzung als »nationale« Sprache stieß daher auf besonders viele Schwierigkeiten. Gelegentlich ließen diese Schwierigkeiten eine Spracherneuerungsbewegung auch scheitern. Das Irische, vielleicht ein extremes Beispiel in der Geschichte des europäischen Risorgimento-Nationalismus, war im Verlauf des 19. Jahrhunderts nahezu völlig vom Englischen verdrängt worden. Englisch war seit der Mitte des Jahrhunderts Unterrichtssprache in den Schulen Irlands. Als die irische Spracherneuerungsbewegung am Ende des 19. Jahrhunderts einsetzte, wurde Irisch nur noch in einigen entlegenen Gebieten im Westen und Südwesten Irlands gesprochen. Nach amtlichen Angaben benutzten es um 1891 noch knapp 14 Prozent der irischen Bevölkerung als Umgangssprache – ein Prozentsatz, der die rapide Verdrängung des Irischen durch das Englische seit der Mitte des 18. Jahrhunderts nur unvollkommen widerspiegelt. An diesen Fall mag Karl Marx gedacht haben, als er die Auffassung vertrat, die fortschreitende Entwicklung der Zivilisation werde die Völker veranlassen, »nutzlose« Sprachen aufzugeben. Ungeachtet der vielfältigen Bemühungen um die Wiedereinführung des Irischen als Umgangssprache, wie sie vor allem von der 1893 gegründeten Gälischen Liga und dann seit 1922 vom irischen Nationalstaat betrieben wurden, vermochte das Englische bis heute seine im 19. Jahrhundert gewonnene Stellung in Irland nahezu ungeschmälert zu behaupten. Die irische Verfassung billigt der englischen Sprache neben dem Irischen, der »ersten offiziellen Sprache« des Landes, aber nur den Status »einer zweiten offiziellen Sprache« (»a second official language«) zu.[10] Das ist Ausdruck nationalen Wunschdenkens, nicht die Realität.

Für die Zwecke der Spracherneuerung, Sprachreinigung und Sprachvereinheitlichung gründeten die »Erwecker«, falls es die politischen Verhältnisse zuließen, wissenschaftliche Vereinigungen, Institute und Akademien. Sie sorgten für die Schaffung von Grammatiken, Wörterbüchern und Textsammlungen. Um den Nachweis einer alten, jedoch verschütteten Sprach- und Literaturtradition führen zu können, wurde selbst die Fälschung von Handschriften gelegentlich in Kauf genommen. Durch Anleihen aus dem Wortschatz verwandter Sprachen und durch neue Wortbildungen sollte die abgesunkene »nationale« Sprache an die modernen Erfordernisse angepaßt werden. Vielfach erhielt die wiederbelebte Hochsprache dadurch einen gelehrten, papierenen Charakter, der sie von der bis dahin gebräuchlichen Volkssprache deutlich abhob.

Im Griechischen sowie im Norwegischen entwickelten sich auf diese Weise zwei Sprachen nebeneinander, bis eine zweite Welle der Spracherneuerung schließlich der Volkssprache (Demotiké bzw. Landsmål) auch literarische Geltung verschaffte. Erst von diesem Zeitpunkt an verfügten der griechische und der norwegische Nationalstaat über eine Nationalsprache im eigentlichen Sinne. Die tschechische Sprachbewegung, die schon im Revolutionsjahr 1848 die Gleichberechtigung der tschechischen Sprache in Böhmen gefordert hatte, erzwang 1882 die Teilung der Prager Karlsuniversität in eine deutsch- und eine tschechischsprachige Hochschule. An der Tschechischen Universität, die schon 1907/08 nach der Wiener Universität die größte Hochschule der Habsburgermonarchie war, lehrte der Philosoph Thomáš G. Masaryk, der 1918 erster Staatspräsident der Tschechoslowakei wurde. Seit 1890 gab es in Prag außer der Königlich Böhmischen Gesellschaft der Wissenschaften (gegr. 1790) die Tschechische Akademie der Wissenschaften und Künste.

Neben Philologen und Dichtern spielten im »nationalen Erwachen« die Historiker eine wichtige Rolle. Sie erblickten eine ihrer vornehmsten Aufgaben darin, zum Zwecke der Identitätsbildung das gemeinsame geistig-kulturelle und politische Erbe ihrer Nationen aufzudecken. In Deutschland wurden aufgrund der Initiative des Freiherrn vom Stein seit 1819 die Monumenta Germaniae Historica veröffentlicht, die große Sammlung von Quellen zur deutschen Geschichte im Mittelalter. Jeder Band trug den Wahlspruch »Sanctus amor patriae dat animum« (»Die heilige Liebe zum Vaterland beseelt uns«). Ähnliche Unternehmungen wurden in anderen Ländern ins Leben gerufen.

In Darstellungen, die es mit den Methoden wissenschaftlicher Quellenkritik und dem Wahrheitsgehalt historischer Legenden oft nicht »so genau nahmen«, machten die Historiker alles das lebendig, was dem betreffenden Volk an staatlicher Tradition und politischen Organisationen angeblich aus der Vergangenheit zur Verfügung stand. Es begann die Blütezeit der »Nationalgeschichten«. Staatliche Gebilde wie das Byzantinische Reich bei den Griechen, das Imperium Romanum bei den Italienern, das Reich der mittelalterlichen Kaiser bei den Deutschen, die keltischen Königreiche bei den Iren oder das Großmährische Reich des 9. Jahrhunderts bei den Tschechen wurden in oft höchst willkürlicher Weise zu Vorläufern des zu schaffenden Nationalstaates umgedeutet. Die Historiker entwarfen Bilder der Vergangenheit, welche die aktuellen politischen Ziele der nationalen Bewegungen spiegelten und für diese auch benutzt wurden. Die Existenz historischer oder sagenhafter Staatsbildungen in einer fernen Vergangenheit diente zur Legitimierung des Anspruchs auf den eigenen Staat in der Gegenwart. Zur Festigung des nationalen Bewußtseins wurden Heldenzeiten wie die Reconquista und das Zeitalter der Entdeckungen bei den Spaniern, die Zeit der Hussitenkriege bei den Tschechen, die Geschichte der frühkeltischen Königreiche bei den Iren oder die Türkenabwehr bei den Polen von den Historikern immer wieder heraufbeschworen. Ebenso wurde von ihnen die Abstammung ihres jeweiligen Volkes von berühmten, staatlich organisierten Völkern der Antike wie den Griechen und Römern, aber auch den Kelten, den Thrakern oder den Germanen behauptet. Die Grenzen zwischen Wissenschaft und nationaler Mythologie waren fließend, vor allem bei denjenigen Völkern, die aus einem nahezu geschichtslosen Dasein aufgestiegen waren wie z.B. die Letten, Esten oder Rumänen. Zeugnis für die historisch-kulturelle Orientierung des Risorgimento-Nationalismus geben auch Gründungen wie das

Germanische Nationalmuseum (1852/53) in Nürnberg, eine »Nationalanstalt«, welche die »Kenntnisse der Vorzeit« erhalten und mehren sollte. Ähnlichen Museen in anderen Ländern diente es später als Vorbild.

Den »Erweckern« wurden später Denkmäler errichtet. Sie standen in Konkurrenz zu den eigentlichen Nationaldenkmälern, die vor allem nach dem Abschluß von Nationalstaatsgründungen geplant wurden und die mit ihrem oft monumentalen Pathos die staatliche Wiedergeburt und den eigenen Nationalismus feierten. Sie sollten der Vertiefung des nationalen Bewußtseins, der Festigung der nationalen Identität, der Identifizierung mit dem neuen Staat dienen, wobei offenbar nicht selten die Vorstellung bestand, nationalen Gefühlen könne durch das Anknüpfen an die Mythologie eines Volkes am ehesten ein adäquater Ausdruck verliehen werden. In Deutschland wurde das Hermannsdenkmal im Teutoburger Wald 1875 vollendet, das Niederwalddenkmal bei Rüdesheim am Rhein wurde 1883 in Gegenwart aller deutschen Fürsten »geweiht«, das Kyffhäuserdenkmal in Thüringen 1897. Kriegervereine beteiligten sich maßgeblich an den Kosten für das Kyffhäuserdenkmal wie auch schon früher für das Niederwalddenkmal mit der Kolossalstatue der Germania. Das Völkerschlachtdenkmal bei Leipzig, für dessen Finanzierung sich 1894 ein Deutscher Patriotenbund mit Tausenden von Mitgliedern bildete, wurde in den Jahren 1898 bis 1913 errichtet. Fast zur gleichen Zeit, zwischen 1885 und 1911, entstand in Rom das riesige Denkmal aus weißem Marmor, das den König Viktor Emanuel II. und das italienische Risorgimento glorifizierte. Man müsse Bauten ausführen, schrieb noch zu Beginn des 20. Jahrhunderts der deutsche Architekt Theodor Fischer unter dem Eindruck der national motivierten Denkmalsprojekte, welche die Menschen zu einer höheren, »kosmischen Gemeinsamkeit« formten. »Heilige Hallen« seien nötig, in denen »der Mann automatisch den Hut abnimmt, und die Frau ihre Zunge im Zaume hält«.[11]

3. Agitation und Organisation des Risorgimento-Nationalismus

Die Politiker des Risorgimento, die die verklärende nationale Geschichtsschreibung später gern als Heroen und Freiheitshelden darstellte, waren nicht selten zugleich Dichter, Sprachwissenschaftler oder Historiker. In Wort, Schrift und Tat agierten sie für die kulturelle Entwicklung ihres Volkes und für seine politische Selbstbestimmung im Nationalstaat. Um diese Ziele zu erreichen, war ein entscheidendes Hindernis zu überwinden: entweder die bestehende politische Einbindung der Nation in einen multinationalen dynastischen Großstaat oder die Aufsplitterung der Nation in Partikularstaaten oder die Aufteilung der Nation auf mehrere multinationale Staaten.

Zur Verfolgung der nationalen Ziele schufen die Nationalisten des Risorgimento eine politische Organisation, einen Zusammenschluß von Individuen und Gruppen zur Erreichung gemeinsamer Ziele. Eine konkrete gesellschaftliche und politische Organisierung ist daher ein wesentliches Kriterium des modernen Nationalismus seit der Französischen Revolution. Die nationale Sache wird vom ideellen Anliegen einzelner Personen zu einer gesellschaftlichen und damit auch potentiell politischen Kraft. Falls die Organisierung von der bestehenden Staatsgewalt nicht beschränkt oder, was häufig geschah, verboten wurde, gründeten die Nationalisten kulturelle und politische Vereinigungen unterschiedlicher organisatorischer Verdichtung und Verbreitung. Antwortete der Staat auf die nationalen und organisatorischen Bestrebungen einer sozialen Gruppe mit repressiven Maßnahmen, reagierte die nationale Bewegung meist mit dem Versuch, ihre Ziele in der Illegalität weiterzuverfolgen. Die Organisationsstruktur einer nationalen Bewegung im 19. und frühen 20. Jahrhundert war in hohem Grade abhängig von den politischen und rechtlichen Rahmenbedingungen, in denen sie sich zu entfalten suchte.

Offene oder illegale Agitation sind die beiden Möglichkeiten nationalpolitischer Praxis, die auch als Ausgangspunkt für eine Differenzierung des Risorgimento-Nationalismus herangezogen werden können. Eine nationale Bewegung, unter der die Gesamtheit der Äußerungen und Handlungen verstanden wird, mit denen eine soziale Gruppe nationale Zielvorstellungen zum Ausdruck bringt und zu realisieren versucht[12], war nur in den seltensten Fällen ein monolithischer Block. Wesentlich häufiger bestand sie zu jedem Zeitpunkt aus einer Vielzahl voneinander unabhängiger Vereinigungen und auch öffentlich wirkender Einzelpersonen, die meist unterschiedliche Vorstellungen über die Gestalt des künftigen Nationalstaates und über den einzuschlagenden Weg zur Verwirklichung des nationalen Programms hatten. Es bestand zwischen ihnen daher oft nur eine lockere Zusammenarbeit. Daher ist es in der Regel ungenau, von *dem* deutschen, polnischen, italienischen oder tschechischen Nationalismus zu sprechen. Den nicht unbedeutenden Nuancen und Differenzierungen in seiner Binnenstruktur wird man damit nicht gerecht. Hinzu kommt, daß sich sowohl die Organisationsstruktur einer nationalen Bewegung als auch ihre Agitationsmethoden im Laufe der Zeit ändern konnten. Die Geschichte des europäischen Risorgimento-Nationalismus bietet dafür eine Reihe instruktiver Beispiele.

Im Hinblick auf ihre Organisationsformen und Agitationsmethoden können die Vereinigungen des Risorgimento-Nationalismus zwei großen Linien des Nationalismus zugeordnet werden: einer konstitutionellen bzw. legalistisch-reformerischen und einer revolutionären Linie. Die konstitutionelle Linie des Risorgimento-Nationalismus, die ihre Ziele mit legalen Mitteln und im Rahmen der bestehenden Rechts- und Verfassungsordnung in einem multinationalen Staatsverband erreichen wollte (»evolutionärer Nationalismus«), orientierte sich pragmatisch am Möglichen und Opportunen. Sie organisierte sich in politischen Klubs, Komitees, Vereinen, Verbänden, studentischen Burschenschaften, Parteien. Von erheblicher Bedeutung für die Organisationsstruktur des konstitutionellen Risorgimento-Nationalismus war dabei die Frage, ob sich die nationale Bewegung als elitäre Führungsschicht verstand, die auf eine organisatorische Verbreitung auf dem flachen Lande bewußt verzichtete, oder ob sie den Charakter einer organisierten Massenbewegung anstrebte. War das letztere der Fall, mußten die dafür geeigneten Organisationen geschaffen werden: die »Società Nazionale« seit 1857 in Italien, die Schützen-, Sänger- und Turnerschaften seit 1811 oder der »Deutsche Nationalverein« seit 1859 in Deutschland, die »Irish National League« seit 1882 in Irland oder die »Sokols« der Tschechen seit dem ausgehenden 19. Jahrhundert in Böhmen.

Die politische Tätigkeit der konstitutionellen Vereinigungen umfaßte ein ähnlich breites Spektrum wie ihre Organisation. Sie konzentrierte sich auf öffentliche Versammlungen, Demonstrationen, Wahlkämpfe, parlamentarische Arbeit, Petitionen und Aufrufe, die Verteilung von Flugblättern, die Abhaltung »nationaler« Feste und Gedenktage, die Pflege »nationaler« Sportarten und der nationalen Sprache – alles in allem bekannte Formen der bürgerlich-liberalen Öffentlichkeit.

Die revolutionäre Linie des Risorgimento-Nationalismus, die ihre Ziele unter Mißachtung von Gesetzesnormen und über die radikale Veränderung bestehender Verhältnisse durchsetzen wollte (»revolutionärer Nationalismus«), organisierte sich in Verschwörergruppen, Geheimbünden und paramilitärischen Verbänden. Die Organisationen des revolutionären Nationalismus befürworteten die Anwendung von Gewalt zur Erlangung ihrer Ziele und oft auch die Anlehnung an und die Unterstützung durch fremde Mächte, wenn ihnen das nützlich schien.[13]

Den gewaltsamen Methoden, welche die revolutionäre Variante des Risorgimento-Nationalismus auf ihre Fahnen geschrieben hatte, begegnete die bestehende Staatsmacht mit allen Mitteln, die ihr zur Verfügung standen. Aber es gibt im europäischen Risorgimento-Nationalismus auch das Beispiel, daß gerade diese Methoden offen von einem Partikularstaat übernommen wurden, der sich als die treibende Kraft im nationalen Einigungsprozeß betrachtete. Dies war bei der italienischen und bei der deutschen Nationalstaatsgründung der Fall. Militärische Operationen Piemont-Sardiniens und Aufstände, die von der piemontesischen Regierung in Turin tatkräftig unterstützt wurden, erzwangen 1860 den Anschluß Süd- und Mittelitaliens an den italienischen Nationalstaat. Dem auf gewaltsamem Wege erreichten Anschluß wurde erst nachträglich durch die Abhaltung von Plebisziten der Anschein von Legitimität zu geben versucht. In Mitteleuropa schufen wenig später erst die sog. Einigungskriege von 1864 gegen Dänemark, 1866 gegen Österreich und 1870/71 gegen Frankreich den deutschen Nationalstaat. Sie wurden im wesentlichen von Preußen ausgefochten, dem »deutschen Piemont«.

In der politischen Praxis nationaler Bewegungen entwickelten sich zwischen den beiden Varianten des Risorgimento-Nationalismus vielfache Überlagerungen und Abstufungen. Die Mitglieder konstitutioneller Vereinigungen unterhielten oft enge Verbindungen zu revolutionären Organisationen, gelegentlich arbeiteten sie mit ihnen zusammen. Konstitutionelle Vereinigungen konnten sich, freiwillig oder gezwungen, in revolutionäre Vereinigungen verwandeln und umgekehrt. Der konstitutionelle Nationalismus konnte in einen revolutionären Nationalismus umschlagen und umgekehrt. Nationale Bewegungen waren also, zumal wenn sie wie die deutsche, die polnische oder die irische über einen längeren Zeitraum existierten, nicht statisch. Bestimmte Organisationen traten zu bestimmten Zeiten in den Vordergrund. Dem lagen zum Teil taktische Überlegungen auf nationaler Seite zugrunde, zum Teil staatliche Gegenmaßnahmen, die den Nationalisten bestimmte Organisationsformen opportuner erscheinen ließen als andere. Es gab nationale Bewegungen, in denen die konspirativ-revolutionäre Komponente de facto nie eine nennenswerte Rolle spielte. Beispiele dafür sind Deutschland, die skandinavischen und baltischen Länder, lange Zeit auch die Habsburgermonarchie. In anderen Fällen war das revolutionäre Element stets sehr präsent, so in den nationalen Bewegungen im Osmanischen Reich oder in der polnischen Nationalbewegung.

In anderen Nationalbewegungen Europas erlangten revolutionäre Vereinigungen nur zeitweilig oder in periodischen Abständen eine erhebliche Bedeutung. Dies war z. B. in Italien mit dem um 1807 in Kalabrien entstandenen Geheimbund der Carbonaria der Fall, dem Vorbild aller politischen Geheimorganisationen des 19. Jahrhunderts, oder mit Giuseppe Mazzinis »Giovine Italia«, einer 1831 in Marseille gegründeten Geheimgesellschaft. Die »Giovine Italia« sollte die revolutionäre Befreiung Italiens vorbereiten. In der Folge wirkte sie an mehreren Aufstandsversuchen in Italien maßgeblich mit. 1834 stand sie Pate bei der Gründung des »Jungen Europa« in Bern.[14] Im Unterschied zu Italien dominierte in Irland seit dem frühen 19. Jahrhundert der konstitutionelle Nationalismus. Das hatte spezifische Gründe. Die Existenz des sich schrittweise reformierenden britischen Parlaments, die Demokratisierung des Wahlrechts im Vereinigten Königreich und das im Vergleich zu anderen Ländern weitgehend liberalisierte Vereinigungs-, Versammlungs- und Presserecht verwiesen die irische Nationalbewegung auf das Feld politisch-parlamentarischer Agitation. Die Fähigkeit zur Durchführung großer Reformgesetze, die das parlamentarische System Großbritanniens im 19. Jahrhundert wiederholt unter Beweis stellte, stärkte ungeachtet aller Unterdrückungsmaßnahmen in Irland das Vertrauen der Nationalisten in die Wirksamkeit politischer Arbeit. Die Legitimation der Home-Rule-Bewegung seit 1875 beruhte im Grunde auf der Überzeugung, daß die nationalen Ziele der irischen Bevölkerung durch die Kraft rationaler Argumente über das britische Parlament zu erreichen seien. Damit war jedoch ein langsamer und mühseliger Prozeß verbunden, der deshalb in periodischen Abständen von revolutionären Erhebungen oder Gewalttätigkeiten nationaler Vereinigungen unterbrochen wurde.[15]

4. Zur sozialen Struktur des Risorgimento-Nationalismus

Es hing jedoch nicht nur von den politischen Rahmenbedingungen und den Absichten der nationalen Politiker ab, wie sich die nationale Bewegung in einer Gesellschaft organisierte. Eine maßgebliche Rolle für die Struktur der Organisation spielte es vielmehr auch, auf welche sozialen Schichten sie sich vornehmlich stützte und welcher Schicht ihre Theoretiker und Politiker entstammten.

Die Frage nach der sozialen Trägerschaft des Risorgimento-Nationalismus in Europa seit der Französischen Revolution wird von der älteren historischen Forschung nahezu einhellig mit dem Hinweis auf das aufsteigende Bürgertum beantwortet. »Bürgerlicher Nationalismus« wird daher oft synonym verwendet für Risorgimento-Nationalismus. Daran ist zutreffend, daß den Kern der nationalen Bewegung in nahezu allen Ländern kleine Eliten aus bürgerlichen Schichten bildeten, die den Anspruch erhoben, für die ganze Nation zu sprechen. Auffallend ist dabei, daß in den nationalen Bewegungen vor allem Angehörige der bürgerlichen Bildungsschicht aktiv waren und weitaus weniger Angehörige des handeltreibenden oder industriellen Besitzbürgertums. Dieser allgemeine Befund steht im Widerspruch zu der oft zitierten Behauptung von Marx und Engels, nach der die Bourgeoisie nationalstaatliche Interessen nur zwecks Schaffung größerer Märkte verfolge.[16] Die »Erwecker« der Völker und die Politiker des Risorgimento hatten jedoch in ihrer großen Mehrheit einen anderen sozialen Hintergrund. Sie waren Schriftsteller und Journalisten, Rechtsanwälte und Geistliche, Lehrer und kleine Beamte, Akademiker und Angehörige der freien Berufe im weitesten Sinne. Das Parlament der Frankfurter Paulskirche wird wegen seiner sozialen Zusammensetzung oft als »Professorenparlament« charakterisiert, tatsächlich war es ein »Beamtenparlament«. Auch das Phänomen der »Intelligentsia« insbesondere in den Nationalbewegungen Ostmitteleuropas, wo die Schicht des Bürgertums im 19. Jahrhundert erst wenig entwickelt war, sollte in diesem Zusammenhang nicht übersehen werden.[17]

Wenn es daher richtig ist, im Bürgertum den eigentlichen sozialen Träger und in kleinen Gruppen junger Intellektueller den Auslöser und die Führungskräfte des Risorgimento-Nationalismus zu sehen, ist diese pauschale Feststellung über die Rolle des Bürgertums bei näherem Hinschauen doch noch zu differenzieren. Nationale Bewegungen waren nicht einfach mit bürgerlichen Interessenvereinigungen gleichzusetzen. Ebensowenig waren Nationalstaatsgründungen das Werk verschwindend kleiner Minderheiten, denen es gelang, mit den Mitteln moderner Massenbeeinflussung breitere Bevölkerungsschichten für den nationalen Gedanken zu mobilisieren. Diese Auffassung ist in den zwanziger Jahren von Piero Gobetti mit Blick auf das italienische Risorgimento vertreten worden.[18] Die damit angesprochene These vom »Intelligenz-Nationalismus« bzw. vom »Eliten-Nationalismus« kann man allenfalls für die Frühphase nationaler Bewegungen gelten lassen. Am deutschen Nationalismus während der napoleonischen Okkupation hatten beispielsweise literarisch tätige Intellektuelle wie Ernst Moritz Arndt, Friedrich Ludwig Jahn, Johann Gottlieb Fichte, Friedrich Schleiermacher oder Theodor Körner einen Anteil, wie er sich in späteren Phasen der deutschen Nationalbewegung nicht mehr in dem Maße findet.[19] »Deutsche Vaterlandsliebe«, schrieb 1815 der Jenaer Professor Jacob Friedrich Fries, »ist und muß fürs erste seyn Sache der Gebildeten und weniger des gemeinen Haufens.«[20]

Vom Beginn ihrer politischen Agitation in der Öffentlichkeit an verfügten die nationalen Bewegungen in allen Ländern jedoch über eine Anhängerschaft, deren soziale Herkunft wesentlich breiter gefächert war und über die schmale Schicht des Bildungsbürgertums weit hinausreichte. So erfaßte der Nationalismus vielfach auch das städtische Kleinbürgertum, die Beamtenschaft, die studentische Jugend und den niederen Landadel (vor allem bei Polen und Magyaren), daneben Handwerker, Bauern und später selbst Teile der Arbeiterschaft. Auf die Mitwirkung von Angehörigen dieser Schichten waren die Politiker des europäischen Risorgimento-Nationalismus vor allem dann angewiesen, wenn sie die nationale Bewegung nicht als elitären Zirkel begriffen, sondern sie als organisierte Massenbewegung konzipierten, die den nationalen Forderungen allein schon durch das Gewicht ihrer Mitglieder- und

Anhängerzahl in der Öffentlichkeit Nachdruck verlieh. »Die Stärke der nationalen Bewegung wird durch den Grad bedingt«, schrieb Stalin 1913 im Rückblick auf die nationalen Bewegungen des 19. Jahrhunderts in seinem bereits zitierten Aufsatz zur nationalen Frage, »in dem die breiten Schichten der Nation – das Proletariat und die Bauernschaft – an ihr beteiligt sind.«[21] Die Einbeziehung der großen Masse der ländlichen Bevölkerung in die nationale Bewegung geschah meist mit der Hilfe des niederen Klerus, der in der Geschichte verschiedener Nationalbewegungen eine herausragende Rolle spielte, so bei den Griechen, den Rumänen, den Slowaken, den Slowenen, den Kroaten, den Iren, den baltischen Völkern und den Polen.

Das soziale Raster jeder nationalen Bewegung zeigte folglich je nach den spezifischen Gegebenheiten charakteristische Unterschiede, in denen sich nicht zuletzt Unterschiede im wirtschaftlichen Entwicklungsstand eines Raumes widerspiegelten. So wich die soziale Struktur der deutschen Nationalbewegung erwartungsgemäß erheblich von derjenigen im Osmanischen Reich oder in Skandinavien ab. Da aber die wirtschaftlichen Grundlagen in vielen Teilen Europas seit dem frühen 19. Jahrhundert außerordentlich starken Veränderungen unterworfen waren, wandelte sich häufig auch die soziale Struktur einer Nationalbewegung in der Zeit ihres Bestehens. Sie blieb mitnichten eine konstante Größe. Bestimmte Berufsgruppen waren in der Führung nationaler Bewegungen gelegentlich überproportional stark vertreten. Die Trägerschichten des Nationalismus konnten sich erweitern, sie konnten wechseln, sie konnten aber auch schrumpfen. Betrachtet man aber die Geschichte der europäischen Nationalbewegungen über einen längeren Zeitraum hinweg als Ganzes, überwiegt der Eindruck eines fortschreitenden, gesamtnationalen Integrationsprozesses. Anders gewendet: Die nationale Bewegung hat sich fast überall durch das Hineinwachsen neuer sozialer Schichten ständig verbreitert.[22]

Diesem Prozeß konnte sich selbst die organisierte Arbeiterschaft ungeachtet ihres Festhaltens am Prinzip des proletarischen Internationalismus auf die Dauer nicht entziehen. Es wäre demnach falsch, die nationalen Bewegungen als Bewegungen *einer* sozialen Klasse, des Bürgertums, zu sehen. Wesentlich zutreffender ist es, sie als klassenübergreifende Bewegungen unter Führung einer genau bestimmbaren, meist bürgerlichen Schicht zu charakterisieren, in denen allerdings die politischen, wirtschaftlichen und sozialen Interessen der beteiligten Schichten häufig nicht gleichmäßig repräsentiert waren. Eine besondere Rolle spielte in den nationalen Bewegungen die Jugend. Das drückte sich gelegentlich schon in der Namensgebung für nationale Vereinigungen aus (»Junges Italien«, »Jungtürken«).

Am deutschen, am italienischen und am irischen Fall läßt sich der Sachverhalt beispielhaft skizzieren. Der deutsche Nationalismus, der in der Epoche der antinapoleonischen Befreiungskriege zunächst fast ausschließlich von Angehörigen der Bildungsschicht und hier besonders von Schülern und Studenten getragen worden war (Wartburgfest 1817), erfaßte in der Rheinkrise von 1840, die durch die französische Expansionspolitik ausgelöst worden war, alle bürgerlichen Schichten: das gehobene Beamtentum (häufig mit burschenschaftlicher Vergangenheit) ebenso wie das freie Wirtschafts- und Besitzbürgertum (vor allem in der Sängerbewegung), Professoren wie Handwerksmeister. Selbst die beiden herausragenden Monarchen in der Zeit des deutschen Vormärz, Ludwig I. von Bayern und Friedrich Wilhelm IV. von Preußen, standen dem Nationalismus nahe. Gemeinsam war ihnen eine Neigung zu »romantischem Deutschbewußtsein und mittelalterlichem Reichsgefühl«.[23] Beide Monarchen förderten nationale Denkmalsbewegungen: In Bayern wurden die Walhalla 1842 und die Befreiungshalle bei Kelheim nach langer Bauzeit 1863 mit königlicher Hilfe vollendet, das Kölner Dombaufest verlief 1842 in Anwesenheit des preußischen Königs. Die Gesangs-, Schützen- und Turnvereine und seit 1842 auch die Dombauvereine gaben der nationalen Bewegung die populäre Basis. Beim Einzug der Nationalversammlung in die Frankfurter Paulskirche standen die Turner, die sich 1842 neu formiert hatten, Spalier. Einen stärkeren Rückhalt bei den Bauern, die in ihrer Bindung an die Einzeldynastien und das engere Heimatgebiet verharrten, oder gar bei den Unterschichten vermochte die nationale Bewegung jedoch noch nicht zu gewinnen.[24] Daß sie aber in Deutschland seit den vierziger Jahren des 19. Jahrhunderts zu einer breiten bürgerlichen Volksbewegung geworden war, schlug sich besonders in der stürmischen Entfaltung des lokalen, regionalen und gesamtdeutschen Vereinswesens vor allem im kulturnationalen Bereich nieder. Ein Indiz für die Breite der nationalen Bewegung waren auch die gesamtdeutschen nationalen Feste in dieser Zeit, die Gelehrten-Kongresse und die Bewegungen zum Bau nationaler Denkmäler, ein »Ventil versagter Politik« (Nipperdey). »Die Turner und die Schützen sind des Reiches Stützen« hieß es in den frühen sechziger Jahren des 19. Jahrhunderts. Die Sozialstatistik des Leipziger Turnfestes von 1863, der an den Teilnehmerzahlen gemessen bedeutendsten Veranstaltung dieser Art, zeigte ein Überwiegen der Handwerker (60% aller Teilnehmer), dann folgten die Gruppe der »Kaufleute« mit 30% und die der Akademiker mit 10%.[25] Selbst die Arbeiterbewegung begriff sich zu diesem Zeitpunkt als Teil der deutschen Nationalbewegung. Sie war nationaldemokratisch und vertrat den doppeldeutigen Standpunkt des »Durch Einheit zur Freiheit«.

Pauschalierende Aussagen über die soziale Trägerschicht der italienischen Nationalbewegung im 19. Jahrhundert bedürfen bei näherer Prüfung ebenfalls der Differenzierung. Neuere Forschungen haben hier überzeugend nachgewiesen, daß die Nationalstaatsbildung in Italien nur mit erheblichen Einschränkungen als das Werk einer aufsteigenden, ihrer Klassenidentität und Klasseninteressen bewußten Bourgeoisie bezeichnet werden kann. Insbesondere die marxistische Geschichtsschreibung über das Risorgimento unterstellte dem italienischen Bürgertum, in einer Zeit langsam einsetzender wirtschaftlicher Veränderungen zielstrebig die Bildung eines nationalen Marktes als unerläßlichen Rahmen für seine Selbstverwirklichung betrieben zu haben.[26] Dieser pointierten Interpretation ist jedoch zu Recht entgegengehalten worden, daß sich die nationale Einigung Italiens zwar nahezu zeitgleich mit der staatlichen Einigung Deutschlands vollzog, daß aber die Protagonisten und die Träger des Prozesses aus einer Schicht stammten, die aufgrund der wirtschaftlichen Struktur des Landes im 19. Jahrhundert insgesamt weitaus schwächer entwickelt war als in Mitteleuropa. So ist grundsätzlich bezweifelt worden, ob es im frühen 19. Jahrhundert in Italien ein unternehmerisches Bürgertum mit einem zielgerichteten nationalen Programm überhaupt gegeben hat. Vieles deutet darauf hin, daß *ein* italienisches Bürgertum bis über die Nationalstaatsgründung hinaus gar nicht existierte. Nachweisbar sind fragmentierte und segmentierte bürgerliche Schichten in den einzelnen Partikularstaaten, unter denen allenfalls die Gelehrten und das Handels- und Industriebürgertum im wirtschaftlich führenden Piemont über die einzelstaatlichen Grenzen blickten.

Diesem schwach ausgebildeten und heterogenen italienischen

Bürgertum wurde das liberale und nationale Programm von Minderheiten teils aristokratischer, teils bildungsbürgerlicher Herkunft mehr oder weniger aufoktroyiert. Wie im Fall Deutschlands waren in Italien Journalisten, Schriftsteller, Gelehrte und Anwälte – im weiteren Sinne die Schicht der Intellektuellen – in der nationalen Bewegung die treibende Kraft, ergänzt von liberalen Angehörigen des Adels und des Militärs, die ebenfalls nach einer Revision der Italien 1815 auferlegten staatlichen Ordnung strebten. Die Anhängerschaft der italienischen Nationalbewegung wies, ähnlich wie in Deutschland, ein wesentlich breiteres soziales Spektrum auf. Angehörige akademischer Berufe, Geistliche, wohlhabende Kaufleute, Gewerbetreibende, Industrielle, Grundbesitzer und Beamte waren Mitglieder der einflußreichen Carbonaria. Das Rekrutierungsfeld der von Mazzini 1831 gegründeten »Giovine Italia« erstreckte sich vom Adel bis ins Handwerk und zu vorindustriellen Arbeitern in den Städten (Hafenarbeiter, Bauarbeiter usw.). Mitglieder fand sie in größerem Umfang auch unter den niederen Offiziersrängen in den Armeen der Partikularstaaten. In der 1857 gegründeten »Società Nazionale« schließlich gaben zwar Angehörige des liberalen Adels und der freien Berufe den Ton an, aber ländliche Grundbesitzer, Handwerker, Beamte, Militärs und »unternehmerisches Bürgertum« in der Landwirtschaft, in Handel und Industrie waren in ihr ebenfalls stark vertreten.[27]

Während die italienische Nationalbewegung ihre soziale Trägerschicht von Anfang an über das Bürgertum hinausgehend erweitern und höhere und untere Schichten erfassen konnte, wich die soziale Struktur des irischen Nationalismus von diesem Bild nicht unerheblich ab. Die irische Nationalbewegung im 19. Jahrhundert, die wegen ihres langen Bestehens und der Intensität ihrer Agitation eine der interessantesten Bewegungen dieser Art unter den kleinen Völkern Europas ist, wird häufig als eine vom städtischen Bürgertum und katholischen Klerus geführte Bewegung der Pächter, Bauern und Landarbeiter charakterisiert. Dieses im großen und ganzen zutreffende Bild differenziert sich, wenn man einzelne nationale Organisationen und Vereinigungen näher anschaut. Dann zeigt es sich, daß sich die frühen nationalen Vereinigungen in Irland nahezu ausschließlich auf das städtische Bürgertum und den niederen katholischen Landadel stützten. Ihre große politische Bedeutung und Breitenwirkung gewannen die Vereinigungen des konstitutionellen Nationalismus in der Folgezeit durch die

Unterstützung der Landbevölkerung, die erstmals Daniel O'Connell in den zwanziger Jahren des 19. Jahrhunderts mit Hilfe des katholischen Klerus für die nationale Bewegung mobilisieren konnte.

Die Landbevölkerung stellte bis ins 20. Jahrhundert hinein die Anhängerschaft des konstitutionellen Nationalismus, der seit 1880 im Londoner Unterhaus in Gestalt der Irischen Parlamentspartei (Irish Parliamentary Party) politisch vertreten war. Neben dem breiten Strom der Home-Rule-Bewegung, an deren Spitze die Irische Parlamentspartei stand, bildeten sich im späten 19. Jahrhundert nationale Organisationen heraus, die andere politische Ziele verfolgten und auch den Schwerpunkt ihrer Anhängerschaft in anderen sozialen Schichten hatten. Ihr Entstehen war nicht zuletzt eine Folge des wirtschaftlichen Wandels in Irland. Zu Beginn des 20. Jahrhunderts war daher die irische Nationalbewegung weder in sozialer noch in politischer Hinsicht eine einheitliche Bewegung. Neben dem auf die Landbevölkerung gestützten und vom städtischen Bürgertum geführten »bürgerlichen« Nationalismus der Home-Rule-Bewegung, der die Autonomie Irlands im Vereinigten Königreich anstrebte, versuchte die junge, zahlenmäßig nie starke Arbeiterbewegung unter der Führung von James Connolly eine Synthese von Sozialismus und Nationalismus mit dem Fernziel einer unabhängigen sozialistischen Republik. Die zur gleichen Zeit aufblühenden Vereinigungen eines separatistischen Nationalismus, die wie die Arbeiterbewegung das Ausscheiden Irlands aus dem Vereinigten Königreich forderten, stützten sich ausschließlich auf das wachsende städtische Kleinbürgertum, und das heißt: auf die Schicht, aus der sich auch die Mitglieder der im Untergrund operierenden revolutionären Organisationen des irischen Nationalismus rekrutierten.[28] Die revolutionären Organisationen standen 1916 gemeinsam mit der organisierten Arbeiterbewegung hinter dem Dubliner Osteraufstand, der unmittelbar in die Schlußphase der irischen Staatswerdung überleitete. Der 1922 gegründete irische Nationalstaat wurde jedoch keine sozialistische Republik, sondern ein bürgerlicher Staat, der seine fortbestehende Verbindung mit der englischen Krone erst 1949 zu lösen vermochte.

5. Sozialer Wandel als Voraussetzung nationaler Bewegungen

Wenn Zeitgenossen und später Historiker vom »nationalen Erwachen« eines Volkes sprachen, war damit im Grunde ein Prozeß der politischen Mobilisierung gemeint, und zwar ein Prozeß, der von Minderheiten in einem Volk oder in einer sozialen Gruppe ausgeht und der immer neue Schichten erfaßt. Nationalismus verlangt, so formulierte es Hans Kohn, »die Zusammenfassung der Masse der Bevölkerung in einer gemeinsamen politischen Form«.[29] Damit stellt sich natürlich die Frage, wodurch dieses Erwachen, der Übergang vom unpolitischen Volk zur politischen Nation und seine Zusammenfassung in »einer gemeinsamen politischen Form«, zu einem bestimmten Zeitpunkt ausgelöst wird. Hier stellt sich die Frage nach den Entstehungsbedingungen des Risorgimento-Nationalismus – ja von Nationalismus in jeder Form –, die jedoch erst in jüngster Zeit stärker in den Blick der Forschung gerückt ist. Die kommunikationssoziologischen Arbeiten von Karl W. Deutsch, vor allem sein 1953 erschienenes Werk *Nationalism and Social Communication*, haben dazu nicht nur in den englischsprachigen Ländern überaus fruchtbare Anregungen gegeben. Deutsch führte die Entstehung von Nationalbewußtsein primär auf einen intensiveren Informationsaustausch, der durch kulturelle Gemeinsamkeiten erleichtert wird, und eine sich damit verdichtende Kommunikation in einer sozialen Großgruppe (»Kommunikationsgemeinschaft«) zurück.

Nun ist eine verbesserte Kommunikation, begünstigt durch neue Verkehrsmittel, neue Möglichkeiten der Nachrichtenübermittlung, Alphabetisierung, Ausweitung des Pressewesens usw., zweifellos eine wichtige Voraussetzung für die Verbreitung eines nationalen Bewußtseins in einer Bevölkerung. Die Frage nach der Ursache für die Entstehung von Nationalbewußtsein ist damit aber noch nicht beantwortet. Um einen nennenswerten Bevölkerungsteil im Sinne der nationalen Ideologie politisch mobilisieren zu können, bedurfte es zusätzlicher Impulse. In diesem Zusammenhang wurde schon früh eine Verbindung zwischen Nationalismus und sozialem Wandel hergestellt. Die Frage, ob der moderne Nationalismus – und der Risorgimento-Nationalismus im besonderen – auf bestimmte Wandlungsvorgänge innerhalb der Gesellschaft zurückgeführt werden kann, geht von der auffallenden zeitlichen Parallelität nationaler Bewegungen mit der Modernisierung des gesellschaftlichen, wirtschaftlichen und sozialen Lebens seit dem ausgehenden 18. Jahrhundert aus. Die beiden Stichworte für diesen säkularen historischen Vorgang sind die Auflösung der ständisch-feudalen Herrschaftssysteme, die in Frankreich durch den Einschnitt der großen Revolution hervorgehoben ist, und die Industrielle Revolution, die allmählich alle Bereiche des Lebens erfaßte. Die Produktionsmethoden wandelten sich, die überlieferten gesellschaftlichen Beziehungen wurden in zuvor nie erlebter Weise erschüttert, und es entstanden Städte mit einer bis dahin unbekannten Zusammenballung der Bevölkerung. Die alte, vertraute Welt löste sich auf. Soziale Entwurzelung, Binnenwanderung, Pauperismus, sich enorm vertiefende soziale Ungleichheit – all diese Begleiterscheinungen der frühen Industrialisierung versetzten die europäische Gesellschaft des 19. und selbst noch des beginnenden 20. Jahrhunderts in einen Zustand anhaltender Labilität. Der politische Führungsanspruch sozialer Schichten, der bis dahin unbestritten war, wurde von aufsteigenden Gruppen angefochten, die früher oder später die Forderung nach Mitbestimmung im Staat erhoben und durchsetzen wollten.

Die politische Revolution in Frankreich und die von England ausgehende Industrielle Revolution leiteten eine Epoche des beschleunigten politischen, wirtschaftlichen und sozialen Wandels ein. Traditionelle politische, wirtschaftliche und soziale Wertordnungen zerbrachen oder standen zumindest unter dem Druck starker Veränderungen. Durch Arbeitsteilung, Berufsdifferenzierung und Spezialisierung in der entstehenden industriellen Gesellschaft verloren die Individuen das Gefühl für die Einheit ihres sozialen Lebensraumes.[30] Der Zerfall traditioneller Legitimität, regionaler oder ständischer Bindungen schuf Raum für neue Loyalitäten. In dieser kritischen Situation eines beschleunigten Wandels in nahezu allen Lebensbereichen entwarf der Nationalismus eine neue Ordnung von Staat und Gesellschaft, die das auf sich selber zurückgeworfene Individuum in neue Zusammenhänge einband.

Der Nationalismus stellte dem einzelnen mehr Raum für seine individuelle Entfaltung und eine stärkere Beteiligung am politischen Willensbildungsprozeß in Aussicht. Der Kampf gegen das ständisch gegliederte Ancien Régime, gegen die Monarchen und Dynastien erschien nun als Kampf für die Schaffung einer egalitären, demokratischen und liberalen Gesellschaft. Im Anschluß an die französischen Revolutionäre forderten die Nationalisten sowohl für die Nation als auch für den einzelnen Freiheit, Gleichheit und Selbstbestimmung. Der moderne Nationalismus definierte erstrebenswerte politische Ziele, er versprach dem Individuum, das durch die Auflösung traditioneller Bindungen freier und zugleich isolierter war, die Einbindung in eine neu zu konstituierende Gemeinschaft. Er bot ein Weltbild an, das zwischen Feind und Freund klar unterschied. Die Hinwendung zur Nation wurde für den einzelnen so etwas wie ein inneres Bedürfnis: Er fand seine individuelle und überindividuelle Identität in der postrevolutionären Welt am ehesten, indem er sich mit dem historisch-kulturellen Erbe der Nation, ihrer Sprache, Literatur und Geschichte und mit ihrer gegenwärtigen und zukünftigen politischen Existenz identifizierte. Kurz: Im Übergang von der alten, agrarisch geprägten zur neuen, von der Industrie bestimmten Welt wurde die Ideologie des Nationalismus zu einem Instrument, das die Massen politisch zu mobilisieren und zu integrieren vermochte. Zugleich aber konnte der Nationalismus nur deshalb zur politischen Bewegung mit einer zahlreichen Anhängerschaft werden, weil die Bereitschaft zur Mobilisierung in den Massen latent vorhanden war. Nationalismus wird mithin von der modernen Nationalismusforschung als ein Instrument, aber auch als eine Folge sozialer und politischer Mobilisierung interpretiert. Er ist Motor, und er ist Produkt des universalen sozialen und politischen Wandels hin zur »industriell geprägten und konstitutionell verfaßten Gesellschaft«.[31]

Die politische Mobilisierung sozialer Gruppen oder Schichten einer Bevölkerung beansprucht einen gewissen Zeitraum. Der tschechische Historiker Miroslav Hroch, der den Vorgang in vergleichenden Studien näher analysiert hat, hat gezeigt, daß sich zumindest bei den kleinen Völkern Europas die Mobilisierung im 19. Jahrhundert in drei klar voneinander abgrenzbaren Phasen entfaltete. In der ersten Phase beschäftigten sich gelehrte oder kulturbewußte Einzelpersonen wie Lehrer, Studenten, Geistliche, Journalisten oder Schriftsteller mit der Sprache, Geschichte und Kultur ihres Volkes, ohne jedoch mit dem Interesse am »Nationalen« in ihrer Gesellschaft schon auf größere Resonanz zu stoßen. Eine breitere Wirkung in die Öffentlichkeit hinein war von ihnen auch gar nicht beabsichtigt. Erst in einer darauffolgenden zweiten Phase weitete sich das gelehrte Interesse aus. Es wurde nun von einer nationalbewußten Minorität, die Hroch »Patrioten« nennt, in eine zielgerichtete politische Agitation eingebracht. Hroch bezeichnet diesen Zeitraum, über dessen Beginn er freilich nichts Genaueres sagt, als den »Gärungsprozeß der nationalen Selbstbesinnung«, als die eigentliche Periode des »nationalen Erwachens«. Jener entscheidenden Phase nationaler Bewußtseinsbildung folgte dann erst die Phase, in der die nationale Bewegung eine Angelegenheit breitester Schichten des Volkes wurde. Den vollzogenen Übergang in dieses Stadium wertet Hroch als Zeichen für das erfolgreiche »Erwachen« eines Volkes.[32] Ein zeitlicher Ablauf des »nationalen Erwachens«, wie ihn Hroch beschreibt, läßt sich bei verschiedenen Nationen nachweisen. Offen bleibt in dem vorgeschlagenen Periodisierungsschema jedoch das Problem der Übergänge von einer Phase zur nächsten. Hroch sagt nichts über die Schubkräfte, die letztlich den qualitativen Sprung von einer Phase der politischen Mobilisierung für das nationale Anliegen zur nächsten bewirken. Auf welche Weise und warum weitete sich das Interesse einer elitären Minorität an der nationalen Frage zur Massenbewegung aus?

Daß für das Entstehen nationaler Bewegungen das Vorhandensein einer entwickelten und sich rasch verbessernden Kommunikation innerhalb einer sozialen Großgruppe eine wichtige Voraussetzung ist, wurde bereits erwähnt. Für die Rezeption nationaler Parolen müssen bestimmte Bedingungen erfüllt sein. Der Ausbau des Verkehrsnetzes, die Durchsetzung der allgemeinen Schulpflicht und die Ausweitung der Produktion von Zeitungen und Büchern waren wahrscheinlich die wichtigsten Faktoren, die im 19. Jahrhundert überall in Europa, wenn auch zu unterschiedlichen Zeiten und in unterschiedlicher Intensität, die sozialen Kontakte zwischen den Menschen erleichterten und vermehrten und den Prozeß der Nationsbildung in Gang setzten. Erst wenn zwischen bis dahin weitgehend getrennt voneinander lebenden Bevölkerungsschichten oder Volksteilen ein kommunikativer Austausch entsteht, werden sich Gemeinsamkeiten des Verhaltens, der gesellschaftlichen Bedürfnisse und Zielvorstellungen herausbilden. Es werden solche Gemeinsamkeiten bewußt gemacht, die zu einer sozialen Integration führen und die sich politisch als Nationalismus artikulieren können. Das Entstehen einer nationalen Bewegung mit einer breiten sozialen Basis ist damit aber noch nicht befriedigend geklärt. Dazu bedarf es offenbar besonderer Anstöße.

Solche Anstöße lassen sich in der Entwicklung nationaler Bewegungen durchaus erkennen. Ein genaueres Studium des Risorgimento-Nationalismus und der Geschichte nationaler Bewegungen zeigt, daß in nahezu allen historischen Beispielen wirkliche oder vermeintliche Krisen nationale Bewegungen hervorgerufen haben. Anders gewendet: Sozialer Wandel mit seiner desintegrierenden Wirkung auf traditionelle soziale und politische Bindungen, wie er im Gefolge der gesamtgesellschaftlichen Modernisierung seit dem ausgehenden 18. Jahrhundert vielerorts zu beobachten ist, schuf in einer sozialen Großgruppe und beim Individuum zwar die Disposition für eine Integration auf einer neuen, nationalen Grundlage. Doch erst die Erfahrung oder das Empfinden einer politischen, wirtschaftlichen oder sozialen Krise, das unmittelbare, oft schockartig erlebte Betroffensein von ihr führte beim einzelnen zur Annahme der nationalen Ideologie und zur freiwilligen Einbindung in nationale Organisationen.

So standen zu Beginn des deutschen Nationalismus die Auflösung des alten Reiches, der Zusammenbruch Preußens, das Erlebnis der napoleonischen Fremdherrschaft und französischen Hegemonie. Später brachten die Rheinkrise von 1840 und der Konflikt um Schleswig-Holstein der deutschen Nationalbewegung enormen Zulauf. In ähnlicher Weise gewann die italienische Nationalbewegung nach der gescheiterten Revolution des Jahres 1848 und der Restauration der habsburgischen Macht in Nord- und Mittelitalien stärkere Resonanz, wobei sie ihren Schwerpunkt im wirtschaftlich dynamischsten Partikularstaat, in Piemont, fand. Der tschechische Nationalismus »erwachte«, als im Revolutionsjahr 1848 die deutsche Nationalversammlung Böhmen als Teil des künftigen deutschen Nationalstaats beanspruchte. In Irland gelang der Home-Rule-Bewegung erst in der schweren Agrarkrise Ende der siebziger Jahre des 19. Jahrhunderts der Durchbruch zur Massenbewegung.[33] Als Krisen, die Nationalismus auslösten, wurden im 19. Jahrhundert gelegentlich auch Versuche einer stärkeren »Durchstaatlichung« erfahren: etwa das Bemühen, eine »Staatssprache« oder ein Erziehungssystem mit bestimmten Lehrinhalten und Lernzielen durchzusetzen, oder der Beginn von Maßnahmen, die auf eine stärkere Bürokratisierung, Zentralisierung und Vereinheitlichung eines Staates zielten. In vergleichbarer Weise wirkten unifizierende und assimilierende Bestrebungen eines dominanten Nationalismus, die ihrerseits zur Ursache von »Sub-Nationalismus« wurden.[34] Die Geschichte der Donaumonarchie, des Zarenreiches oder Preußen/Deutschlands bietet dafür eine Fülle von Anschauungsmaterial.

Es ist sicher zutreffend, daß der Nationalismus in seiner liberalen wie illiberalen Variante angesichts der Krise eine »Art Gegenutopie nationaler Aufgaben« entwirft, etwa die Durchsetzung des ethnisch homogenen Nationalstaats oder die Erlösung der nationalen Irredenta.[35] Die Ambivalenz des Nationalismus wird jedoch auch hier wieder sichtbar. Denn während der Risorgimento-Nationalismus politischen Wandel anstrebt, erfüllt der integrale Nationalismus die Funktion, die Auswirkungen sozialer und politischer Veränderungen aufzufangen und zu neutralisieren. Zur Beschleunigung der politischen Entwicklung verband sich der Risorgimento-Nationalismus eng mit anderen, meist sozialen Zielen, die nicht selten millenarische Erwartungen weckten. Die Sprecher der nationalen Bewegung versprachen allen Menschen Freiheit, das Ende von Benachteiligung und eine generelle Verbesserung der Lebenschancen für den Fall, daß das bestehende politische System verändert würde. Ypsilanti kündigte 1821, bei Beginn des griechischen Freiheitskampfes, den Sieg über die osmanische Herrschaft an und »mit ihm alles Glück«.[36] Für soziale und wirtschaftliche Mißstände machten die nationalen Sprecher die Zentralregierung eines multinationalen Reiches verantwortlich oder die fremdnationale Oberschicht oder einen Nachbarstaat.

Als die Nationalbewegung in Irland seit den siebziger Jahren des 19. Jahrhunderts das politische Ziel »Home Rule« propagierte, wurden dessen staats- und völkerrechtliche Implikationen von der Masse der Bevölkerung kaum verstanden. Aber durch die Argumentation der Home-Rule-Bewegung wurde für sie in der Agrarkrise der Jahre um 1880 Home Rule zum Kristallisationskern für Hoffnungen und handfeste Erwartungen. Wirksamste Motivierung für ihre nationale Integration waren nicht so sehr rationale Argumente, sondern der Appell an die konkreten Sorgen und die Emotionen des einzelnen. Wenn Pächter und Landarbeiter bei Versammlungen der nationalen Bewegung den Reden über das englische Unterdrückungssystem und die politischen Vorteile von Home Rule zuhörten, war ihre Reaktion nur schwach. »But when they heard speeches about the land and landlordism and the rights of the people to the soil«, so der amerikanische Historiker Norman D. Palmer, »their deepest feelings were stirred.«[37] Die enge Verknüpfung der politischen Forderungen der Nationalbewegung mit den sozialen Forderungen der Pächter ließ die Verwirklichung der von der Home-Rule-Bewegung vertretenen Programmatik als Vorbedingung für eine entscheidende Verbesserung der wirtschaftlichen Lage der irischen Bevölkerung erscheinen. Home Rule war, so die nationale Publizistik dieser Zeit, gleichbedeutend mit dem Beginn einer erneuten Prosperität der irischen Agrarwirtschaft, mit der Beseitigung des bestehenden Pachtsystems, mit einem grundlegenden Wandel in den Lebensbedingungen der Bevölkerung, mit der Lösung aller Probleme des Landes. Vor diesem Hintergrund eines latenten sozialen Konfliktes und einer akuten wirtschaftlichen Krise verwandelte sich die irische Nationalbewegung in eine Massenbewegung.

6. Der Risorgimento-Nationalismus und seine Gegner

Wenn in Europa vor allem bürgerliche Schichten den Nationalismus als das entscheidende Medium für ihre politische Emanzipation im Nationalstaat betrachteten, ist damit schon angedeutet, wo die geistigen Opponenten und die politischen Gegner des Nationalismus zu suchen sind. Gegen nationale Forderungen und nationale Bewegungen wandten sich mit allen Mitteln, die ihnen zur Verfügung standen, die Mächte des Status quo, und das hieß in erster Linie die Regierungen der multinationalen Großreiche und die der souveränen Fürsten in den Partikularstaaten. Die Dynastien, der landsässige Adel, die Staatsbürokratie, das Militär, die hohe Geistlichkeit und nicht zuletzt die Universitäten waren von jeher Gruppen, die antirevolutionär und antimodernistisch eingestellt waren. Ihr Interesse galt in erster Linie der Verteidigung der bestehenden Gesellschaft und des politischen Systems, das der Wiener Kongreß 1815 festgeschrieben hatte.

Die Verteidiger des Status quo werteten die nationalen Bestrebungen als Subversion, gerichtet auf soziale Nivellierung, Auflösung staatlicher Strukturen und Schwächung des monarchischen Prinzips. Was aus der Perspektive der erwachenden, ihre politische und soziale Befreiung erstrebenden Völker als positiver Prozeß der Nations- und Nationalstaatsbildung begriffen wurde, empfanden die Regierungen und führenden Schichten multinationaler Reiche als bedenkenlose Zerstörung des Bestehenden, der Tradition, der Legitimität. Der bayerische Minister Ludwig von der Pfordten warnte 1849 nachdrücklich vor der Aufteilung Europas in Nationalstaaten, wie es im Jahre zuvor die Revolutionäre in weiten Teilen Europas gefordert hatten. Dies wäre für ihn der Revolution »durch die Hintertür« gleichgekommen. Der eigentliche Gegenspieler des Risorgimento-Nationalismus im frühen 19. Jahrhundert war jedoch der österreichische Haus-, Hof- und Staatskanzler Fürst Clemens Metternich, der führende europäische Staatsmann der Epoche zwischen dem Wiener Kongreß und dem Revolutionsjahr 1848. Metternich betrachtete sich als Schöpfer der Staatenordnung von 1815 und als Garant der restaurierten innenpolitischen Verhältnisse in den Staaten des Kontinents, die auf die nationalen Erwartungen der Völker, gar auf ihren Wunsch nach Selbstbestimmung, keine Rücksicht nahmen. In Mitteleuropa verkörperte der Deutsche Bund für den Wiener Staatskanzler das Bollwerk gegen den liberalen und nationalen Geist der Zeit. Die Sprengkraft des Nationalismus fürchtete Metternich zu Recht, denn die Idee der sich selbst bestimmenden Nation und des souveränen Nationalstaats sollte ihre größten Triumphe später gerade auf dem Gebiet der Habsburgermonarchie und in ihrer unmittelbaren Nachbarschaft, in Mittel-, Ost- und Südosteuropa feiern. Nahezu überall tat sie es dort auf Kosten der historisch gewachsenen multinationalen Staats- und Reichsgebilde.

Widerstand gegen den erwachenden Nationalismus der Völker Europas regte sich aber auch auf der Grundlage anderer politischer Ausgangspositionen und Überzeugungen. Er äußerte sich im Verlauf des 19. Jahrhunderts mit unterschiedlichen Begründungen und in vielfältigen Abstufungen – nicht so sehr in offener politischer Gegnerschaft, die sich repressiver Maßnahmen bediente, sondern in der geistigen Auseinandersetzung mit der nationalen Ideologie. Während des ganzen Jahrhunderts fehlte es nicht an Stimmen, die im Nationalismus als der auf Veränderung gerichteten Ideologie aufsteigender sozialer Schichten nicht nur eine Infragestellung des Status quo erblickten, sondern prinzipiell auch eine Gefahr für das friedliche Zusammenleben der Völker. Damit standen sie im direkten Gegensatz zu der Auffassung, die von der friedensstiftenden Wirkung des Nationalismus ausging, eine Auffassung, die z. B. Mazzini mit großer Überzeugungskraft in seinen Reden und Schriften vertrat.

Unter den Gegnern des nationalen Prinzips reihten sich Deutsche in vorderster Linie ein. In einem Augenblick, als sich die deutsche

Kulturnation in der Aufbruchsstimmung des Befreiungskrieges gegen Napoleon anschickte, zur Staatsnation zu werden, fand Goethe für die nationalstaatliche Organisation nur negative Worte. Schiller hatte diese Einstellung vorweggenommen, als er 1796 in den *Xenien* die Verse niederschrieb: »Zur Nation euch zu bilden, ihr hofft es, Deutsche, vergebens. Bildet, ihr könnt es, dafür freier zu Menschen euch aus.« Kultur und Charakter der deutschen Nation waren für ihn unabhängig von ihrem politischen Schicksal. In sehr ähnlicher Weise wie Schiller sah der Historiker und Diplomat Barthold Georg Niebuhr – nur ein Beispiel für viele andere – die Deutschen in Analogie zu den Griechen der Antike als kulturelle Gemeinschaft, die der staatlichen Einheit nicht bedurfte. Niebuhr muß den Kräften zugerechnet werden, welche die staatenbündische Struktur Mitteleuropas verteidigten und im Staat – und eben nicht in der Nation – das historisch legitimierte Ordnungsprinzip erblickten. Diese Kräfte beriefen sich auf die Wirklichkeit der Partikularstaaten, wie sie aus der napoleonischen Epoche und dem Wiener Kongreß hervorgegangen waren, und auf das einzelstaatliche Bewußtsein, das zweifellos tief ins Volk hineinreichte. Die Nationalisten bezeichneten diese ernstzunehmende Gegenströmung polemisch-herabsetzend als Partikularismus.[38] Der auch publizistisch tätige Historiker Heinrich v. Treitschke sprach 1864 von der »Märchenwelt des Partikularismus«.[39] Aus seinen Reihen kamen vor und nach 1871 die Gegner des preußisch-deutschen Nationalstaats: die Welfen in Hannover, die bayerische Patriotenpartei, die württembergischen Demokraten oder dann in den neunziger Jahren die Hessische Rechtspartei.[40]

Auch in der politischen Literatur des 19. Jahrhunderts wurde bis weit in das Lager des Liberalismus hinein der politische und ideelle Vorrang des Nationalstaats bestritten und immer wieder die grundsätzliche Überlegenheit eines über den Nationen stehenden Staatsprinzips behauptet. Das ist immerhin bemerkenswert für eine Epoche, in der so offensichtlich alle politischen Entwicklungen gegen die alten multinationalen Staatsgebilde liefen. In Deutschland wandten sich neben den Anhängern des Partikularismus insbesondere die konservativ-großdeutschen Gegner einer kleindeutschen Nationalstaatsbildung gegen den Nationalismus und seine Ziele. Zu ihnen gehörten in den sechziger und siebziger Jahren an prominenter Stelle der Innsbrucker Historiker Julius Ficker und der Publizist Constantin Frantz. Ihr politisches Leitbild war das alte vornationale Reich.[41] Als seinen Erben und Fortsetzer betrachteten sie die Donaumonarchie und in anderer Weise auch den staatenbündischen Deutschen Bund, der schon 1816 als der »Friedensstaat von Europa« bezeichnet worden war[42], eine Bewertung, wie sie in der Geschichtsschreibung erst in jüngster Zeit wieder stärker in den Vordergrund gerückt ist. Selbst Bismarck, der der liberalen deutschen Nationalbewegung immer fern gestanden, aber dem deutschen Nationalstaat mit revolutionären und gewaltsamen Mitteln zum Durchbruch verholfen hatte, schwang sich in den siebziger Jahren im Interesse seiner konservativen europäischen Sicherheitspolitik zum Fürsprecher des multinationalen Staates auf. »Die Errichtung von kleinen Nationalstaaten im Osten Europas ist unmöglich«, meinte er im Januar 1874, »es sind bloß historische Staaten möglich.«[43] Und in seinen Erinnerungen schrieb er: »Was sollte an *die* Stelle Europas gesetzt werden, welche der österreichische Staat von Tirol bis zur Bukowina bisher ausfüllt? Neue Bildungen auf dieser Fläche könnten nur dauernd revolutionärer Natur sein.«[44]

Unter den liberalen Verteidigern des multinationalen Staates war der Engländer Lord Acton der bedeutendste. Acton hat der uneingeschränkten Geltung des Nationalstaatsprinzips, wie sie zur gleichen Zeit auch sein Landsmann John Stuart Mill vertrat, 1862 unter dem Eindruck des italienischen Risorgimento und der Ideen Mazzinis entschieden widersprochen. Für ihn war die »Theorie der Nationalität«, sein Synonym für Nationalismus, ein historischer Rückschritt (»a retrograde step in history«). Die Koexistenz verschiedener Nationen im selben Staat bilde vielmehr einen Prüfstein und die beste Bürgschaft für die Freiheit im Innern eines Staates. Die kulturelle Entwicklung werde durch sie wesentlich gefördert. Sie zeige eine größere Fortschrittlichkeit an als nationale Homogenität. Das Streben nach Homogenität mache die Nation zur Quelle von Despotismus und Revolution. Ein Staat, der nicht in der Lage sei, die Ansprüche verschiedener Völker und Nationalitäten auszugleichen, verurteile sich selber. Ein Staat, der Nationalitäten und Minderheiten zwangsweise assimiliere, sie aufzusaugen versuche oder sie gar vertreibe, zerstöre seine eigene Lebenskraft.[45] Das waren prophetische Worte, die jedoch die Zeitgenossen kaum beeindruckten. Jene Staaten seien die vollkommensten, lautete Actons Schlußfolgerung, die wie das Britische Reich oder der österreichische Kaiserstaat mehrere Völker zusammenfassen, ohne sie zu unterdrücken.[46]

Dieses klare Urteil wurde von den Repräsentanten einer anderen großen Zeitströmung, dem Sozialismus, nicht geteilt. Die Haltung der organisierten Arbeiterbewegung und ihrer Theoretiker gegenüber dem Nationalismus war ambivalent. Die übergroße Mehrheit der Sozialisten betrachtete, so Hans Mommsen, den Nationalismus »als Ausdruck der bürgerlichen Klassengesellschaft, der die Arbeiterschaft nichts anginge«.[47] Obwohl das Kommunistische Manifest behauptete, die Arbeiter hätten kein Vaterland, hatten Arbeiter an den nationalrevolutionären Kämpfen der Jahre 1848/49 mit großer Bereitschaft teilgenommen, vor allem in Berlin und Wien. Ein demokratischer Nationalstaat, der gleiches Wahlrecht gewährte und sich auch der gewaltigen sozialen Probleme der Zeit annahm, war für die Arbeiterbewegung ein lohnendes Ziel. Nationale Einheit erschien den Arbeitern, den »Hintersassen der Nation« (Otto Bauer), als Voraussetzung für die Lösung der sozialen Frage. Die Arbeiterbewegung betrachtete sich daher als Teil der großen Freiheits- und Einheitsbewegung; das national-demokratische Element war mit dem sozialdemokratischen noch eng verschwistert. Aber die Frage, ob der von bürgerlichen Schichten getragene Nationalismus und der von ihnen angestrebte Nationalstaat dem »Vierten Stand« den Rahmen für seine Emanzipation und damit eine gleichberechtigte nationale Integration gewähren würde, war 1848/49 von der Mehrheit des nationalen Bürgertums negativ beantwortet worden. Für die politische Entwicklung in Mitteleuropa stellte dies künftig eine erhebliche Belastung dar. So sah die Sozialdemokratie, welche die Annexion Elsaß-Lothringens abgelehnt hatte und für die Pariser Kommune eingetreten war, den deutschen Nationalstaat von 1871 mit »den Augen des Ausgeschlossenen«.[48] Die Regierung und die bürgerliche Presse sprachen von »Reichsfeinden« und »vaterlandslosen Gesellen«. Aber in dem Maße, in dem die gewerkschaftlichen und parteipolitischen Organisationen der deutschen Arbeiterbewegung erstarkten, stellte es sich heraus, daß die Sozialdemokraten den Nationalstaat nicht mehr mit revolutionären Mitteln überwinden, sondern ihn höchstens von innen heraus umformen wollten. Die Augusttage von 1914 zeigten dann, daß das Gefühl der Isolierung ihrem übermächtigen Wunsch gewichen war, auch zur Nation zu gehören.

Die Sozialdemokratie konnte sich bei der Auseinandersetzung

mit dem Nationalismus nur bedingt auf Karl Marx und Friedrich Engels berufen. Beide haben sich zwar häufiger zu nationalen Fragen geäußert, aber den Nationalismus als politische Triebkraft offensichtlich unterschätzt. Eine systematische Erörterung des Nationalismusproblems haben sie nie versucht. Im Kommunistischen Manifest gingen Marx und Engels, die Verfechter einer rigiden proletarischen Internationalität, davon aus, daß die »nationalen Absonderungen und Gegensätze der Völker« mit dem Fortschreiten der Handelsfreiheit und der »Gleichförmigkeit der industriellen Produktion« allmählich zurücktreten würden. Mit dem Gegensatz der Klassen im Innern der Nation falle auch die »feindliche Stellung der Nationen gegeneinander«.[49] Wie Herder und Mazzini glaubten Marx und Engels, daß die Emanzipation der Völker nationale Konflikte hinfällig machen werde.[50]

Verschiedentlich ist darauf aufmerksam gemacht worden, daß die Väter der internationalen proletarischen Bewegung ein »dialektisches« Verhältnis zur Nation und zum Nationalstaatsprinzip hatten. Für sie waren es Prinzipien, die mit der kapitalistisch-bürgerlichen Welt entstanden sind und mit ihr auch wieder untergehen würden. Der Nationalstaat war für sie Übergangsstadium zu neuen Staats- und Gesellschaftsformen.[51] Dessen ungeachtet begrüßten sie die italienische und die deutsche Nationalstaatsgründung, da sie der Arbeiterbewegung in beiden Ländern eine größere Plattform gaben. Der Nationalstaat konnte ein Vehikel für die proletarische Revolution sein. Mit einer genau umgekehrten Begründung begrüßten Marx und Engels den polnischen und den irischen Nationalismus. Sie erwarteten, daß die polnische und irische Abspaltung das »feudale« russische Zarenreich und das kapitalistische Vereinigte Königreich erschüttern würden. Der Nationalismus konnte damit auf Umwegen dem historischen Fortschritt dienen. Solche Erwartungen mögen dazu beigetragen haben, daß sowohl ein starker Flügel der polnischen Arbeiterbewegung in Gestalt der Polnischen Sozialistischen Partei (PPS) als auch die irische Arbeiterbewegung seit den neunziger Jahren des 19. Jahrhunderts in der nationalen Bewegung aktiv wurden.[52] Andere Nationalismen und Nationalitäten hingegen bezeichneten Marx und Engels gelegentlich abwertend als »Völkerruinen«, »Völkertrümmer« oder »Völkerabfälle«.[53] Berühmt geworden ist Engels' Formulierung von den »geschichtslosen« Völkern in Ostmittel- und Südosteuropa, die nicht lebensfähig seien.[54]

Um die Jahrhundertwende hatte sich die Haltung des Sozialismus zum nationalen Problem weiter aufgefächert. Während etwa Rosa Luxemburg für den Fortbestand großer multinationaler Staaten wie des Zarenreichs eintrat und gegen eine selbständige polnische Arbeiterpartei votierte, war Lenin aus taktischen Gründen für die Unterstützung nationaler Bewegungen. Insbesondere in Rußland konnte seiner Meinung nach dadurch die Revolution schneller herbeigeführt werden. Rosa Luxemburg verurteilte den sich ausbreitenden Nationalismus in der organisierten Arbeiterbewegung – Lenin setzte sich für die Aufnahme des Selbstbestimmungsrechts aller Völker in das 1903 angenommene Parteiprogramm der russischen Sozialdemokratie ein.

Aus anderen Gründen und mit anderen Zielen als Lenin beschäftigten sich die österreichischen Sozialdemokraten mit der nationalen Problematik. Von ihnen sind, wie die Forschung zu Recht betont hat, die wichtigsten Anstöße für die politische Organisation nationaler Mischzonen und zur Theorie und Praxis multinationaler Staatsbildungen ausgegangen. Immerhin entbehrt es nicht der Ironie, daß neben Armee und Bürokratie die sozialdemokratische Partei einen wesentlichen Pfeiler für den Zusammenhalt der Donaumonarchie bildete. Im Mai 1868 hatte es in einem sozialdemokratischen »Manifest an das arbeitende Volk in Österreich« in deutscher, tschechischer, polnischer, italienischer, rumänischer und ungarischer Sprache geheißen: »Die Zeit der Nationalitätenabsonderung ist vorüber, das Nationalitätenprinzip steht heute nur noch auf der Tagesordnung der Reaktionäre . . . Der Arbeitsmarkt kennt keine Nationalitätsgrenzen, der Weltverkehr schreitet über alle Sprachgrenzen hinweg. Das überall herrschende Kapital, dessen Ausdruck und Maßstab das Geld ist, kümmert sich nicht um die vermeintliche Abstammung. In den Werkstätten arbeiten unter gleichen Bedingungen Arbeiter der verschiedensten Nationalitäten nebeneinander und müssen sich den gleichen wirtschaftlichen Gesetzen fügen.«[55]

Bis 1911 war die österreichische Sozialdemokratie eine Einheitspartei für die ganze Doppelmonarchie, ein »Mikrokosmos der Internationale« (Rothfels), die vermeiden wollte, daß die Nationalitätenkonflikte des Habsburgerreiches auch das Proletariat in handlungsunfähige Partikel aufsplitterten. In dem Bestreben, Österreich-Ungarn zu erhalten und das Vielvölkerreich zu einem übernationalen sozialistischen Staat zu machen, entwickelten vor allem Karl Renner und Otto Bauer das Konzept, die kulturellen Angelegenheiten aus den gesamtstaatlichen Kompetenzen herauszulösen und den Nationalitäten Kulturautonomie zu gewähren. Wirtschaft und Politik sollten der Zentralregierung überlassen bleiben. Renners Grundgedanke bestand nach dem Urteil Hans Mommsens darin, die realen wirtschaftlichen, sozialen und politischen Interessen von den nationalen freizusetzen. Während erstere in den gesamtstaatlichen Organen zum Austrag gebracht werden konnten, sollten nationale Fragen nicht der demokratischen Kompromißfindung unterliegen[56]: Die Entscheidung für eine bestimmte ethnische Einheit sollte der einzelne treffen. In der Konsequenz bedeutete das eine Verbindung des kulturellen mit dem politischen Nationsbegriff, wie sie in dieser Form bis dahin noch nie versucht worden war.[57]

Zu den Gegnern des Nationalismus wird man die Panbewegungen nur mit Einschränkungen zählen können, wohl aber zu den Kräften, die den Nationalismus und die Aufteilung der Welt in Nationalstaaten theoretisch und praktisch zu überwinden suchten. Sie sind – wie übrigens auch ihre modernen Beispiele, der Panafrikanismus oder der Panarabismus – bei ihrem Bemühen, die Nationalstaaten unter einem weitergespannten Dach neu zusammenzufassen, wenig erfolgreich gewesen. Grundlage der engeren nationalstaatlichen Kooperation, die nicht auf Assimilierung oder auf neue multinationale Reichsbildungen zielte, waren entweder geographische oder gewisse ethnisch-kulturelle Gemeinsamkeiten. Zum zweiten Typus gehört die früheste Panbewegung, der Panslawismus, der um die Mitte des 19. Jahrhunderts bei den kleinen, unter österreichischer Herrschaft stehenden westslawischen Völkern entstand. Er war ursprünglich Ausdruck ihres Wunsches nach Anlehnung an Rußland als dem einzigen slawischen Staat, den sie als Protektor anrufen konnten. Der erste Allslawische Kongreß hatte im Juni 1848 in Prag stattgefunden, als die deutsche Nationalversammlung in der Frankfurter Paulskirche die Einbeziehung Böhmens in den zu schaffenden deutschen Nationalstaat diskutierte.[58] Seine eifrigsten Förderer fand der Panslawismus aber schon bald in Rußland, wo er sich zu einem Instrument des russischen Imperialismus entwickelte. Der 2. Slawenkongreß tagte 1867 in Moskau. Der Biologe Nikolai Danilewski, dessen 1869 erschienenes Buch *Rußland und Europa* oft als »Bibel des Panslawismus« bezeichnet wird, der Schriftsteller Rastislaw Fadéjew und der Publizist Michail Katkow waren die bekanntesten Propagandisten des russisch geprägten Panslawismus. Ihr Ziel war ein Staatenbund der slawischen Völker unter der geistigen und politischen Führung des Zaren, die Vereinigung aller Slawen »unter den Fittichen Rußlands« (Fjodor Dostojewski, 1876). Die Voraussetzung dafür wäre die Auflösung der osmanischen Türkei und der Habsburgermonarchie gewesen. Für die slawischen Völker des Balkans stellte die Berufung auf den Panslawismus daher häufig ein taktisches Mittel dar in ihrem Kampf um die nationale Unabhängigkeit. Dem russischen Sendungsbewußtsein begegneten aber auch sie mit Skepsis. Beim Zusammenschluß der südslawischen Völker spielten 1918 panslawische Ideen in der Gestalt des »Jugoslawismus« eine bedeutende Rolle.

Geographische Gemeinsamkeiten und kulturelle Verwandtschaft lagen auch den beiden anderen großen Panbewegungen in der Geschichte Europas zugrunde, dem Skandinavismus und der Paneuropa-Union. Skandinavismus ist die Sammelbezeichnung für die Bestrebungen, die seit der dänischen Niederlage 1864 im Krieg gegen Preußen und Österreich auf die wirtschaftliche und politische Einheit Dänemarks, Norwegens und Schwedens zielten. In den Jahrzehnten zuvor war der Skandinavismus eher eine von der Romantik inspirierte akademische und literarische Bewegung gewesen. Früchte des politischen Skandinavismus, der in dem bis 1905 mit Schweden verbundenen Norwegen nur geringen Widerhall fand, sind der seit 1907 bestehende Nordische Interparlamentarische Verband und der 1952 gegründete Nordische Rat.

Die Paneuropa-Union entstand Ende 1923 in Wien durch die private Initiative des österreichischen Grafen Richard Coudenhove-Kalergi als Reaktion auf die nationalstaatliche Zersplitterung Europas nach dem Ersten Weltkrieg wie auch auf die vermeintlichen Gefahren, die für Europa vom bolschewistischen Rußland ausgingen. Ziel der Bewegung, die allerdings nie über eine breitere Anhängerschaft verfügte und nach 1930 rasch an Einfluß verlor, war der Zusammenschluß der europäischen Staaten zu einem »politisch-wirtschaftlichen Zweckverband«[59], den Vereinigten Staaten von Europa. Die Impulse, die von der Paneuropa-Bewegung der Zwischenkriegszeit auf die europäische Einigungspolitik nach 1945 ausgingen, sind unübersehbar.

IV. Der Nationalstaat als politische Organisationsform

1. Nationalstaatsprinzip und Staatenpluralismus

Der Nationalismus als Ideologie und organisierte politische Bewegung strebt die Identität von Nation und Staat im Nationalstaat an. Die politische und die ethnisch-kulturelle Einheit sollen sich entsprechen, die Einheit der Kulturnation soll nicht durch politisch-staatliche Grenzen beeinträchtigt sein. Die Nation ohne Staat ist unvollständig, der Staat ohne Nation ebenso. Die Errichtung des Nationalstaats, in dem sich der Gedanke der individuellen Selbstbestimmung wie der der Volkssouveränität vollendet, ist daher das Ziel nationaler Bewegungen, höchstes Ziel aller Geschichte, Erfüllung der Zeiten. Das Streben nach dem Nationalstaat bricht sich mit elementarer Kraft Bahn, weil es aus der Sicht der nationalen Bewegungen den Fortschritt verkörpert. Freilich, erst die Annahme einer unabhängig von Staatsgrenzen bestehenden sprachlich-kulturellen Verbundenheit einer sozialen Großgruppe verlieh dem Nationalstaatsgedanken des 19. Jahrhunderts seine Sprengkraft gegenüber der bestehenden Staatenordnung.

Darüber hinaus ist die Schaffung des Nationalstaats, der »weltlichen Machtorganisation der Nation« (Max Weber), eine wichtige, meist sogar die entscheidende Etappe im anhaltenden Prozeß der Nationsbildung. Sie ist von politischem Enthusiasmus und Opferbereitschaft begleitet. Der »Zug der Tausend« unter dem ehemaligen piemontesischen Marineoffizier Giuseppe Garibaldi nach Sizilien im Mai 1860 gehört in das unmittelbare Vorfeld der Staatsschöpfung wie die Schlacht von Sedan 1870, der Dubliner Osteraufstand 1916 oder die politischen Umwälzungen in Prag im Oktober 1918. Die Geburt des Nationalstaats vollzieht sich unter dramatischen, ja revolutionären Begleitumständen. Sie hat ihre Helfer, Helden und Märtyrer, sie verzeichnet Rückschläge und Momente voller Pathos. Alles dies liefert später Stoff für eine wuchernde Legendenbildung und die Glorifizierung der Vergangenheit.

Im positiven Völkerrecht hat das Verlangen nach nationaler Selbstbestimmung aber keinen Eingang gefunden. Es blieb ein politisches Prinzip.[1] Der Begriff des Nationalstaats bezeichnet auch keine Staatsform im Sinne der modernen Staatslehre. Er meint ein spezifisches Verhältnis zwischen Staatsvolk und Staat: Das Staatsvolk ist nicht einfach die Summe aller Angehörigen eines Staates; es ist vielmehr die sich als politische Gemeinschaft verstehende Nation. Die durch ihren politischen Willen oder durch sprachlich-kulturelle Merkmale definierte Nation erhebt den Anspruch, sich in einem eigenen Staat selber zu verwirklichen, zu behaupten und zu entfalten, frei zu sein von jeder andersnationalen Herrschaft.

Seit der Französischen Revolution wird der Nationalstaat, zumindest in der Theorie der nationalen Bewegungen Europas, aber auch über sie hinaus, zum ausschließlichen, allein legitimierenden Ordnungsprinzip der Staatenwelt. Im Sinne Mazzinis soll es zur Herstellung einer natürlichen, auf der Nation gegründeten Ordnung dienen. Es erregt Anstoß, wenn Kulturnation und Staat nicht identisch sein können. Die staatliche Trennung kulturell und sprachlich homogener Völker wird als Zwangsordnung empfunden. Unter den führenden Staatsmännern der Zeit hat sich zuerst Kaiser Napoleon III. für die universale Gültigkeit des Nationalstaatsprinzips ausgesprochen. Ein Europa der Nationalstaaten sollte die angeblich völkerfeindliche Ordnung von 1815, die sich auch gegen Frankreich gerichtet hatte, ablösen. Im nationalen Gedanken und im Nationalstaatsprinzip, so ist zu Recht bemerkt worden, wird man daher letztlich »das entscheidende, epochenübergreifende Phänomen sehen müssen, auf das alle Wandlungen in den zwischenstaatlichen Verhältnissen und Beziehungen seit der Mitte des 19. Jahrhunderts im Kern zurückzuführen sind«.[2]

Der Nationalstaat ist für den Risorgimento-Nationalismus nicht Selbstzweck. Die Rechte der Nation wurden von den Menschenrechten abgeleitet, die ihrem Wesen nach individuell und universell sind. Vor allem die liberal-demokratischen Nationalbewegungen im frühen 19. Jahrhundert hofften, im Nationalstaat bürgerliche Freiheit, Demokratie und Parlamentarismus verwirklichen zu können. Für sie war der Nationalstaat ein Synonym für den demokratischen Verfassungsstaat.[3] Mazzini sprach von der Wiederherstellung Italiens als souveräner Nation von Freien und Gleichen. Die Leitworte, die dem Statut der »Giovine Italia« von 1831 vorangestellt waren, lauteten: »Freiheit, Gleichheit, Menschheit, Unabhängigkeit, Einheit«. »Die Zersplitterung Deutschlands – ein

Hindernis der freiheitlichen Entwicklung«, hatte der Pfälzer Liberale und Mitorganisator des Hambacher Festes von 1832, Philipp Jakob Siebenpfeiffer, den Zusammenhang einmal in einer Formel zugespitzt. Ihn hatten später jene im liberalen Lager, welche die Parole »Durch Einheit zur Freiheit« ausgaben, ebenfalls vor Augen. Demokratische Freiheit im Innern werde durch die Einigung Deutschlands zur Realität. Die ständisch gegliederte Gesellschaft der vorrevolutionären Epoche wird von der Nation, der politischen Gemeinschaft rechtsgleicher Bürger, abgelöst.

Die Forderung nach dem Nationalstaat wurde aber nicht nur politisch, sondern auch ökonomisch begründet. Der Nationalökonom Friedrich List, der in der staatlichen Partikularisierung Deutschlands eine der Hauptursachen der wirtschaftlichen Unterentwicklung Mitteleuropas im frühen 19. Jahrhundert erblickte, forderte z. B. den Nationalstaat, da sich nach seiner Meinung nur durch ihn die Produktivität steigern, die Industrialisierung voranbringen und der Pauperismus eines großen Teils der Bevölkerung überwinden ließe. Nur durch die Schaffung des deutschen Nationalstaats könne die relative wirtschaftliche Rückständigkeit gegenüber dem industriell fortgeschrittenen England abgebaut werden.

Das Nationalstaatsprinzip entwickelte sich im 19. Jahrhundert mit außerordentlicher Dynamik zu einem der leitenden Grundsätze der Politik, dem auch von Historikern, Staatsphilosophen und Staatsrechtslehrern eine geradezu naturgesetzliche Gültigkeit zugebilligt wurde. Leopold v. Ranke registrierte 1836 in den Nationen »eine Tendenz, Staat zu sein«,[4] die in der Vergangenheit bei vielen von ihnen auf eine unerklärbare Weise verdeckt gewesen sei. Georg Wilhelm Friedrich Hegel vertrat sogar die Auffassung, die Völker erreichten ihre Bestimmung erst im eigenen Staat. Ihr Leben im vorstaatlichen Zustand sei »Vorgeschichte«.[5] In der Weltgeschichte könne »nur von Völkern die Rede sein, welche einen Staat bilden«.[6] Der liberale, in Heidelberg lehrende Schweizer Staatsrechtler Johann Caspar Bluntschli leitete daraus 1870, wenige Wochen vor dem Beginn des deutsch-französischen Krieges, die Einsicht ab: »Jede Nation ist berufen und daher berechtigt, einen Staat zu bilden ... Wie die Menschheit in eine Anzahl von Nationen geteilt ist, so soll die Welt in eben so viele Staaten zerlegt werden. Jede Nation ein Staat. Jeder Staat ein nationales Wesen.«[7]

Während Nation und Nationalstaat seit der Französischen Revolution in das Zentrum des politischen Denkens rückten, wurde den alten multinationalen Staaten auf dynastischer Grundlage, den »Gefängnissen der Völker«, jede Legitimität für ihr Fortbestehen abgesprochen. Als vermeintliche Anachronismen ragten sie in die moderne Welt, die einen Staat nur dann akzeptieren wollte, wenn er sich als Schöpfung einer homogenen Nation darstellte, als Frucht und Belohnung ihres Nationalismus. Für die multinationalen Staaten Europas, die ein pränationalstaatliches Prinzip verkörperten, hatten die Sprecher und Theoretiker der nationalen Bewegungen nur Haß übrig. In ihrem Untergang konnten sie nur die Vollstreckung eines längst gefällten historischen Urteils erblicken. Sie sannen daher auf ihre revolutionäre Umgestaltung und ihre staatliche Auflösung. Ein Staat, meinte 1851 der italienische Rechtsgelehrte und spätere Minister Pasquale Mancini, in dem »viele kräftige Nationalitäten zu einer Einheit gezwungen werden«, sei kein »corpo politico«, sondern ein »lebensunfähiges Ungeheuer« (»un mostro incapace di vita«).[8] Für Tomáš G. Masaryk, den Gründer des tschechoslowakischen Staates, stellte das Habsburgerreich »eine Negation des modernen Staates und der modernen Nationalität« dar.[9] Ein solches Urteil war in den Jahren vor 1914 fast schon zu einem Gemeinplatz geworden.

Für die großen multinationalen Reiche mit einer sprachlich gemischten Bevölkerung war folglich der emanzipatorische Risorgimento-Nationalismus ein gefährliches Sprengmittel dar. Er bedrohte ihren Bestand und stellte damit auch das europäische Staatensystem in Frage. Zum Untergang der Habsburgermonarchie, des Osmanischen Reiches und auch des Zarenreiches trug er in erheblichem Maße bei. Selbst für das Vereinigte Königreich von Großbritannien und Irland entstand durch den irischen Nationalismus spätestens seit den siebziger Jahren des 19. Jahrhunderts eine nationale Problematik, welche die britische Innenpolitik seither außerordentlich belastete und die erst durch die Abspaltung des Irischen Freistaates vom Vereinigten Königreich 1921/22 teilweise gelöst werden konnte.

Die überragende Geltung des Nationalstaatsprinzips seit dem frühen 19. Jahrhundert hat dazu geführt, daß der Staatenpluralismus heute die Grundlage der internationalen Staatenordnung darstellt. Auch wenn es nicht gelang, das Prinzip bis zur letzten Konsequenz zu verwirklichen, hat es sich für die Staatenwelt doch als die stärkste der auf Veränderung gerichteten Kräfte erwiesen. Durch den Prozeß der Nations- und Nationalstaatsbildung wurde die politische Landkarte grundlegend umgestaltet, zunächst zwischen dem Wiener Kongreß und der Pariser Friedenskonferenz von 1919 diejenige Europas, dann im Verlauf des 20. Jahrhunderts, besonders nach dem Zweiten Weltkrieg, diejenige Asiens und Afrikas. Die Zahl der Nationalstaaten nahm durch die Nationalisierung und Demokratisierung Europas seit dem frühen 19. Jahrhundert ebenso wie durch die Emanzipation der Kolonialvölker im 20. Jahrhundert, welche die Kolonialherrschaft gewaltsam oder durch Vereinbarung abschüttelten, kontinuierlich, gelegentlich auch geradezu sprunghaft zu (Tabelle 1).

Tabelle 1: Staatsgründungen in Europa 1815–1922

1830	Griechenland
1831	Belgien
1861	Italien
1871	Deutsches Reich
1878	Rumänien, Serbien, Montenegro
1905	Norwegen
1908	Bulgarien
1913	Albanien
1917	Finnland
1918	Polen, Tschechoslowakei, Estland, Lettland, Litauen, Königreich der Serben, Kroaten und Slowenen (seit 1929: Jugoslawien)
1922	Irland

Immer neue staatliche Einheiten entstanden, Einheiten mit ganz unterschiedlicher Bevölkerungszahl, unterschiedlicher politischer Bedeutung und wirtschaftlicher Kraft. Sie vermitteln insgesamt das Bild einer zersplitterten, sich fortschreitend differenzierenden internationalen Ordnung. Das dynastische Prinzip, vor allem nach der Festigung des Primogeniturrechts, hatte dagegen eindeutig die Tendenz zur Zusammenfassung verstreuter Gebiete in größeren Staatsgebilden begünstigt.

Ein simpler Maßstab, die Zahl der formell unabhängigen Staaten in der Welt, vermag die Auswirkungen des Nationalstaatsprinzips seit dem 19. Jahrhundert am eindrucksvollsten zu demonstrieren. Die Gesamtzahl souveräner Staaten dürfte zwischen 1870 und 1914 mit geringen Schwankungen bei fünfzig gelegen haben, davon 16 Staaten in Europa. Am Ende des Ersten Weltkrieges wuchs die Staatengesellschaft durch neue Staaten in Europa und die zur Vollsouveränität gelangenden weißen Dominions Australien, Neuseeland, Südafrikanische Union um zehn. Der Völkerbund von Genf zählte 1920 bei seiner Gründung 42 Mitglieder. Seine Nachfolgeorganisation, die Vereinten Nationen, hatten bei ihrer Gründung im Jahre 1945 51 Mitglieder. 1960 gehörten ihnen aber bereits 82, 1973 135 und Anfang 1984 schließlich 161 Mitglieder an. Da einige Staaten den Vereinten Nationen aus unterschiedlichen Gründen nicht beigetreten sind und der Staatenbildungsprozeß im Zug der Dekolonisation noch nicht abgeschlossen ist, wird gelegentlich vermutet, daß gegen Ende unseres Jahrhunderts an die zweihundert Staaten Mitglieder der Vereinten Nationen sein werden – eine Mehrheit davon »Mini-Staaten« wie z. B. das 1983 unabhängig gewordene St. Kitts-Nevis in der Karibik mit 250 km^2 Fläche und 44000 Einwohnern oder der pazifische Inselstaat Nauru mit 21,3 km^2 und 82000 Einwohnern. Die Zahl potentiell unabhängiger politischer Einheiten scheint keine Grenzen zu haben. Richtzahlen für die Flächen- und die Bevölkerungsgröße eines Nationalstaats gibt es nicht, ebensowenig überzeugende Argumente, die dem Streben nach staatlicher Unabhängigkeit entgegengehalten werden können.

2. Etappen der europäischen Nationalstaatsbildung

In Europa vollzog sich die Durchsetzung des Nationalstaatsprinzips in drei mehr oder weniger deutlich voneinander unterscheidbaren Etappen oder zeitlichen Phasen. Sie hatten auch jeweils unterschiedliche geographische Schauplätze. Auf diese drei Phasen der europäischen Nationalstaatsbildung hat vor allem Theodor Schieder in seinen Arbeiten zur Nationalismus- und Nationalstaatsproblematik aufmerksam gemacht. Danach charakterisiert die erste Phase dieses Prozesses der integrierende westeuropäische Typ des Nationalstaats, entstanden aus der gemeinsamen politischen Vergangenheit und aus der revolutionären Umgestaltung des absolutistischen Fürstenstaates. Der Staat des Ancien Régime wurde zum Organ der sich selber regierenden Bürgergesellschaft, basierend auf dem Begriff der Staatsnation. Beispiele dafür sind seit dem 16. und 17. Jahrhundert England, die Niederlande, Frankreich, bis zu einem gewissen Grade auch Schweden.[10]

In der zweiten Phase der europäischen Nationalstaatsbildung, die vom Begriff der Kulturnation beherrscht wurde, hatte sich der geographische Schwerpunkt nach Mitteleuropa verschoben. Hier bildeten sich im 19. Jahrhundert aus der Vereinigung von Partikularstaaten mit oft langen historischen Traditionen unifizierende Nationalstaaten. Italien und das Deutsche Reich sind für die Zusammenfassung getrennter Teile einer Nation die beiden klassischen Beispiele. Die Kräfte der nationalen Bewegung verbanden sich mit den Machtinteressen eines Einzelstaates, Piemont-Sardiniens im Falle Italiens, Preußens im Falle Deutschlands. Die Partikularstaaten wurden nach der gelungenen nationalen Einigung entweder aufgelöst und durch eine zentralistische Verwaltungseinteilung ersetzt (Italien) oder auf eine Souveränität minderen Ranges zurückgestuft (Deutsches Reich). Dabei wurde quasi zwangsläufig die innere Struktur der beiden neuen nationalen Staaten von dem die Entwicklung vorantreibenden Einzelstaat sehr stark bestimmt. So ist der deutsche Nationalstaat von 1871 zwar ein Bundesstaat geworden, aber seine föderativen Elemente wurden durch die preußisch-hegemonialen überlagert. Wie die piemontesische Dynastie trat die preußische, hier in der Gestalt des erneuerten deutschen Kaisertums, an die Spitze des nationalen Staates; die Hauptstadt Preußens wurde die Hauptstadt des Reiches. Hegemoniale Ansprüche suchte später auch die serbische Monarchie unter den südslawischen Völkern durchzusetzen, allerdings mit weitaus weniger Erfolg als zuvor die piemontesische oder die preußische Monarchie.

Die dritte Phase im Prozeß der europäischen Nationalstaatsbildung, in der ebenfalls der kulturelle Nationsbegriff dominierte, umfaßt die Staatsgründungen in Ostmittel- und Südosteuropa im 19. und frühen 20. Jahrhundert. Dort entstanden die Nationalstaaten durch Sezession, durch Abspaltung von den multinationalen Großreichen, die entweder wie das Osmanische Reich auf dem Balkan in ständiger Auseinandersetzung mit den christlichen Mächten langsam zerfielen oder die wie das Russische Reich der Zaren oder die Habsburgermonarchie unter den Folgewirkungen des Ersten Weltkrieges zerbrachen oder entscheidend geschwächt wurden. Das politische Bewußtsein der in diesem Raum lebenden Völker, die sich in erster Linie als Sprach- und Volksgemeinschaften sahen, wurde »nicht *im* und *am* Staat entwickelt, sondern durch die Gegnerschaft gegen den bestehenden Staat geprägt«.[11] Er wurde als das Fremde empfunden, als der Zerstörer der eigenen nationalen Überlieferungen.

Der gesamte Staatengürtel von Finnland im Norden, über die baltischen Staaten, Polen und die Tschechoslowakei bis hin zu Rumänien, Albanien und Griechenland im Süden ist auf dem Wege der Sezession entstanden. Auf die Abspaltung von einem größeren dynastischen Staat geht aber auch die Existenz einiger westeuropäischer Nationalstaaten zurück. So entstand Belgien 1831 durch Abtrennung von den Vereinigten Niederlanden, Norwegen 1905 durch Auflösung der seit 1814 bestehenden Realunion mit Schweden, Irland 1922 durch sein Ausscheiden aus dem Vereinigten Königreich von Großbritannien und Irland und schließlich Island 1944 durch Auflösung der Union mit Dänemark. Daß sezessionistische Bewegungen häufig zugleich Einigungsbewegungen sein können, läßt sich am Beispiel der Polen (Abspaltung und Vereinigung der drei Teilungsgebiete 1918) anschaulich zeigen, in anderer Weise auch am Beispiel der südslawischen Völker. Die präzise Gültigkeit des geographisch und chronologisch definierten Drei-Phasen-Schemas in der europäischen Nationalstaatsbildung wird durch diese Beispiele zumindest relativiert.

Die systematisierende Gruppierung der europäischen Nationalstaaten nach dem genetischen Prinzip, die eine idealtypische Vereinfachung sehr komplizierter Vorgänge gestattet, wirft ein weiteres Licht auf die bereits angesprochene Anpassungs- und Wandlungsfähigkeit des Nationalismus. Sie zeigt, daß der Nationalismus als politische Triebkraft zur Gestaltung staatlicher Einheiten weder an eine bestimmte Gesellschaftsform noch an eine bestimmte verfassungspolitische Staatsform gebunden ist. Vielmehr wandelten sich der Nationalismus und sein Produkt, der Nationalstaat, entsprechend den Bedingungen ihrer jeweiligen Epoche. Die Nationalisierung des modernen Europa hat Nationalstaaten verschiedener Qualität und Form hervorgebracht. Es gab und gibt in Europa seit dem 19. Jahrhundert Nationalstaaten mit monarchischer, republikanischer und diktatorischer Verfassung, Nationalstaaten mit mehr oder weniger ausgeprägten demokratischen wie autoritären Gesellschaftsformen. Der Nationalismus ist nach dem historischen Befund offensichtlich zur Verbindung mit den verschiedensten Staatsformen und Gesellschaftssystemen fähig. Er ist eine »chamäleonhafte Erscheinung«[12] in den modernen Gesellschaften des 19. und 20. Jahrhunderts, der aber seine Herkunft aus der Französischen Revolution nie verleugnen kann. Nicht zuletzt äußert sich dies in der Form und der Ideologie des Staatsgründungsaktes: Zusammentritt einer Nationalversammlung, Ausarbeitung einer nationalen Verfassung, deren wesentliche Bestandteile häufig mit nur geringfügigen Änderungen dem französischen Vorbild entlehnt sind, Festlegung der nationalen Symbole wie Nationalflagge, Nationalhymne und Nationalfeiertag. Der äußere Ablauf des Aktes, der den Nationalstaat konstituiert, war schon früh ausgeformt.

Die zunehmende innere und äußere Schwäche des Osmanischen Reiches, das intensive machtpolitische Interesse der Großmächte am Schicksal des »kranken Mannes am Bosporus«, die Furcht europäischer Staatsmänner vor einer Stärkung des russischen und auch des habsburgischen Einflusses in Südosteuropa – alle diese Faktoren trugen dazu bei, daß der nationalstaatliche Ablösungsprozeß auf dem Balkan schon in der ersten Hälfte des 19. Jahrhunderts einsetzte. Von schweren Krisen der europäischen Politik begleitet, vollzog er sich in mehreren Stufen. In der Regel erlangten die Balkanvölker zuerst den Status teilweiser Unabhängigkeit, bei dem der Sultan weiterhin eine Souveränität über sie ausübte. Die volle Souveränität gewannen sie häufig erst wesentlich später, oft erst durch das Eingreifen der europäischen Großmächte. Die territoriale Gestalt der neuen Staaten war dabei Wandlungen unterworfen. Das war jedoch nicht ungewöhnlich. Im Grunde gewannen nur wenige europäische Nationalstaaten im Augenblick ihrer Gründung die Grenzen, die sie auch noch heute haben. Dazu gehören Belgien 1831 und bis zu einem gewissen Grade die Tschechoslowakei 1918.

Für die Geschichte Europas ist es weitaus charakteristischer, daß die Grenzen der Nationalstaaten vor allem in Ostmittel- und Südosteuropa über Jahrzehnte hinweg fließend blieben. Die Erklärung dafür ist vielschichtig. Unter anderem waren die Interessen der europäischen Großmächte bei der Festlegung von Grenzen von großer Bedeutung. Die europäischen Staatskanzleien waren ohne Frage bestrebt, abrupte machtpolitische Veränderungen mit Blick auf das europäische Gleichgewicht zu vermeiden. So erhielt Serbien nach vorangegangenen Aufständen gegen die osmanische Herrschaft 1815 den Status eines Tributfürstentums der Pforte.

Nach weiteren Unruhen wurde es 1830 autonomes Fürstentum unter fortbestehender osmanischer Oberhoheit. Erst auf dem Berliner Kongreß 1878 gewann Serbien die Anerkennung als unabhängiger Staat. 1882 wurde es Königreich, das sich als Kristallisationskern eines zu bildenden südslawischen Staates begriff und insbesondere an die Habsburgermonarchie territoriale Ansprüche stellte. 1913 kam im Frieden von Bukarest das nördliche Mazedonien an Serbien. Nach dem Ersten Weltkrieg bildete Serbien den Kern des Königreichs der Serben, Kroaten und Slowenen, das 1929 in Jugoslawien umbenannt wurde.

Griechenland, dessen Souveränität das Londoner Protokoll der europäischen Großmächte von 1830 anerkannt hatte, verstand sich von Anfang an als Keimzelle eines weitaus größeren Staates, der auch alle die Griechen einschließen sollte, die damals in geschlossenen Siedlungsgebieten außerhalb seiner Grenzen lebten. Die Frage aber, was mit den griechischen Minderheiten geschehen sollte, die verstreut im Osmanischen Reich lebten, blieb offen. Der griechische Staat in den Grenzen von 1830 umfaßte nur knapp 48000 km^2, im wesentlichen die Peloponnes, die Inseln der westlichen Ägäis, Attika und Phokis. In den nächsten Jahrzehnten vergrößerte sich sein Territorium. 1863 erhielt Griechenland die Ionischen Inseln, die seit 1812 unter britischem Protektorat gestanden hatten. Fast ganz Thessalien und ein Teil von Epirus fielen 1881 an Griechenland. In den Balkankriegen 1912/13 gegen die Türkei gewann der griechische Nationalstaat Südmazedonien und die östlichen Ägäisinseln von Thasos bis Samos, darüber hinaus Kreta, dessen Bevölkerung sich im 19. Jahrhundert mehrere Male gegen die Türken erhoben hatte. Die »Große Idee« des griechischen Nationalismus, die Hoffnung auf die Wiedererrichtung des byzantinischen Kaiserreiches unter griechischer Führung[13], richtete sich auf Thrazien, Konstantinopel und die kleinasiatische Küste. Der Vertrag von Sèvres (10. 8. 1921) zwischen den Alliierten und der Türkei überließ den Griechen dann aber nur Thrazien. Die Inseln des Dodekanes, die nach dem italienisch-türkischen Krieg 1912 von Italien besetzt worden waren, kamen erst 1947 zu Griechenland, dessen Territorium damit auf 132000 km^2 anwuchs. Zu diesem Zeitpunkt gehörte nur noch ein Gebiet mit einer klaren griechischen Bevölkerungsmehrheit nicht zum Nationalstaat: die Insel Zypern, die den Status einer britischen Kronkolonie hatte. Die von der griechischen Volksgruppe (80% der zypriotischen Bevölkerung) angestrebte Vereinigung mit Griechenland (»Enosis«) mißlang. Mit Rücksicht auf die türkische Minderheit, die auf die Unterstützung Ankaras zählen konnte, wurde von einer Einbeziehung Zyperns in den griechischen Nationalstaat abgesehen. 1960 erhielt es die staatliche Unabhängigkeit.

Auch der italienische Nationalstaat, ein anderes instruktives Beispiel für die Flexibilität nationalstaatlicher Grenzen, gewann seine endgültige territoriale Gestalt in einer Zeitspanne von mehr als sechs Jahrzehnten. Motor der Einigungsbewegung war der wirtschaftlich führende und politisch fortgeschrittenste italienische Partikularstaat, das Königreich Piemont-Sardinien unter dem tatkräftigen Ministerpräsidenten Cavour, der bis zu seinem Tode die Politik des Risorgimento maßgeblich bestimmte. Das 1861 mit französischer Hilfe und gegen den Widerstand Österreichs konstituierte Königreich Italien umfaßte ganz Süd- und Mittelitalien mit Ausnahme des Kirchenstaates. Anstelle von Rom übernahm deshalb Florenz zwischen 1865 und 1871 die Hauptstadtfunktion. In Norditalien zählten Piemont-Sardinien und die Lombardei zum italienischen Nationalstaat. Venetien gehörte erst seit 1866 dazu, eine Frucht der Allianz Italiens mit Preußen im österreichisch-preußischen Krieg desselben Jahres. Im September 1870 besetzten italienische Truppen schließlich Rom, als die Franzosen, die den Sitz des Papstes seit 1860 vor dem italienischen Zugriff geschützt hatten, nach dem deutschen Sieg über Frankreich aus der Stadt abzogen. Für den italienischen Nationalismus war der Nationalstaat auch nach dem Gewinn Roms noch nicht vollendet. Die mehrheitlich italienischsprechende Provinz Trentino und die Stadt Triest befanden sich weiterhin in der Hand Österreichs. Das Problem der *»Italia irredenta«*, des »unerlösten« Italiens, wurde durch den Ersten Weltkrieg insofern gelöst, als der italienische Nationalstaat 1919 mit der Brennergrenze seine angeblich natürlichen Grenzen erreicht hatte. Aber im selben Moment, in dem aus italienischer Sicht das Nationalstaatsprinzip endlich weitgehend verwirklicht war, wurde es grob verletzt. Die deutschsprechenden Südtiroler und die fast eine halbe Million Kroaten und Slowenen in Istrien und in der Umgebung von Triest, die Italien von den siegreichen Alliierten als Kriegsbeute zugesprochen wurden, schufen schwerwiegende Minderheitenprobleme für einen Staat, dessen nationale Geschlossenheit bereits durch den Gegensatz zwischen dem wirtschaftlich entwickelten Norditalien und dem rückständigen Mezzogiorno permanent in Frage gestellt war. Mit dem Nationalstaatsprinzip ließ sich der territoriale Zugewinn Italiens am Ende des Ersten Weltkrieges kaum begründen.

3. Die Grenzen des deutschen Nationalstaats

Selbst im Fall Deutschlands war die anzustrebende Gestalt des Nationalstaates lange Zeit höchst umstritten. Dies war eine Frage, die den deutschen Nationalismus seit 1830 zunehmend mobilisierte. Daß »Deutschland« die deutschsprachigen Gebiete Österreichs einschloß, es also von der »Etsch bis an den Belt« (A. H. Hoffmann v. Fallersleben) reichte, war für die große Mehrheit in der nationalen Bewegung anfangs selbstverständlich. Aber bei der Festlegung der deutschen Grenzen fielen vor allem zwischen 1864 und 1871 letztlich Entscheidungen, durch die einerseits Angehörige der deutschen Nation außerhalb des neugegründeten Nationalstaats blieben, andererseits Angehörige anderer Nationen (Dänen, Polen, Elsässer, Lothringer, Wallonen) zum Teil gegen ihren Willen in das neue Reich der Deutschen einbezogen wurden.

Das Problem, die Grenzen des zukünftigen deutschen Nationalstaats bestimmen zu müssen, war schon in der Revolution von 1848/49 beim ersten ernsthaften Versuch, einen deutschen Nationalstaat gegen den Widerstand der bestehenden Partikularstaaten zu schaffen, sichtbar geworden. Die deutsche Nationalbewegung, die in der Märzrevolution ihren endgültigen Triumph über die führenden dynastischen Kräfte im Deutschen Bund zu feiern glaubte, besaß kein präzises nationales Programm, das nur darauf wartete, in die Tat umgesetzt zu werden. Dazu war die nationale Bewegung in sich viel zu gespalten. Nahezu einhellig wurde aber in der Frankfurter Nationalversammlung im Frühjahr und Sommer 1848 zunächst der Anspruch vertreten, daß das Gebiet des Deutschen Bundes auch das Staatsterritorium des neuen Deutschen Reiches darstellen müsse. Dieser Anspruch ließ sich mit dem Begriff der politischen Nation begründen, und das ist auch geschehen. Wer auf deutschem Boden wohne, sei ein Deutscher – so ist mehrfach in Frankfurt gesagt worden. Unbeantwortet blieb vorerst die Frage, was mit den Deutschen außerhalb der Bundesgrenzen geschehen sollte, vor allem mit den Deutschen in Schleswig, in Ostpreußen und in Posen.

Seit Herbst 1848 beschäftigte die Paulskirchen-Parlamentarier das vorab ebenfalls zurückgestellte Problem, in welcher Form die deutschsprachigen Österreicher in das neue Reich einbezogen werden konnten. Die Frage, ob der historische Staat der Donaumonarchie einschließlich seiner nicht zum Deutschen Bund gehörenden Gebiete ein Teil des deutschen Nationalstaats sein solle, ist schon bald negativ beantwortet worden. Bei den Frankfurter Parlamentariern bestand zu Recht der Eindruck, daß eine Einbeziehung der gesamten Habsburgermonarchie den nationalen Charakter des Deutschen Reiches gesprengt hätte. Gegen eine politische Aufteilung Österreichs wandte sich aus verständlichen Gründen die Wiener Regierung, so daß im Herbst 1848 zeitweilig als Kompromiß der Plan eines deutsch-österreichischen Doppelbundes diskutiert wurde. Der Plan sah einen Verzicht des Deutschen Reiches auf die zum Deutschen Bund gehörenden Teile der Donaumonarchie vor. Alle deutschen Staaten mit der Ausnahme Österreichs sollten vielmehr einen Bund bilden, das Deutsche Reich, der mit der Habsburgermonarchie in einem weiteren Bund von völkerrechtlicher Qualität verklammert würde. »Kleindeutschland« ohne die deutschsprachigen Teile Österreichs, wie es 1871 verwirklicht wurde, deutete sich hier schon an. Das kleindeutsche Konzept rückte mit dem Erstarken Preußens als Führungsmacht im deutschen Einigungsprozeß seit den fünfziger Jahren des 19. Jahrhunderts immer stärker in den Vordergrund.

Als mögliche Form einer deutschen Einigung, für die Liberale wie der Württemberger Paul A. Pfizer schon Anfang der dreißiger Jahre plädiert hatten, gewann es im Frankfurter Parlament in dem Maße an Gewicht, in dem die anfangs enge Verschränkung des Doppelbundes aufweichte und er nicht mehr als ein einheitliches, sich ergänzendes Ganzes begriffen wurde. Ein »Kleindeutschland« wollten die Parlamentarier der Paulskirche aber noch nicht akzeptieren. Nach der Österreich-Debatte vom Herbst 1848 sprach sich die Mehrheit, ungeachtet aller Nuancen und Vorbehalte im einzelnen, für einen deutschen Nationalstaat aus, der aus dem Territorium des vormaligen Deutschen Bundes sowie Schleswig, West- und Ostpreußen und dem größten Teil der Provinz Posen bestehen sollte.[14] Daß dieser Staat in seinen Grenzen nationale Minderheiten einschließen würde, wurde von den Abgeordneten gesehen. Deren legitime Rechte, ihre ungehinderte »volkstümliche Entwicklung«, waren von den Parlamentariern schon in der großzügigen Nationalitätenschutzerklärung der deutschen Nationalversammlung vom 31. Mai 1848 anerkannt worden. Der Kern der Erklärung gelangte als §188 in die Reichsverfassung vom März 1849.

In den Debatten der Paulskirche über die Schleswigfrage wurde hervorgehoben, daß Schleswig trotz seiner starken dänischsprechenden Minderheit sprachnational zu Deutschland zu rechnen sei. Darüber hinaus wurden historische Ansprüche geltend gemacht: Die Zugehörigkeit Holsteins zum Deutschen Bund wurde betont und das Prinzip von der Unteilbarkeit der Herzogtümer Schleswig und Holstein verfochten (»up ewig ungedeelt«, eine Vertragsformel aus dem 15. Jahrhundert). Der britische Historiker Lewis Namier hat angesichts dieser Auffassung der Nationalversammlung den Vorwurf erhoben, der Nationalismus der Frankfurter Parlamentarier sei illiberal und nahe verwandt mit späteren, aggressiven Formen des deutschen Nationalismus gewesen. Er verwies dabei insbesondere auch auf die Haltung der Paulskirche in der Posenfrage.[15] Neuere Untersuchungen über die Behandlung nationaler Probleme in der Paulskirche schließen sich jedoch einer derartig verkürzenden Argumentation, wie sie Namier vertritt, nicht mehr an.[16]

In ähnlicher Weise, in der die Festlegung der deutschen Nordgrenze auf den Widerstand des dänischen Nationalismus stieß, kollidierten in der preußischen Provinz Posen die Bestrebungen der deutschen mit denen der polnischen Nationalbewegung. Die Vertreter des Risorgimento-Nationalismus hatten solche Konflikte nicht vorausgesehen, denn als Anhänger Herders und Mazzinis gingen sie von der Vorstellung aus, mit dem Zusammenbruch des vornationalen Staatensystems in Mitteleuropa werde eine Politik des »Völkerfrühlings« einsetzen. Nach der Ausschaltung der Dynastien als der entscheidenden Handlungsträger würden, glaubte man voller Optimismus nach den ersten Erfolgen der Revolution, die Repräsentanten der befreiten Völker keine Schwierigkeiten haben, nationale Konflikte im brüderlichen Einvernehmen beizulegen.

Doch der »Völkerfrühling« war nur von kurzer Dauer. Am Ende des Revolutionsjahres 1848 waren zwischen dem deutschen und dem polnischen Volk Gräben aufgerissen, die auch in den folgenden Jahrzehnten nicht mehr zugeschüttet werden konnten und die zur Legende einer deutsch-polnischen Erbfeindschaft ganz erheblich beitrugen. Die Weichen für die Wende von der deutschen Polenbegeisterung der dreißiger Jahre zu einem belasteten deutsch-polnischen Verhältnis wurden dabei im Großherzogtum Posen gestellt, wo die preußische Politik in Übereinstimmung mit entsprechenden Beschlüssen des Wiener Kongresses der polnischen Bevölkerung nach 1815 eine nationale Organisation gestattet hatte. »Ihr werdet meiner Monarchie einverleibt, ohne Eure Nationalität verleugnen zu dürfen«[17] – so der königliche »Zuruf« Friedrich Wilhelms III. vom 19. Mai 1815 an seine neuen polnischen Untertanen.

Seit 1848 verfolgte die Berliner Regierung eine Politik, die auf die Einbeziehung der Provinz Posen in den deutschen Nationalstaat zielte. Während die preußische Integrationspolitik in West- und Ostpreußen auf keine nennenswerten Widerstände stieß, prallten in Posen mit seinen 1,4 Mill. Einwohnern (1846) die Interessengegensätze in aller Schärfe aufeinander. Die polnische Bevölkerung in der Provinz, immerhin zwei Drittel der Gesamtbevölkerung, begriff sich als Träger eines zu schaffenden polnischen Nationalstaats. Die Einbeziehung in den deutschen Nationalstaat lehnte sie ab. Die Frankfurter Nationalversammlung votierte nach einer intensiven Diskussion des Problems, die unterschiedliche Akzentsetzungen in den nationalen Vorstellungen erkennen ließ, für eine Teilung des Großherzogtums zwischen Deutschen und Polen (Juli 1848). Dagegen wandten sich jedoch die Polen, die an die Wiederherstellung der historischen Grenzen Polens dachten. Ihre Bitte um Unterstützung, die sie an die Frankfurter Nationalversammlung richteten, blieb ohne Echo.

Als sich die unvorhergesehenen, geradezu revolutionären Folgewirkungen des Nationalstaatsprinzips für den dynastisch strukturierten preußischen Staat immer klarer abzeichneten, leitete die Berliner Regierung, wie zuvor schon einmal in den dreißiger Jahren, eine antipolnische Politik ein, die auf die Unterdrückung aller nationalen Bestrebungen der Polen hinauslief. Die Paulskirche, in der die Mehrheit von einer Priorität des deutschen über den polnischen Nationalismus ausging, erhob keinen Einspruch, was einer stillschweigenden Sanktionierung des preußischen Kurses und einer Ablehnung der polnischen Unabhängigkeitsbestrebungen gleichkam. Auf der außenpolitischen Ebene begründete die preußische Politik eine stabile, bis zum Vorabend des Ersten Weltkrieges reichende Interessengemeinschaft mit dem zaristischen Rußland, wo die nationalen Aspirationen der Polen ähnliche Probleme verursachten wie in Preußen.

Daß das mehrheitlich tschechischsprachige Böhmen, ein Kernland des alten Reiches, nicht dem Nationalstaat der Deutschen angehören würde, entschied sich ebenfalls in den Revolutionsjahren 1848/49. In Böhmen wie auch in Mähren hatte sich der slawische Bevölkerungsteil strikt geweigert, Abgeordnete in eine deutsche Nationalversammlung zu entsenden. Einer der Wortführer der tschechischsprachigen Böhmen war der Prager Historiker František Palacký, der seine Absage der Einladung aus Frankfurt mit einem Bekenntnis zum multinationalen Staat der Habsburger verband – »einem Staat, dessen Erhaltung, Integrität und Kräftigung eine hohe und wichtige Angelegenheit nicht meines Volkes allein, sondern ganz Europas, ja der Humanität und Civilisation selbst ist und sein muß«.[18] In einem deutschen Nationalstaat war nach Palackýs Meinung für die tschechische Nation kein Platz, wohl aber im österreichischen Kaiserstaat. Der »Völkerfrühling« führte auch in Böhmen, wo historisches Territorium und sprachlich-ethnische Nationalität sich nicht deckten, letzten Endes zum Aufbrechen nationaler Gegensätze, die sich – über die Auflösung der Habsburgermonarchie hinaus – bis zum Zweiten Weltkrieg nicht überbrükken ließen. Der im Juni 1848 in Prag tagende 1. Slawenkongreß, der über 300 Teilnehmer zählte, bekräftigte die Absage an die Paulskirche und ihr Großdeutschland. Er formulierte Vorstellungen, welche die spätere Gründung eines tschechoslowakischen Staates bereits andeuteten.

Die Haltung der Slawen in Böhmen und Mähren im Revolutionsjahr 1848 verstärkte in der deutschen Nationalbewegung die Neigung zur Bildung eines kleindeutschen Nationalstaats, der die Deutschen im Vielvölkerstaat der Habsburger vorerst ausschloß. Obwohl der preußische König Friedrich Wilhelm IV. noch im April 1849 die Kaiserkrone in einem kleindeutschen Nationalstaat aus der Hand des Paulskirchenparlaments abgelehnt hatte, machte sich nun Preußen das nationalpolitische Konzept der Frankfurter Abgeordneten zu eigen und versuchte, es zunächst über ein Bündnis der deutschen Fürsten durchzusetzen. Österreich gelang es zwar, diese Pläne noch einmal zum Scheitern zu bringen (Olmützer Punktation 1850), aber der Weg der politischen Entwicklung in Mitteleuropa war seither gleichsam vorgezeichnet.

Das Reich von 1871 – das Werk des preußischen Ministerpräsidenten Bismarck – wurde folglich gern als ein »unvollendeter« Nationalstaat (Theodor Schieder) begriffen, selbst bei den Befürwortern der kleindeutschen Nationalpolitik, da ihm nicht alle Deutschen angehörten, eben vor allem nicht die deutschsprachigen Österreicher. Auch nach dem Zusammenbruch der Habsburgermonarchie 1918 verhinderten die alliierten Siegermächte durch die Belassung der von Deutschen besiedelten böhmischen Randgebiete beim neuen tschechoslowakischen Staat und durch das Anschlußverbot die Verwirklichung eines großdeutschen Nationalstaats. Die Republik Österreich, deren Verfassung von 1918 Deutsch-Österreich als »Bestandteil der Deutschen Republik« bezeichnet hatte, verstand sich nach 1918 als »Staat wider Willen«.[19] Die Möglichkeiten der Deutschen waren, so hat es der Historiker Andreas Hillgruber rückschauend formuliert, seit dem 19. Jahrhundert im Höchstfall auf die »Gewinnung eines unvollendeten und unvollendbaren Nationalstaats beschränkt, und auch dies nur unter ungewöhnlich günstigen internationalen Rahmenbedingungen«.[20] Das »Großdeutschland« von 1938, das alle geschlossen siedelnden Deutschen in seinen Grenzen zusammenfaßte, blieb Episode. Es war ein Produkt der nationalsozialistischen Gewaltpolitik.

Das kleindeutsche Reich von 1871, das nach der Niederlage im Ersten Weltkrieg territoriale Einbußen hinnehmen mußte, schloß nationale Minderheiten in seinen Grenzen ein: Dänen im Norden, Polen und Masuren im Osten, Elsässer und Lothringer im Südwesten, Wallonen im Gebiet um Malmedy, insgesamt vier Millionen Menschen, sechs Prozent der Reichsbevölkerung. Die Schöpfer des Versailler Friedensvertrages versuchten, hier korrigierend einzugreifen, zum Teil mit Erfolg wie im Falle der Elsässer und Lothringer, die wieder in den französischen Staatsverband zurückkehrten. Auf der anderen Seite schuf der Versailler Vertrag ganz neue nationale Minderheitenprobleme, so vor allem in Ostmitteleuropa, wo ein deutscher Irredentismus neben dem Irredentismus und Revisionismus anderer Nationen die internationale Politik der Zwischenkriegszeit mit schweren Konflikten belastete.

4. Nationalstaat und multinationaler Staat

Nach der Welle neuer Staatsgründungen in dem breiten Raum zwischen Finnland und Jugoslawien hatte sich das Nationalstaatsprinzip in Europa voll durchgesetzt. So schien es zumindest 1918. Aber das von Zeitgenossen und Historikern häufig bemühte Klischee vom Triumph des Nationalstaats, vom Zeitalter des Nationalstaats, der angeblich das Signum der Epoche europäischer Geschichte seit der Mitte des 19. Jahrhunderts war, entsprach nur mit erheblichen Einschränkungen der Realität. Es trifft aus heutiger Perspektive eher zu, von einem Zeitalter souveräner Staaten zu sprechen, die sich in der überwiegenden Mehrzahl durch die Berufung auf das nationalstaatliche Prinzip und das Selbstbestimmungsrecht zu legitimieren versuchten.

Obwohl das Nationalstaatsprinzip seinen Siegeslauf vollendet zu haben schien, waren Nationalstaaten mit einer national homogenen Bevölkerung selbst nach 1918 selten, da sich ja vor allem in Ostmitteleuropa bis in die jüngste Vergangenheit die Siedlungsgebiete der Nationen und Nationalitäten überlappten. Die Schaffung »reiner« oder »echter« Nationalstaaten mit Grenzen, die allen gerecht wurden, war gerade dort grundsätzlich ausgeschlossen. Insbesondere Polen, die Tschechoslowakei und Jugoslawien bildeten zwischen den Weltkriegen »unechte« Nationalstaaten.[21] In Polen, dessen Grenzen 1918/20 durch Verhandlungen, Volksabstimmungen und einen Krieg (1920 gegen Sowjetrußland) festgelegt wurden, waren nach offiziellen polnischen Angaben 14% der Bevölkerung Ukrainer, 3% Weißrussen, 10% Juden, 2,3% Deutsche und 3% andere Minderheiten. Angesichts des ungestümen Nationalismus der »staatstragenden« Nationen und der Existenz nationaler Minderheiten, die vielfach als Staatsbürger zweiter Klasse behandelt wurden, war das Nationalstaatsprinzip in diesem Teil Europas kein probates Mittel für eine stabile Gestaltung der staatlichen Verhältnisse. Das Konzept der Staatsnation konnte sich dort nicht durchsetzen; der an vorgegebenen sprachlich-kulturellen Merkmalen orientierte Nationsbegriff beherrschte nahezu unangefochten das Feld. Die Sprache war in diesem Teil Europas eine »Macht, die über die reine Verwirklichung des Nationalstaats entschied«.[22]

Keiner der in Ostmitteleuropa entstandenen Staaten vermochte in der Folgezeit seine nationalen Minderheitenprobleme in einer befriedigenden Weise zu lösen, sei es etwa durch großzügige Gewährung kultureller Autonomie oder sei es durch einen föderativen Staatsaufbau. Die Minderheitenschutzverträge, die 1919 in Kenntnis der nationalen Überschneidungen in Ostmitteleuropa auf der Pariser Friedenskonferenz beschlossen worden waren[23], erfaßten nur einen Teil der Staaten in dieser Region und erwiesen sich insgesamt als wenig erfolgreich. Die Garantie gleicher Rechte für alle Bürger wurde in der Praxis nicht verwirklicht. Die Minderheiten blieben dort in den meisten Fällen dem »schrankenlosen Absolutismus der Mehrheit« ausgesetzt.[24] Der in der Schweiz tagende Europäische Nationalitätenkongreß, 1925 als Forum von nicht weniger als 21 europäischen Minderheitengruppen gegründet, entwickelte zwar wegweisende Ideen für eine pragmatische Nationalitätenpolitik, stieß aber mit ihnen kaum auf Resonanz. Kein geringerer Staatsmann als Winston Churchill schrieb in der Rückschau, wenige Jahre nach dem Zweiten Weltkrieg: »Es gibt keine einzige Völkerschaft oder Provinz des Habsburgerreiches, der das Erlangen der Unabhängigkeit nicht die Qualen gebracht hätte, wie sie von den alten Dichtern und Theologen für die Verdammten der Hölle vorgesehen sind.«[25]

Die naheliegende Frage, ob die im Sinn der nationalen Ideologie anachronistischen multinationalen Staaten für Europa letzten Endes nicht doch die geeignetere politische Organisationsform seien, wurde von den Zeitgenossen aber nur selten gestellt, geschweige denn ausgiebig diskutiert. Die Problematik des Nationalstaatsprinzips wurde von den Wortführern der nationalen Bewegungen auch angesichts der nationalen Irredentismen und der komplizierten nationalen Gemengelage in Ostmitteleuropa praktisch nicht reflektiert. Sie wurde verdrängt oder beiseite geschoben. Bei den Politikern des Nationalismus läßt sich allenfalls ein dumpfes Gefühl dafür nachweisen, daß die angestrebte nationale Homogenität letztlich nur auf dem Wege der erzwungenen Assimilierung, der Umsiedlung, der Vertreibung, ja der »Liquidierung« fremdnationaler Minderheiten zu gewinnen ist.

Die Behandlung nationaler Minderheiten im 20. Jahrhundert kann daher als Sonderfall politischer Verfolgung betrachtet werden. Sie gründet in dem Vorurteil, nationale Minderheiten stünden dem Herrschaftssystem der dominanten Gruppe feindlich gegenüber und unterhielten als eine Art »fünfte Kolonne« enge Beziehungen zu ihnen verwandten Gruppen im Ausland. Diese Meinung verstärkte die assimilatorischen Tendenzen und erzeugte einen wachsenden Druck auf Minderheiten. Die Politiker, die sich am Nationalstaatsprinzip orientierten, übersahen allzu bereitwillig, daß auch die von ihnen so hoch geschätzten Nationalstaaten das Ergebnis historischer Entwicklungen waren – daß ihre territoriale Gestalt von politischen Konstellationen der Zeit und häufig sogar von geradezu abstrusen Zufälligkeiten abhing. Ohne die Zurückdrängung des Zarenreiches aus Ostmitteleuropa und ohne den Zusammenbruch der Donaumonarchie wäre z. B. die Unabhängigkeit Finnlands, der baltischen Staaten, Polens oder der Tschechoslowakei am Ende des Ersten Weltkrieges kaum möglich gewesen.

Die Geschichte Europas seit der Französischen Revolution zeigt selbst dem flüchtigen Betrachter, daß sich aufgrund der vielfältigen ethnischen Verwerfungen die nahtlose Identität von Kulturnation und Staat im Grunde nie erreichen läßt. Das ist die Problematik jeder nationalstaatlich begründeten Ordnung. Erreichbar sind allenfalls Annäherungen an das Ideal des Nationalstaats, für den die »nationale Homogenität seiner Einwohner das Maß für seine territoriale Ausdehnung und für seine innere Ordnung« ist.[26] Auch der Nationalstaat, wie er sich in Europa herausgebildet hat, schließt in der Regel mehr oder weniger große anderssprachige Bevölkerungsteile in seine Grenzen ein. Die Minderheiten waren bis in die jüngste Vergangenheit der Auslöser für Nationalitätenkonflikte und irredentistische Forderungen anderer Nationalstaaten. Das ließ ein Bündel von Problemen entstehen, welche die Geschichte Europas in unheilvoller Weise belastet haben. War es letzten Endes nicht doch ein tragischer Irrtum, im multinationalen Staat nur eine politische Anomalie zu sehen?

Die enge nationalstaatliche Optik moderner Historiker vermochte nicht zu verdecken, daß das Nationalstaatsprinzip das Feld niemals allein beherrschte. Universalhistorisch gesehen stellen Nationalstaaten selbst im 19. und 20. Jahrhundert die Ausnahme, multinationale Staaten in der geschichtlichen Wirklichkeit dagegen eher die Regel dar. Auch im Europa der Gegenwart, nach einer seit zwei Jahrhunderten geführten Auseinandersetzung mit Fragen des Nationalismus und der Nation, nach Umsiedlungen und Vertreibungen nationaler Minderheiten, sind multinationale Staaten nicht verschwunden. Im »Zeitalter des Nationalstaats« gehören dort zum Typus des multinationalen Staates fraglos Belgien, Jugoslawien, die Schweiz und die Sowjetunion. Die west-

und südwesteuropäischen Regionalbewegungen weisen überdies deutlich darauf hin, daß die alten Nationalstaaten Europas im Grunde ebenfalls so etwas wie Vielvölkerstaaten sind. Ihr Selbstverständnis als national homogene, als »historische« Nationen war eine Täuschung.

Das Konzept der Staatsnation, auf dem die großen Staaten Westeuropas primär begründet sind, hat sich daher letztlich nur bedingt als tragfähig erwiesen. Anders formuliert: der anhaltende Prozeß des *Nation-Building* hat in diesen Staaten einen empfindlichen Rückschlag erlitten. Unterhalb der Ebene der Staatsnation haben sich dort sprachlich-kulturelle und ethnische Gemeinsamkeiten lebendig erhalten, die in den letzten Jahren zur Grundlage politischer Bewegungen unterschiedlicher Stärke wurden. Die These vom Verschwinden ethnisch bestimmter Konfliktlinien in der politisch begründeten Staatsnation wird damit empirisch widerlegt. Das individuelle Loyalitätsverhältnis, auf dem die Staatsnation beruht, ist wie auch alle anderen politischen und sozialen Strukturen dem Wandel unterworfen. Das tägliche Plebiszit im Sinne Renans bedeutet ja auch, daß die Bindung an eine Nation aufgekündigt werden kann. Die Betonung des subjektiven Faktors setzt den politischen Nationsbegriff aus diesem Grunde dem Vorwurf des Utilitarismus und Opportunismus aus. Zugehörigkeit zu einer Nation kann, so verstanden, theoretisch zu einer Frage des Nutzens, der Bequemlichkeit, der politischen Konformität werden. Aufgrund dieser Perspektive ist verschiedentlich die potentielle Überlegenheit des kulturellen Nationsbegriffs über den politischen Nationsbegriff behauptet worden, da der erstere auf objektiven Kriterien beruhe und folglich stabiler sei. Ob das zutrifft, mag dahingestellt bleiben.

In Großbritannien, Frankreich und Spanien ist jedenfalls die Hülle des zentralistischen Nationalstaats, die sich lange Zeit nach außen hin als so außerordentlich fest erwiesen hatte, aufgebrochen. Der Nationalstaat mit einer einheitlichen Staatsnation, so kann heute die Schlußfolgerung nur lauten, war selbst in der modernen Geschichte Europas immer nur theoretischer Entwurf. Er blieb Fiktion. »Der Nationalstaat«, schrieb schon 1916 Ignaz Seipel, der spätere Bundeskanzler der ersten österreichischen Republik, »scheint nur dazu gut zu sein, daß er angestrebt werde; selten läßt er sich für kurze Zeit verwirklichen, niemals auf die Dauer festhalten. Versucht er sich zu behaupten, so kann er es nur, indem er zu einem Imperialismus, der die Rechte der anderen Nationen leugnet, übergeht.«[27] Die nationalstaatliche Ideologie, selbst wenn sie auf den politischen Nationsbegriff abhebt, vermag innergesellschaftliche Bruchlinien, die zum Teil mit der durch historische Zufälligkeiten und gewaltsame Integrationsmaßnahmen geprägten Genese der Nationalstaaten zusammenhängen, offenbar nur zeitweilig zu überdecken. Über kurz oder lang folgt der Rückschlag. Ist also der »Nationalstaat« lediglich die ideale Konstruktion revolutionärer Denker, die sich in der politischen Praxis nicht verwirklichen läßt? Ist der Nationalstaat ein Mythos?

Das Fortbestehen multinationaler Staaten in Europa, unbeschadet der heftigen Agitation nationaler Bewegungen seit dem frühen 19. Jahrhundert, erinnert auch daran, daß die Nationalstaatsbildung in relativ vielen uns bekannten historischen Fällen sogar mißlungen ist. Wenn man sich das nicht seltene Scheitern des Nationalstaatsprinzips bzw. seine nur mangelhafte Durchsetzung vor Augen hält, verliert es wie der Nationalismus viel von seiner vermeintlich unwiderstehlichen Dynamik. Von der spezifischen politischen Konstellation hing es ab, daß z. B. der Nationalismus der Schotten und Waliser im 19. Jahrhundert nicht zum Nationalstaat führte. Ihr Nationalismus blieb gewissermaßen auf halbem Wege stecken, während die Iren, die ebenfalls dem Vereinigten Königreich angehörten, ihr Ziel nach jahrzehntelangen Auseinandersetzungen mit Großbritannien erreichten. Ebensowenig wie Schotten und Waliser gewannen Basken und Katalanen den eigenen Staat, obwohl ihr starkes Nationalbewußtsein seit dem späten 19. Jahrhundert unbestritten ist.[28] Auch Korsen und Bretonen blieb der eigene Staat bis heute verwehrt. Ob ein Eingehen der Zentralregierungen in London, Madrid und Paris auf bestimmte Forderungen der »unerfüllten« Nationalismen in den Randgebieten dieser Staaten, die meist euphemistisch als »Regionalismus« bezeichnet werden, die Lösung sein wird, muß die Zukunft zeigen. Die Zahl potentieller Nationen bzw. Nationalstaaten liegt selbst in Europa nach zwei Jahrhunderten Erfahrung mit dem Nationalismus nicht endgültig fest.

Die nationalstaatliche Ordnung Europas blieb jedoch in der Gestalt, in der sie sich nach dem Ersten Weltkrieg ausgebildet hatte, mit einigen wenigen Ausnahmen bis heute unverändert. Durch die expansive Politik der Achsenmächte Deutschland und Italien wurde sie in den dreißiger Jahren zeitweise gestört. Die von ihnen vorgenommenen Veränderungen der politischen Landkarte Europas wie etwa 1938 der Anschluß Österreichs und des Sudetenlandes an das nationalsozialistische Deutschland oder 1941 die Annexion Albaniens, Dalmatiens und Sloweniens durch Italien wurden 1945 von den Siegermächten wieder rückgängig gemacht. Diejenigen territorialen Veränderungen, die durch die auf der Grundlage des Hitler-Stalin-Paktes von 1939 begonnene Expansion der Sowjetunion nach Westen verursacht waren, blieben nach 1945 bestehen, so die sowjetische Annexion Ostpolens und der baltischen Staaten, die vor ihrer Unabhängigkeit zum Zarenreich gehört hatten, und die Annexion der Karpato-Ukraine, Bessarabiens und des nördlichen Teils von Ostpreußen am Ende des Zweiten Weltkrieges. An der generellen Feststellung, daß die nationalstaatliche Ordnung Europas fast unverändert geblieben ist, ändern auch der Zusammenbruch des Deutschen Reichs und die Teilung in zwei deutsche Staaten nichts.

5. Der Prozeß der Entkolonialisierung

Im ganzen gesehen hat das Nationalstaatsprinzip, das seinen Siegeszug in Europa 1918/19 vollendete, nicht zu dem Ergebnis geführt, das im 19. Jahrhundert idealistische Nationalisten von ihm erhofft hatten: Die nationalstaatliche Ordnung Europas leitete entgegen ihren hochgespannten Erwartungen keine Epoche der harmonischen Zusammenarbeit und der politischen Kooperation zwischen den sich nun selbst bestimmenden Nationen ein. Mazzinis »natürliche« Ordnung der Staatenwelt hatte den Frieden nicht gebracht. Oberster Bezugspunkt für das Denken und Handeln der Staatsmänner blieben Staat und Nation. Auch kam die Gründung von Nationalstaaten der Idee der bürgerlichen Freiheit nur im begrenzten Maße zugute. Das anfangs ersehnte, später oft leidenschaftlich geschmähte »Zeitalter des Nationalstaats« vermochte politische Rivalitäten und militärische Konflikte nicht aus der Welt zu schaffen. Das stellte sich schon im »Völkerfrühling« der Jahre 1848/49 nur allzu schnell heraus. Nach dem Urteil Lewis Namiers begann im »Völkerfrühling« entgegen den ganz andersartigen Erwartungen der »große europäische Krieg« (»the Great European War«) jeder Nation gegen ihre Nachbarn.[29] In vieler Hinsicht wird man angesichts der europäischen Geschichte in der ersten Hälfte des 20. Jahrhunderts sogar davon sprechen müssen, daß der Siegeszug des Nationalstaatsprinzips die Rivalitäten und Konflikte zwischen den europäischen Nationen eher noch verschärfte – sie in bis dahin unbekannte Dimensionen steigerte. Diese Erfahrung trug in erheblichem Maße dazu bei, daß sich der vielfach naive Glaube an die friedensstiftende nationalstaatliche Ordnung im zerstörten und geteilten Europa nach 1945 gründlich verflüchtigt hatte.

Aber das Nationalstaatsprinzip hatte seine welthistorische Wirkung damit noch keineswegs endgültig eingebüßt. Allerdings verlagerte sich der geographische Schauplatz seiner Wirksamkeit. In der sog. Dritten Welt erlebte das Nationalstaatsprinzip im Zuge der Auflösung der europäischen Kolonialreiche eine neue Blüte. Die Flut der Staatsgründungen, die sich nahezu ausnahmslos auf das nationalstaatliche Prinzip beriefen, erreichte dort nach 1945 ein Ausmaß, gegenüber dem selbst der Pluralismus der europäischen Staatenordnung, wie er sich seit dem frühen 19. Jahrhundert schrittweise herausgebildet hatte, verblaßte.

Vorläufer im welthistorischen Vorgang der Dekolonisation, die eine grundlegende staatliche Neuordnung der Welt einleitete, waren die weißen Dominions des britischen Empire. Kanada hatte schon sehr früh, 1867 durch den »British North America Act«, die Selbstverwaltung erlangt. Australien folgte 1901, Neuseeland 1907 und die Südafrikanische Union 1910. Die vier weißen Dominions hielten jedoch an der Bindung zur englischen Krone fest; bei der Gestaltung ihrer Außen- und Verteidigungspolitik blieb Großbritannien noch lange Zeit ein Mitspracherecht erhalten. Erst das Westminsterstatut von 1931 hob die letzten imperialen Kompetenzen des britischen Parlaments auf. Inwieweit die Dominions, allesamt britisch geprägte Auswandererkolonien, zum Zeitpunkt ihres Selbständigwerdens als Nationalstaaten im europäischen Sinne zu bezeichnen waren, ist außerordentlich schwer zu entscheiden. Die Südafrikanische Union mit ihren drei großen Bevölkerungsgruppen – den Afrikaans sprechenden Buren, den im 19. Jahrhundert eingewanderten Briten (»uitlanders«) und den Farbigen – war es sicher nicht. Zumindest die Buren betrachteten sich aber als Nation mit eigener Sprache und Kultur. Im Falle Australiens sieht der britische Historiker Hugh Seton-Watson die entscheidende Zäsur im Zweiten Weltkrieg. Erst nach der Bedrohung durch Japan und dem bald nach Kriegsende einsetzenden Einwandererstrom aus den

Ländern Kontinentaleuropas läßt sich nach seinem Befund ein australisches Nationalbewußtsein nachweisen.[30]

Zu den Wegbereitern der staatlichen Unabhängigkeitsbewegung in der Dritten Welt wird man auch die Mandatsregelung für die ehemaligen Kolonien des Deutschen Reiches und die arabischen Provinzen des Osmanischen Reiches zählen müssen. Diese Territorien wurden formal vom neugegründeten Völkerbund den europäischen Siegermächten England, Frankreich und Belgien sowie der Südafrikanischen Union, Australien und Neuseeland übergeben, und zwar mit der Auflage, ihre staatliche Unabhängigkeit durch geeignete Maßnahmen vorzubereiten. Die Frage, wann die Voraussetzungen für die Unabhängigkeit gegeben waren und wer sie feststellte, blieb offen. Nur Südwestafrika und die ehemals deutschen Kolonien im Pazifik sollten vom jeweiligen Mandatsträger als integrierter Bestandteil seines Staatsgebiets verwaltet werden. Im Prinzip stellte das Mandat ein Übergangsstadium dar. Der seit 1921 von Großbritannien als Mandatsmacht verwaltete Irak erlangte den Status eines souveränen Staates 1932, der Libanon und Syrien, die der Völkerbund der Mandatsmacht Frankreich zugewiesen hatte, wurden 1943 bzw. 1944 in die Unabhängigkeit entlassen, Jordanien folgte unter britischer Anleitung 1946 (vgl. Tabelle 2).

Tabelle 2: Staatsgründungen seit 1922 (jeweils Jahr der Unabhängigkeitserklärung)

1922	Ägypten
1932	Irak, Saudi-Arabien
1943	Libanon
1944	Syrien, Island
1946	Jordanien, Philippinen
1947	Indien, Pakistan
1948	Burma, Ceylon (Sri Lanka), Israel, Nordkorea, Südkorea
1949	Vietnam, Laos, Kambodscha, Indonesien, Deutsche Demokratische Republik, Bundesrepublik Deutschland
1951	Libyen
1956	Sudan, Marokko, Tunesien
1957	Ghana, Malaysia
1958	Guinea

1960 Kamerun, Senegal, Mali, Togo, Kongo (Zaire), Madagaskar, Somalia, Dahomey (Benin), Niger, Obervolta, Elfenbeinküste, Tschad, Zentralafrikanische Republik, Kongo (Brazzaville), Zypern, Gabun, Nigeria, Mauretanien
1961 Sierra Leone, Kuwait, Tanganyika (seit 1964: Tansania)
1962 Westsamoa, Burundi, Ruanda, Algerien, Jamaika, Trinidad und Tobago, Uganda
1963 Kenia, Singapur
1964 Malawi, Malta, Sambia
1965 Gambia, Malediven
1966 Guyana, Botswana, Lesotho, Barbados
1968 Nauru, Mauritius, Swasiland, Äquatorial-Guinea, Südjemen
1970 Fidschiinseln, Oman, Tonga
1971 Bahrain, Bangladesh, Katar, Vereinigte Arabische Emirate
1973 Bahamas
1974 Grenada, Guinea-Bissau, Mosambik
1975 Angola, Kapverdische Inseln, Papua-Neuguinea, São Tomé und Príncipe, Surinam, Komoren
1976 Seychellen
1977 Dschibuti
1978 Dominica, Salomonen, Tuvalu
1979 St. Lucia, St. Vincent
1980 Simbabwe, Vanuatu
1981 Belize, Antigua und Barbuda
1983 St. Kitts-Nevis
1984 Brunei

Was sich am Ende des Ersten Weltkrieges durch die Erklärungen des amerikanischen Präsidenten Woodrow Wilson (»Vierzehn Punkte«) und durch die von ihm propagierte Idee des Völkerbundes noch unscharf abgezeichnet hatte, setzte dann nach dem Zweiten Weltkrieg, der auch in Asien und Afrika ausgetragen worden war, mit aller Macht ein: die Auflösung der Kolonialreiche. Die kolonialen Imperien der europäischen Mächte in Südostasien waren während des Krieges teilweise von den Japanern besetzt gewesen. Die bedeutende materielle und personelle Unterstützung der Kolonialvölker hatte wesentlich zum Sieg der Alliierten über die

Achsenmächte beigetragen. Der Preis, den die europäischen Kolonialmächte für die Kriegsanstrengungen ihrer Kolonien zahlten, war ihr – wenn auch zögerndes und widerstrebendes – Eingehen auf die Forderungen der nationalen Bewegungen in den Kolonien. Deren Anfänge reichten wie z. B. in Britisch-Indien weit in das 19. Jahrhundert zurück. Die erste größere Welle der Entkolonialisierung erfaßte folglich auch den indischen Subkontinent, auf dem 1947/48 nach dem Abzug der Briten vier Staaten (Indische Union, Pakistan, Ceylon, Burma) entstanden. Vor allem die Grenzen zwischen Pakistan, aufgespalten in einen westlichen und einen östlichen Landesteil (das spätere Bangladesh), und Indien konnten dabei erst nach kriegerischen Auseinandersetzungen und umfangreichen Bevölkerungsverschiebungen festgelegt werden. Das Fürstentum Kaschmir wurde geteilt, wobei sowohl Pakistan als auch Indien Ansprüche auf den Besitz der ganzen Provinz erhoben. Im Jahre 1949 wurden große Gebiete Südostasiens aus französischer und niederländischer Kolonialherrschaft in die Unabhängigkeit entlassen, nachdem nationale Befreiungsbewegungen in diesen Ländern den Versuch einer Restauration kolonialer Herrschaft vereitelt hatten.

Seit 1956 griff die Unabhängigkeitsbewegung in der Dritten Welt auf den afrikanischen Kontinent über. Dort fanden nationale Befreiungsbewegungen wesentlich später als in Asien, in den meisten Fällen sogar erst seit dem Zweiten Weltkrieg, in größerem Umfang Unterstützung durch die Bevölkerung. Die arabischen Staaten Sudan, Marokko und Tunesien machten in Afrika im Prozeß der staatlichen Verselbständigung 1956 den Anfang. Ghana, die vormalige britische Kronkolonie Goldküste, wurde 1957 der erste unabhängige Staat Schwarzafrikas. 1960 schließlich wird mit Fug und Recht als »das Jahr Afrikas« bezeichnet. In diesen zwölf Monaten erhielten in einem sich beispiellos beschleunigenden Vorgang 17 afrikanische Staaten aus den Händen der europäischen Kolonialherren ihre staatliche Souveränität (s. Tabelle 2), die sich für sie und die Weltöffentlichkeit am augenfälligsten in ihrer Mitgliedschaft in den Vereinten Nationen niederschlug. Die Zahl der UNO-Mitglieder nahm in diesen Jahren geradezu sprunghaft zu. Kleine und kleinste koloniale Territorien, die bislang noch von den europäischen Mächten verwaltet wurden, beschritten den vorgezeichneten und offensichtlich durch nichts aufzuhaltenden Weg in die Unabhängigkeit, propagandistisch wirkungsvoll unterstützt von der UNO-Mehrheit junger Staaten. Die 1963 in Addis Abeba gegründete Organisation für Afrikanische Einheit (Organization of African Unity, OAU) zählte 1984 51 Mitgliedsstaaten. Es ist unschwer abzusehen, daß sich ihre Mitgliederzahl in den nächsten Jahren noch erhöhen wird.

Schon ein flüchtiger Blick auf die komplizierte politische Landkarte des Schwarzen Kontinents zeigt, wie berechtigt das Wort von der »Balkanisierung« Afrikas ist. Die heutigen Grenzen der afrikanischen Staaten gehen in den meisten Fällen auf die Willkür der Kolonialmächte zurück. Auf Stammeszusammenhänge, auf die ethnische oder die historisch gewachsene Zusammengehörigkeit von Bevölkerungsgruppen nahmen diese in der Regel keine Rücksicht. Mit gelegentlich entwaffnender Selbstverständlichkeit verstehen sich trotzdem große und kleine Staaten in Afrika, in ähnlicher Weise wie die Staaten Europas und Asiens, als Nationalstaaten. Aber zwischen Nationalstaatsanspruch und Nationalstaatswirklichkeit klafft in Afrika wie bei nahezu allen jungen Staaten in der Dritten Welt eine tiefe Kluft. Das *State-Building* haben sie in den meisten Fällen erfolgreich bewältigt, wenngleich oft nur mit der Hilfe von Einparteienherrschaft und Militärdiktatur. Aber das *Nation-Building* ist, selbst in Fällen mit dafür günstigen Voraussetzungen, noch nicht über erste Anfänge hinausgelangt. Die überwiegende Mehrzahl der jungen Staaten in der Dritten Welt sind Staaten ohne Nation, mithin keine Nationalstaaten im strengen Sinne der Definition. Der Begriff Nationalstaat bezeichnet daher nicht die Realität, sondern ein politisches Programm. Auf diese Problematik ist noch einzugehen.

6. Der Nationalstaat – ein Anachronismus?

Die fortbestehende nationalstaatliche Zersplitterung Europas, die immer noch wachsende Zahl mittlerer und kleiner Staaten überall in der Welt, deren politische und wirtschaftliche Überlebensfähigkeit nicht selten bezweifelt wird, die Willkür, mit der andrerseits sich als Nationen verstehenden Völkern oder sozialen Großgruppen wie den Basken oder den Kurden der eigene Staat verwehrt wird – alle diese Charakteristika der Völker- und Staatenwelt am Ausgang des 20. Jahrhunderts haben die Frage aufgeworfen, ob der überkommene Nationalstaat als Grundeinheit der Staatenordnung in Gegenwart und Zukunft noch die geeignete politische Organisationsform für die Menschheit ist und sein kann. Vermag der autonome Nationalstaat in seinen uns bekannten historischen Realisierungen heute und in Zukunft überhaupt das zu leisten, was seine Fürsprecher im 19., selbst noch im 20. Jahrhundert von ihm erwarteten? Ist die Faszination, die von ihm ausging und offenbar weiterhin ausgeht, nicht im Begriff zu verblassen? Haben ihn die weltpolitische Konstellation, globale wirtschaftliche Zwänge und die waffentechnische Entwicklung nicht schon längst obsolet werden lassen? Der Nationalstaat – ein Relikt der Geschichte?

Es ist sicher nicht zu bestreiten, daß die geistigen Wurzeln des Nationalstaats im Europa des späten 18. und des 19. Jahrhunderts zu suchen sind. Nationalismus, die Nation und der bürgerliche Liberalismus waren seine Väter. »Echte« Nationalstaaten blieben in der Folgezeit jedoch selbst in Europa die Ausnahme. Das anhaltende Bemühen, die Fiktion zu verwirklichen, hat dazu geführt, daß sich die Zahl der formal souveränen Staaten in der Welt seit dem 19. Jahrhundert um ein Vielfaches vermehrt hat. Unabhängig von ihrer territorialen Größe und Bevölkerungszahl, ihrem wirtschaftlichen oder militärischen Potential erkennt die Charta der Vereinten Nationen die »Sovereign Equality« ihrer Mitglieder in verbindlicher Weise an. Fraglos ist jedoch die oft bemühte Formel von der souveränen Gleichheit aller Staaten eher rechtliche Theorie als Widerspiegelung der politischen Wirklichkeit. In der Weltpolitik vermögen nur einige herausragende Mächte noch eine bestimmende und realiter unabhängige Stellung einzunehmen, wobei aber selbst im Falle der beiden Supermächte USA und Sowjetunion das Ausmaß ihres Entscheidungsfreiraums durchaus umstritten ist.

In der fortdauernden Verbindlichkeit des angeblich überholten Konzepts des Nationalstaats ist zweifellos einer der tieferen Gründe dafür zu suchen, daß alle Bestrebungen im Hinblick auf einen übernationalen Zusammenschluß staatlicher Einheiten auf scheinbar unüberwindliche Schwierigkeiten stoßen. In der Staatenwelt der Gegenwart läßt sich allenfalls eine Intensivierung regionaler Kooperation und die – meist unfreiwillige – Unterordnung von Staaten unter die politische, wirtschaftliche oder ideologische Hegemonie einer Weltmacht beobachten. Es wäre jedoch unzutreffend, angesichts dieser in unterschiedlich starker Weise ausgeprägten Tendenzen, die eine Minderung der nationalstaatlichen Souveränität beinhalten, bereits von einer Erosion oder gar von der Überwindung des Nationalstaatsgedankens zu reden.

In der politischen und wissenschaftlichen Diskussion fehlt es dessen ungeachtet nicht an Stimmen, die dem Nationalstaat Antiquiertheit bescheinigen und ihm die Legitimation als politische Organisationsform absprechen. Als Orientierungsrahmen des politischen und gesellschaftlichen Lebens sei er unzeitgemäß geworden. Nach den Erfahrungen der Weltkriege und der Pervertierung des nationalen Gedankens im totalitären Staat konstatierte der Historiker Hans Rothfels »angesichts der Dimensionen des Zeitgeschehens« schon 1953 die »Krise des Nationalstaats«, das heißt: seine »Fragwürdigkeit als eines allgemeinverbindlichen Ziels«.[31] Bereits unter dem Eindruck der damals eben erst beginnenden Dekolonisation in der Dritten Welt, vor allem aber mit Blick auf die Geschichte Ostmitteleuropas im 20. Jahrhundert bezeichnete Rothfels den souveränen Nationalstaat als »eine überholte, ja eine reaktionäre Lebensform«, weil sie zu einer »Zerreißung wirtschaftlicher und kultureller Zusammenhänge und zu nationalistischen Exzessen« geführt hat.[32] Nun gehe es darum, andere Formen des menschlichen Zusammenlebens zu entwickeln, und zwar Formen, die den Nationalstaat ersetzten oder an ihm vorbeiführten. Rufe man sich die Zeitgebundenheit der Begriffe Nation und Nationalstaat in Erinnerung, werde der Weg frei für Entwicklungen, die über den Nationalstaat und seinen Totalitätsanspruch an den einzelnen hinauswiesen. Die Zurückführung des Denkens in nationalen Kategorien auf ein vernünftiges Maß schaffe in Europa und anderswo in der Welt Platz für föderalistische und autonomistische Regelungen im Zusammenleben der Nationen und Nationalitäten, wie sie im angelsächsischen Bereich schon seit langem mit großem Erfolg praktiziert würden.

In sehr ähnlicher Weise wie Rothfels hat der Staatsrechtler Ulrich Scheuner auf die Verwurzelung des Nationalstaats in der Geschichte Europas seit der Französischen Revolution abgehoben und auf sein Selbstverständnis, das entscheidend vom Bewußtsein der kulturellen Eigenart jeder Nation und von geschichtlich untermauerten territorialen Aspirationen bestimmt ist. Außerhalb Europas sei die Nationalstaatsidee nicht verankert. Der Nationalstaat besitze dort allenfalls die Bedeutung eines in die Zukunft weisenden Prinzips, das »unter anderen Bedingungen zustandegekommene Staatsbildungen zu fundieren sucht«.[33] Wie Rothfels erblickte auch Scheuner im Nationalstaat europäischer Provenienz eine überholte, weil zeitgebundene Erscheinung. Allein auf den erklärten Willen der Alliierten sei es zurückzuführen, daß die nationalstaatliche Ordnung Europas nach dem Zweiten Weltkrieg eine unverdiente Restauration erfahren hat. Die Geltung des Nationalstaatsprinzips werde jedoch angesichts der Notwendigkeit einer »überwölbenden internationalen Ordnung« in Zukunft immer mehr zurückgedrängt.[34]

Gegenüber solchen Positionen, wie sie Rothfels und Scheuner vertreten, mangelt es freilich auch nicht an Stimmen, die dem Nationalstaat weiterhin eine wichtige Funktion im Zusammenleben der Menschheit einzuräumen bereit sind. Verteidiger des Nationalstaatsprinzips machen zu Recht geltend, daß sich ein überzeugender Ersatz für die weithin nationalstaatlich geprägte Weltordnung bislang noch nicht gefunden hat. So kann auf die Frage, ob der Nationalstaat noch eine zeitgemäße politische Einheit sei, letztlich nur eine differenzierende Antwort gegeben werden. Richtig ist zweifellos, daß die Verdichtung der Kommunikationsstrukturen und die Durchsetzung eines Systems der Weltwirtschaft die nationalstaatlichen Grenzen durchlässiger und überwindbarer gemacht haben als jemals zuvor. Im ausgehenden 20. Jahrhundert ist, zumindest in Ansätzen, so etwas wie eine transnationale Gesellschaft entstanden, welche die politische, wirtschaftliche, kulturelle und militärische Autarkie des Nationalstaats – falls es diese in der Vergangenheit überhaupt je gab – weitgehend aufgelöst hat.

Auf wirtschaftlichem Gebiet gestattet die Internationalisierung, eine Folge des freieren Güter- und Kapitalverkehrs, dem Nationalstaat allenfalls noch periphere Steuerungseingriffe. Internationale Organisationen wie die Vereinten Nationen oder die Europäische Gemeinschaft übernehmen Aufgaben, die bislang im wesentlichen der einzelne Staat wahrgenommen hatte. Die Schaffung internationaler Organisationen ist die Reaktion auf Bedürfnisse, deren Befriedigung den Rahmen der nationalstaatlichen Möglichkeiten sprengen würde. Wirtschaftskrisen oder Umweltbelastungen machen im fortgeschrittenen Industriezeitalter nicht vor Staatsgrenzen halt. Der einzelne Bürger vermag das unschwer zu erkennen. Und daß angesichts der heutigen Waffentechnik, der globalen atomaren Bedrohung, kaum mehr ein Staat der Erde in der Lage sein dürfte, seine Grenzen ohne weiträumig angelegte Verteidigungssysteme auch nur notdürftig abzusichern, gehört zur Alltagserfahrung der internationalen Politik.

Man darf sich jedoch nicht darüber täuschen, daß der Nationalstaat noch immer wesentliche Aufgaben des politischen und gesellschaftlichen Lebens erfüllt, ungeachtet aller Ansätze seit dem Zweiten Weltkrieg, zu einer supranationalen Kooperation zumindest auf bestimmten Gebieten und auf regionaler Ebene zu gelangen. Für das Individuum ist der Nationalstaat im Grunde weiterhin der Bezugspunkt der wirtschaftlich-sozialen Entwicklung. Dem Nationalstaat sind weiterhin die Wahrung des inneren und des sozialen Friedens und die Durchsetzung des Rechts anvertraut. Der Nationalstaat als Rahmen für die politische, rechtliche und soziale Grundordnung greift tief in das Leben seiner Bürger ein. Nach dem Urteil von Karl W. Deutsch bietet der Nationalstaat den »meisten seiner Mitglieder ein stärkeres Gefühl an Sicherheit, Zugehörigkeit, Verbindlichkeit und sogar an persönlicher Identität, als jede andere größere alternative Gruppe es vermag«. Deutsch fährt fort: »Je größer das Bedürfnis der Bevölkerung für eine derartige Verbindlichkeit und Identität unter den Zwängen und Krisen der sozialen Mobilisierung und Entfremdung von einer vertrauten Umwelt ist, um so größer wird die potentielle Macht des Nationalstaates, deren Sehnsüchte und Widerstände zu kanalisieren und deren Haß und Liebe zu dirigieren.« Aus diesem Grunde seien auch nach 1945 die Nationalstaaten stärker und zahlreicher geworden und internationale Organisationen »trotz ihres beeindruckenden Wachstums viel schwächer geblieben«.[35]

Das Dilemma ist somit hinreichend bekannt: In der Welt von heute ist das Interesse der Nationalstaaten, ihre Souveränität und ihre territoriale Integrität ungeschmälert zu wahren, unverkennbar, auch wenn sie sich zu größeren Gemeinschaften wirtschaftlicher, ideologischer und politischer Art zusammenschließen, um zu überleben. Prognosen, die dem Nationalstaat nach dem Zweiten Weltkrieg die »Totenglocke läuteten«, wurden allesamt widerlegt. Die Menschen können, scheint es, ohne den »Nationalstaat« und seine Ideologie nicht existieren. Das trifft auf Europa ebenso zu wie auf Amerika, Asien oder Afrika. Gerade die Erfahrung mit den jungen Staaten in der Dritten Welt bestätigt die Vermutung, daß der Nationalstaat als eine anscheinend notwendige Entwicklungsstufe staatlicher Gebilde angesehen werden muß. Ob der Nationalstaat de facto noch in der Lage ist, die von ihm erwarteten Funktionen wahrzunehmen, muß jedoch bezweifelt werden.

Festzuhalten bleibt, daß die auf das Wunschbild der sprachlich-kulturell und ethnisch homogenen Nation bezogene staatliche Einheit das friedlichere Zusammenleben der Völker nicht gefördert hat. Eher trifft das Gegenteil zu. Die möglichen Konfliktfälle haben sich durch die Emanzipation fast aller Völker der Welt in formell unabhängigen Staaten sogar vermehrt. Innerstaatliche Spannungsmomente sind durch die Entstehung einer Vielzahl kleiner Nationalstaaten auf die Ebene von Staatenauseinandersetzungen gehoben worden.[36] Für die Lösung übergreifender Probleme, deren Zahl und Bedeutung rasch zunimmt, hat sich zudem der Rahmen des Nationalstaats als zu eng erwiesen.

Der überkommene Nationalstaat, der den Anforderungen der Zeit nicht mehr gewachsen ist, muß daher in mancher Hinsicht als Anachronismus gelten. Das heißt jedoch weder, daß seine radikale Abschaffung anzustreben ist, noch, daß der wirtschaftliche und politische Zusammenschluß von Staaten die Preisgabe nationaler Vielfalt bedeuten muß. Die Alternative jetzt und in der näheren Zukunft läßt sich gewiß nicht auf die einfache Formel bringen: uneingeschränkte Bejahung des Nationalstaats in der hergebrachten Form und Funktion oder schnelle Überwindung des überlebten Nationalstaats durch supranationale Institutionen. Ein Mittelweg, der sich aber kaum präzise beschreiben läßt, ist denkbar: Wenn der Nationalstaat auf bestimmte, ihm zugefallene Aufgaben sukzessive verzichtet und sie an supranationale Institutionen überträgt, würde für ihn die Grundlage geschaffen, um in gewandelter Gestalt und mit neu definierten Funktionen als Bestandteil einer neuen Weltordnung weiterzubestehen.

V. Renaissance des Nationalismus?

1. Nation und Nationalismus im Nachkriegseuropa

Die Krise des Nationalstaates kann, zumindest was Europa angeht, als eines der bemerkenswertesten Indizien dafür gewertet werden, daß der Anspruch der Nation auf Loyalität nach 1945 relativiert worden ist. Die Legitimität der nationalen Ideologie war nachhaltig erschüttert. »Das Gefühl, daß wir in Europa am Ende einer Epoche stehen, ist allgemein«, konstatierte Eugen Lemberg 1950 in der ersten großen Gesamtdeutung des Nationalismus, die nach dem Kriege in deutscher Sprache erschienen ist. Unter dem unmittelbaren Eindruck des Erlebten beabsichtigte er eine Analyse und Einsicht in »eines der unheimlichsten Rätsel unserer Zeit«.[1]

Das negative Urteil Lord Actons über den Nationalismus und den Nationalstaat, das die Zeitgenossen des Risorgimento-Nationalismus noch als unzeitgemäß abgetan hatten, erschien vor allem den Westeuropäern nun in einem neuen Licht. Die Europäer, die Zeugen nationalistischer Exzesse unvorstellbaren Ausmaßes geworden waren, hatten allem Anschein nach ein ausgewogenes Verhältnis zum Nationalismus gewonnen, ohne ihm in ihrer Mehrheit schon als einer vermeintlich überholten Ideologie völlig abzuschwören. Aber Relativierung des Nationalismus bedeutet nicht bereits Aufgabe der nationalen Identität. Für die Erscheinungsform des »normalen«, als legitim akzeptierten Nationalismus, der sich vom Risorgimento- wie vom integralen Nationalismus unterscheidet, fehlt bislang noch ein treffender Begriff. Im populären Sprachgebrauch wird diese Form des Nationalismus, die in Westeuropa heute die Norm ist, häufig als »gesunder Nationalismus« oder als »gesundes Nationalbewußtsein« bezeichnet. Der Vertreter eines solchen Nationalismus beurteilt die Nation und die nationalen Ziele weder als sekundär gegenüber anderen Werten und Zielen, noch betrachtet er sie als ausschließliche Richtlinie für sein Denken und Handeln. Neben dem Wertsystem des Nationalismus stehen für ihn andere Werte der Religion, der Humanität, der Wahrheit. Der Begriff »gemäßigter Nationalismus« vermag vielleicht am ehesten das Charakteristische dieses Typus von Nationalismus zu erfassen.

Die okkupierten und annektierten Staaten Europas waren nach Kriegsende restauriert worden. Auch wenn dies nach außen hin wie ein direktes Anknüpfen an die Staatenwelt von 1918/19 erscheinen mochte, hatte sich doch insbesondere in Westeuropa die Überzeugung durchgesetzt, daß die nationalstaatlichen Souveränitäten im alten Sinne gegenüber einer stärkeren internationalen Verflechtung zurücktreten müßten. Das gemeinsame Schicksal unter der nationalsozialistischen Diktatur, die fast den ganzen Kontinent beherrscht hatte, Zerstörung und Verwüstung hatten dem Gedanken eines europäischen Zusammenschlusses starken Auftrieb gegeben. Wichtige Anstöße dafür waren noch in den Kriegsjahren von den Widerstandsbewegungen in verschiedenen europäischen Ländern ausgegangen. Die Furcht vor dem Kommunismus und der expansiven sowjetischen Macht, der zuletzt im Februar 1948 die Tschechoslowakei zum Opfer gefallen war, tat ein übriges, um den Boden für eine westeuropäische Integrationspolitik zu bereiten. Ihre großen Linien und Perspektiven wurden seit 1950 entworfen (Schuman-Plan 1951, Gründung der Montanunion 1952). Fernziel der westeuropäischen Einigungspolitik, die zunächst als Kernländer nur Frankreich, Italien, die Beneluxstaaten und die 1949 aus der Erbmasse des Deutschen Reiches hervorgegangene Bundesrepublik einbezog, war ein übernationales Vereinigtes Europa. Von seiner Wünschbarkeit, ja seiner Notwendigkeit hatte Winston Churchill schon in seiner Züricher Rede vom 19. September 1946 gesprochen. Inwieweit und ob überhaupt dieses projektierte Europa auch die ostmittel- und südosteuropäischen Staaten im sowjetischen Einflußbereich einmal umfassen sollte, blieb offen.

Die Strukturveränderungen der Weltwirtschaft und die lange Phase der Hochkonjunktur nach dem Zweiten Weltkrieg haben in den europäischen Industriestaaten ebenfalls zu einer Abschwächung des Nationalismus beigetragen. Nationalistische Reaktionen auf den »kapitalistischen Internationalismus«, wie er uns etwa in der zunehmenden Bedeutung multinationaler Konzerne begegnet, sind zwar nicht ausgeblieben, aber seinen Vormarsch haben sie allenfalls verlangsamen können. Die günstige wirtschaftliche Entwicklung hatte in den am stärksten prosperierenden Gesellschaften, etwa in der Bundesrepublik Deutschland, dazu geführt, daß sich die Kämpfe um die Verteilung des Sozialprodukts erheblich entschärften und entideologisierten. Das bedeutete einen entscheidenden Unterschied im Vergleich zur Zeit nach dem Ersten Weltkrieg. Die allgemeine Prosperität der Nachkriegsjahre ging z. B. in der Bundesrepublik unter der Devise »Wohlstand für alle« (Ludwig Erhard) mit der Integration der Arbeiterschaft in das gesellschaftliche und politische System einher. Sie nahm der Mittelschicht die tiefsitzenden Ängste vor einem sozialen Abstieg, die sie in den Krisenjahren nach 1929 für den Nationalsozialismus so anfällig gemacht hatten.[2]

Rückblickend waren die Bemühungen um eine wirtschaftliche und letztlich auch politische Integration der westeuropäischen Staaten, die nach den großen Fortschritten in den fünfziger und sechziger Jahren inzwischen allerdings ihre anfängliche Dynamik eingebüßt haben, das sichtbarste Ergebnis der gewandelten Haltung der Europäer zum Nationalismus. Der irredentistische Nationalismus, der in der Geschichte Europas seit dem späten 19. Jahrhundert und vor allem in der Zwischenkriegszeit eine so brisante Rolle gespielt hat, war nach 1945 zu einer Ausnahmeerscheinung geworden. Das hing zu einem guten Teil damit zusammen, daß die Nationalitätenprobleme in Ostmitteleuropa während und nach dem Kriege durch gewaltsame Vertreibungen und Umsiedlungen zwar nicht vollständig beseitigt, aber doch vereinfacht worden sind. Die meisten west- und osteuropäischen Staaten wurden zudem in die großen Bündnissysteme der Supermächte einbezogen, die irredentistischen Forderungen aus übergeordneten politischen Gesichtspunkten nur wenig Raum gewährten.

Im Westeuropa der Nachkriegsjahre hat lange Zeit nur die Republik Irland irredentistische Ansprüche auf den Nordostteil der Insel erhoben, der 1921/22 bei der Selbständigkeitswerdung Südirlands unter dem Namen Nordirland beim Vereinigten Königreich verblieben war. Die südirischen Ansprüche, denen sich die Bevölkerungsmehrheit in Nordirland mit aller Entschiedenheit widersetzt, gründen auf der Vorstellung, daß sich die geographische Einheit Irlands mit seiner nationalen decken müsse. Es ist jedoch nicht zu übersehen, daß die Dubliner Regierung in den letzten Jahren von dem Verlangen nach der »Wiedervereinigung« Irlands abzurücken scheint. Über den konkreten Ablauf einer solchen Vereinigung wurden im Süden seit jeher kaum Vorstellungen bekannt. Die Einsicht in die Notwendigkeit, die Beilegung des fortdauernden Nordirlandkonflikts in einem größeren Rahmen und auf neuen

Wegen anzustreben und dabei auf die Denkkategorien des 19. Jahrhunderts zu verzichten, gewinnt in Dublin und London zunehmend an Bedeutung.[3]

Der angebliche Revisionismus und Revanchismus der Bundesrepublik, der auf die Rückgewinnung der deutschen Ostgebiete jenseits von Oder und Neiße zielt, war spätestens seit den sechziger Jahren eine aufgebauschte These aus dem Arsenal der sowjetischen Propaganda. Ihr fiel und ihr fällt auch heute noch gelegentlich die Aufgabe zu, den sowjetischen Einflußbereich in Ostmitteleuropa quasi als negatives Bindemittel zu integrieren und den Bestrebungen der dort lebenden Völker nach größerer nationaler Eigenständigkeit entgegenzuwirken.

Im Gegensatz zu den ursprünglichen Hoffnungen und Plänen hat jedoch die westeuropäische Einigungspolitik bislang nichts daran geändert, daß die nationalstaatliche Grundstruktur Europas erhalten geblieben ist und damit ein Staatenpluralismus, der hier tiefere Wurzeln besitzt als irgendwo sonst auf der Welt. Das westliche Europa steht Mitte der achtziger Jahre weiter davon entfernt, seine politische Einheit zu finden, als dies für die europäischen Politiker der ersten Stunde wie Robert Schuman, Jean Monnet, Alcide de Gasperi, Konrad Adenauer oder Paul Henri Spaak den Anschein hatte. Die Europabegeisterung vom Anfang der fünfziger Jahre ist weitgehend verflogen. Seit das Gefühl unmittelbarer Bedrohung durch den Kommunismus sowjetischer Prägung nachgelassen hat, erlebte der Nationalismus selbst bei Mitgliedsstaaten der Europäischen Gemeinschaft eine begrenzte Renaissance – begrenzt deshalb, weil »jene Exklusivität der Identifikation mit der Nation, wie sie den Nationalismus kennzeichnet«, in Westeuropa endgültig der Vergangenheit angehört.[4] Widerstände gegen die Beschränkung der nationalstaatlichen Souveränitäten und nationaler Egoismus bei der Lösung anstehender wirtschaftlicher und sozialer Probleme sind maßgebliche Gründe für die Stagnation des europäischen Einigungsprozesses. Frankreich stand bei solchen Rückfällen in nationalistisches Denken allzu häufig in vorderster Front. Während der Ära de Gaulle in den sechziger Jahren erfüllte die Politik der starren Souveränitätsbehauptung und des nationalen Prestiges nicht zuletzt die Funktion, der französischen Nation den Verlust des ausgedehnten Kolonialreiches in Asien und Afrika zu erleichtern und die starken sozialen und regionalen Gegensätze des Landes zu überdecken.

Ungeachtet aller berechtigten Kritik am Fortgang und Stand der europäischen Integration, an der Verwaltungsroutine der Brüsseler Kommission und der allzuoft auf das nationale Interesse ausgerichteten Politik ihrer Mitgliedsstaaten hat die Europäische Gemeinschaft jedoch eine Zusammenarbeit der westeuropäischen Staaten zustande gebracht, wie es sie in dieser Form in der neueren Geschichte des Kontinents nie zuvor gegeben hat. Sie brachte dem einzelnen Bürger in den EG-Staaten nicht nur wirtschaftliche Vorteile, sondern auch handfeste praktische Erleichterungen, etwa im Reiseverkehr oder bei der Wahl des Arbeitsplatzes und des Wohnortes. Die abgegrenzten nationalstaatlichen Räume haben ihre isolierende Wirkung weitgehend eingebüßt. Das wird inzwischen vor allem von der jüngeren Generation, die das »alte Europa« nationaler Antagonismen und kriegerischer Konflikte nur noch aus dem Geschichtsunterricht kennt, als selbstverständlich hingenommen. Ein Blick auf die Verhältnisse in anderen Teilen der Welt, in Osteuropa, Asien oder Afrika macht den Kontrast besonders deutlich.

Nationalistische Strömungen besitzen in den einzelnen EG-Staaten heute ein unterschiedliches Gewicht. Von einem Wiederaufleben des Nationalismus in der Bundesrepublik zu sprechen, wie es manche Publizisten gelegentlich etwas voreilig tun, wäre allerdings eine unzulässige Akzentuierung politischer Entwicklungen seit dem Ende der siebziger Jahre. Es war begreiflich genug, daß sich die Deutschen nach der beispiellosen Katastrophe ihrer jüngsten Geschichte, nach dem Zerbrechen ihres erst 1871 gewonnenen Nationalstaates von überkommenen nationalistischen Vorstellungen weiter entfernt hatten als andere europäische Völker. Ein antinationaler Affekt war für die westdeutsche Gesellschaft lange Zeit bestimmend. Die Teilung der Nation kompensierte sie mit der entschlossenen Hinwendung zu Europa als einer Art Ersatznation, an die Stelle der nationalen Ideologie setzte sie die Idee der europäischen Einigung. Mit dieser entschiedenen Umorientierung ihres politischen Denkens und Handelns standen die Deutschen den Nachbarn in den Beneluxstaaten nur wenig nach.

Wenn man einmal von den obskuren Randgruppen der radikalen Rechten und den nur kurzfristig politisch relevanten Parteien vom Schlage der »Nationaldemokratischen Partei Deutschlands« (NPD) absieht, hat sich in der Bundesrepublik seit ihrer Gründung bislang keine organisierte nationalistische Strömung mit Massenzulauf entwickeln können. Das ist gerade deshalb so bemerkenswert, weil der Verlust der Ostgebiete und die Teilung Deutschlands ihr durchaus Auftrieb hätten geben können. Die Millionenzahl der Vertriebenen und Flüchtlinge aus den ehemaligen deutschen Ostgebieten, aus verschiedenen osteuropäischen Staaten und der DDR hätte für eine nationalistische Massenbewegung ein gewaltiges Potential darstellen können. Die wirtschaftliche, soziale und politische Integration dieser Menschen in die Gesellschaft der Bundesrepublik, die durch den wirtschaftlichen Aufschwung und die langandauernde Konjunktur der Nachkriegsjahre zweifellos begünstigt wurde, stellt daher eine der größten Leistungen der zweiten deutschen Demokratie dar.

Wenn trotzdem seit einigen Jahren pointiert von einem neuen deutschen Nationalismus gesprochen wird, ist das bis zu einem gewissen Grade ein Reflex auf das neubelebte Interesse an der nationalen Frage in Deutschland. Die Zahl der Bücher und Untersuchungen zu diesem lange Zeit ignorierten Thema ist seit etwa 1978 sprunghaft angestiegen.[5] Die Frage nach der »Identität der Deutschen«[6], nach ihrem politischen Bewußtsein wird in dem Maße wieder stärker diskutiert, in dem sich die Bundesrepublik als Staat konsolidiert und den Charakter des Provisoriums abgestreift hat. Das war spätestens seit dem Grundlagenvertrag mit der DDR vom Dezember 1972 der Fall. Daß in der Bundesrepublik wie auch in der DDR während der nunmehr fast vier Jahrzehnte andauernden Teilung Deutschlands ein Staatsbewußtsein entstanden ist, wird von Historikern und Politologen kaum mehr bestritten. Es orientiert sich am politischen System und der sozialen Ordnung des jeweiligen Teilstaates, wie sie sich als Resultat des verlorenen Krieges, der Besetzung und dann des Kalten Krieges herausbildeten. Die These, in den beiden Teilstaaten auf dem Boden des untergegangenen Deutschen Reiches habe sich mittlerweile jeweils ein eigenes Nationalbewußtsein entwickelt, ist jedoch überzogen und letzten Endes auch unzutreffend.[7] Sie setzt voraus, daß in den beiden Teilen Deutschlands seit Kriegsende zwei Nationen entstanden sind. Zu entscheiden wäre dann auch die Frage, welches Nationalbewußtsein die Westberliner haben.

Im Anschluß an die Terminologie Meineckes wird man trotz aller notwendigen Einschränkungen vorläufig am Fortbestehen einer deutschen Kulturnation festhalten können. Es ist derzeit noch offen, ob die beiden deutschen Teilstaaten die Integrationskraft zur Ausbildung von zwei Staatsnationen haben werden, die sich anhand unterschiedlicher Kriterien legitimieren und identifizieren. Die Möglichkeit ist jedenfalls nicht grundsätzlich auszuschließen.[8] Die Führung der DDR, die so gern die neue »sozialistische deutsche Nation« innerhalb ihrer Grenzen beschwört[9], müßte sich spätestens dann mit der Antwort auseinandersetzen, die Renan auf die Frage »Was ist eine Nation?« gab: eine tägliche Volksabstimmung.

Umstritten ist weiterhin das Problem, ob es neben dem bundesrepublikanischen Staatsbewußtsein und dem Staatsbewußtsein der DDR-Bevölkerung noch ein gesamtdeutsches Gemeinschaftsbewußtsein, ein deutsches Nationalbewußtsein gibt. Der Politologe Eberhard Schulz bejaht die Frage[10], ebenso der Historiker Andreas Hillgruber, der jedoch einschränkend bemerkt, daß die Erinnerung an die Staatsnation, wie sie aus der kleindeutschen Lösung von 1866/71 entstand, in der Bevölkerung der DDR ungeachtet aller gegenteiligen Bemühungen der SED weitaus lebendiger ist als in der Bundesrepublik.[11] Die Erinnerung an die ehemalige deutsche »Schicksalsgemeinschaft« (Otto Bauer) in der Gestalt des Bismarck-Reiches verblaßt aber nicht nur bei der jüngeren Generation. Die Zeit »arbeitet« nicht für die nationale Einheit Deutschlands. Die Ergebnisse demoskopischer Umfragen, die über die Einstellung der Bevölkerung Auskunft geben könnten, sind widersprüchlich. Auf die Frage: »Was halten Sie für die wichtigste Frage, mit der man sich allgemein beschäftigen sollte?« gab im November 1983 in der Bundesrepublik praktisch keiner der Angesprochenen mehr die Antwort: »die Wiedervereinigung«. Auf die gleichzeitig gestellte Frage, ob der Satz »Das gesamte deutsche Volk bleibt aufgefordert, in freier Selbstbestimmung die Einheit und Freiheit Deutschlands zu vollenden« weiterhin in der Präambel des Grundgesetzes stehen oder gestrichen werden sollte, antworteten 79% der Befragten »Soll weiter im Grundgesetz stehen«.[12] Die Aussicht auf die Wiederherstellung eines gesamtdeutschen Nationalstaates mit friedlichen Mitteln, wie sie das Bonner Grundgesetz verlangt, ist jedoch verschwindend gering. Sie liegt weder im Interesse der Sowjetunion und der osteuropäischen Völker noch im Interesse der Westmächte, und gegen ihren gemeinsamen Widerstand wird sie sich nicht durchsetzen lassen. Die Erfahrung, die Europa seit 1871 mit dem Deutschen Reich gemacht hat, war denkbar schlecht.

Angesichts der gegenwärtigen weltpolitischen Konstellation und im Rückblick auf die deutsche Geschichte seit dem späten 19. Jahrhundert stellt sich für jede westdeutsche Regierung und alle Parteien des Bundestages die Frage nach dem Sinn und Nutzen einer Politik, die auf die Restauration einer vergangenen Staatlichkeit gerichtet ist. Kann das kleindeutsche Reich Bismarcks, das den Ersten Weltkrieg mit relativ geringfügigen territorialen Einbußen überstanden hatte, weiterhin als Bezugsgröße des deutschen Nationsverständnisses uneingeschränkt tauglich sein? Wie empfindlich die europäischen Nachbarn der Bundesrepublik auf die Forderung nach der politischen Einheit der Deutschen reagieren, wurde deutlich, als die Friedensbewegung und Teile der SPD seit Anfang der achtziger Jahre die Westbindung der Bundesrepublik in Frage stellten und sie mit dem Problem der nationalstaatlichen Wiedervereinigung verknüpften. Der Ruf nach mehr »Freiheitsraum nach Osten und Westen für die deutsche Politik« (Egon Bahr) ließ bei ihnen sofort den Verdacht eines neuen deutschen Nationalismus aufkommen, nun aber eines »Nationalismus von links« mit neutralistischen Zielen.[13] Ob eine am verlorenen Nationalstaat orientierte deutsche Politik mit antiwestlicher Intention in der Bevölkerung der Bundesrepublik einen breiteren Rückhalt zu gewinnen vermag, muß die Zukunft erweisen. Die Wahrscheinlichkeit dafür ist gering. Die wiederaufgelebte Debatte um die »deutsche Frage« beweist jedoch, daß das Problem der territorialen und nationalen Organisation, das Problem der politisch-gesellschaftlichen Verfassung des mitteleuropäischen Siedlungsraums der Deutschen noch längst nicht der Geschichte angehört.

Der kursorische Überblick über zeitgenössische Erscheinungsformen des Nationalismus in Europa wäre unvollständig ohne den Hinweis auf die nationalen Fragen Jugoslawiens, eines Vielvölkerstaates mit innenpolitischen Problemen von der Art, wie sie die letzten Jahrzehnte der österreich-ungarischen Doppelmonarchie bestimmten. Jugoslawien ist im heutigen Europa in mancher Hinsicht ein Sonderfall. Klassische Nationalitätenkonflikte, die Existenz von vier Religionen (der römisch-katholischen, griechisch-orthodoxen, islamischen und protestantischen), zwei Schriften (lateinisch und kyrillisch) und mehreren Sprachen führen hier immer wieder zu Krisen und stellen die Existenz des Gesamtstaates latent in Frage. Dabei glaubten die jugoslawischen Kommunisten in den ersten Nachkriegsjahren, die hinlänglich bekannten Nationalitätenkonflikte des 1918 entstandenen Königreichs der Serben,

Kroaten und Slowenen überwunden zu haben. In einer Rede über »Nationalismus und Internationalismus« stellte Josip Broz Tito Ende 1948 fest, daß die nationale Frage in der Föderativen Volksrepublik (seit 1963: Sozialistische Föderative Republik) Jugoslawien gelöst sei, und zwar »zur allseitigen Zufriedenheit unserer Nationen«.[14] Die Grundlage dafür sei im Volksbefreiungskrieg 1941–45 gegen die deutsche Besatzung, der unter der Parole »Brüderlichkeit und Einheit« geführt worden war, gelegt worden. Aber schon zu Lebzeiten des charismatischen jugoslawischen Staatschefs ließ sich unschwer beobachten, daß Titos Behauptung von 1948 eher einem Wunschdenken entsprang und der politischen Realität kaum gerecht wurde. Sie war damals Ausdruck eines politischen Programms, das bis heute offizielle jugoslawische Staatsdoktrin geblieben ist. Ein gesamtjugoslawisches Gemeinschaftsgefühl, dessen geistige Wurzeln sich auf den Jugoslawismus seit Mitte des 19. Jahrhunderts zurückführen lassen, entwickelte sich in der Folgezeit offenbar nur an der Oberfläche. Seine Förderer waren die Führungsschichten des Staates, besonders die höheren Funktionäre der Kommunistischen Partei.

Seit den sechziger Jahren befindet sich der auf den Gesamtstaat bezogene sozialistische »Jugoslawismus« im Gefolge einer vorsichtigen Liberalisierung des politischen Systems allem Anschein nach wieder in der Defensive. Der partikulare Nationalismus der Völker und Nationalitäten Jugoslawiens – der Begriff Minderheiten wird im offiziellen Sprachgebrauch vermieden – erweist sich scheinbar als dauerhafter und möglicherweise auch als stärker. Nahrung finden die nationalen Konflikte, in denen häufig vergessene historische Spannungen unerwartet wieder die politische Szene beherrschen, in der außerordentlich komplizierten ethnischen Vielfalt auf dem Territorium des jugoslawischen Staates. Sie macht einige der sechs Teilrepubliken wie etwa Mazedonien oder Bosnien-Herzegowina zu Vielvölkerstaaten *en miniature*. Auseinandersetzungen ergeben sich auch immer wieder aus dem empfindlichen Verhältnis zwischen Verwaltungszentralismus und Autonomiestreben im Gesamtstaat und aus der dominierenden Stellung der Serben, deren Anteil an der Bevölkerung Jugoslawiens bei 40% liegt (Tab. 3).[15] Das traditionelle wirtschaftliche Entwicklungsgefälle Jugoslawiens von Nord nach Süd verursacht darüber hinaus erhebliche politische Probleme, die sich in Spannungen zwischen den Teilrepubliken niederschlagen.

Tabelle 3: Ethnische Zugehörigkeit der Bevölkerung Jugoslawiens 1971 (in Prozent)

Serben	39,7	Albaner	6,4
Kroaten	22,1	Mazedonier	5,8
Muslims	8,4	Montenegriner	2,5
Slowenen	8,2	Ungarn	2,3

Die Vertreter des nationalen Partikularismus in Jugoslawien, die seit den sechziger Jahren im wesentlichen aus der akademischen Intelligenz und der Funktionärsschicht der Kommunistischen Partei in den Teilrepubliken kommen, treten nahezu ausnahmslos, wenn auch mit unterschiedlichen Argumenten, für eine Reform des Staatsaufbaus, d. h. für eine stärkere Dezentralisierung und für die Gleichberechtigung der kroatischen, slowenischen und mazedonischen Sprache neben der serbischen Sprache ein, die de facto den Status einer Staatssprache einnimmt. Auch die Montenegriner beanspruchen die amtliche Anerkennung ihrer Sprache. Die Muslims in Bosnien-Herzegowina, die dort mehr als ein Viertel der Bevölkerung zählen, forderten unter Berufung auf ihre Religion und kulturelle Tradition die Anerkennung als eigenständige Nation im jugoslawischen Staat. Das wurde ihnen 1968 zugestanden, ohne daß damit alle ihre Probleme gelöst worden wären. In der Autonomen Provinz Kosovo-Metohija, die zur Teilrepublik Serbien gehört, verlangen die dort lebenden Albaner (78 % der Bevölkerung) seit dem Herbst 1968 die Umwandlung ihres Nationalitätenstatus in den einer Nation mit eigener Teilrepublik.[16] Obwohl ihnen das schon in den siebziger Jahren faktisch zugebilligt wurde, brachen im Kosovo Anfang der achtziger Jahre erneut Unruhen aus. Es geht dabei weiterhin um die rechtliche und politische Stellung der albanischen Bevölkerungsmehrheit.

Allein gegenüber den Slowenen, die im Norden des jugoslawischen Bundesstaates an den deutschen und italienischen Kulturkreis grenzen, wurde von der Belgrader Zentrale der Vorwurf des Nationalismus, des Separatismus und der »bürgerlichen Abweichung« bislang noch nicht erhoben. Das bedeutet nicht, daß nicht auch die Slowenen mit ihrer vergleichsweise starken Wirtschaft ihre nationalen Interessen in der Vergangenheit wirkungsvoll vertreten hätten. Aber dem jugoslawischen Staat fühlen sie sich tiefer verbunden als andere südslawische Völker. In seinem Fortbestehen sehen sie eine Garantie für ihre Eigenständigkeit als kleine Nation.[17] Die Staatsloyalität der Slowenen scheint darauf hinzudeuten, daß der wegweisende Versuch Jugoslawiens, das Zusammenleben verschiedener Nationen und Nationalitäten in einem föderativ organisierten multinationalen Staat möglich zu machen, einen entscheidenden Fortschritt in der langen Geschichte dieses Problems darstellt. Trotz aller Rückschläge hat er die Chance, ein dauerhafter Erfolg zu werden, noch keineswegs verspielt. Eine »Experimentierkammer der Weltgeschichte« hat der österreichische Sozialist Victor Adler die Habsburgermonarchie einmal genannt. Dasselbe könnte er heute von Jugoslawien sagen.

2. Regionalismus in Westeuropa

Das jugoslawische Beispiel der Behandlung verschiedener »Nationen« und Nationalitäten in einem Gesamtstaat ist von überregionaler Bedeutung. Anderen multinationalen Staaten kann es zwar schwerlich als zu kopierendes Modell dienen. Aber es vermag ihnen Anstöße und eine Perspektive für die Lösung ihrer eigenen inneren Probleme, die aus nationalen Fragen resultieren, zu eröffnen. Daß es solche Probleme in unterschiedlicher Gestalt und Intensität selbst noch im Europa des ausgehenden 20. Jahrhunderts in größerer Zahl gibt, ist bekannt. Im Kern stellt sich hier wie schon im 19. Jahrhundert stets das Problem, zwischen den Forderungen nationaler Minderheiten nach politischer, wirtschaftlicher und sozialer Gleichberechtigung und dem Interesse am Zusammenhalt des Staates einen Ausgleich zu finden.

Unter den westeuropäischen Staaten hat Belgien auf die Herausforderung durch die nationale Frage, über die in der Vergangenheit die Einheit des Staates zu zerbrechen drohte, am entschlossensten reagiert. Die umfassende Staatsreform von 1980 verwandelte Belgien aus einem zentralregierten Staat in eine Föderation, in der neben Flamen und Wallonen auch der deutschsprachigen Minderheit in Ostbelgien (Eupen-Malmedy) eine weitgehende Selbstverwaltung zugestanden wurde. In Zypern, einem anderen Beispiel für die unverminderte Sprengkraft des Nationalismus im heutigen Europa, haben die Vorkehrungen, die 1960 bei der Unabhängigkeitswerdung gleiche Rechte für Griechen und Türken garantieren sollten, in der politischen Praxis versagt. Ob im Falle Zyperns eine neue Verfassung das endgültige Auseinanderfallen des Staates doch noch verhindern kann, erscheint im höchsten Grade fraglich.

Mit den Wünschen und Vorstellungen kompakter sozialer Gruppen, die sich als nationale Minderheiten begreifen oder sich auf ihre ethnisch-kulturelle Eigenart berufen, sehen sich seit den sechziger Jahren auch Staaten Westeuropas konfrontiert, die gemeinhin als gelungene Verkörperung des zentralistischen, auf der Staatsnation beruhenden modernen Nationalstaates gegolten hatten. Damit ist der Aufschwung des Regionalismus angesprochen, die politische Erhebung peripherer Regionen gegen die Zentrale eines Staates. Auf seine Bedeutung für die »historischen« Nationalstaaten wurde schon hingewiesen. Über die tieferen Ursachen des Regionalismus, der häufig an ältere, abgebrochene Nationsbildungsversuche anknüpft, gehen die Meinungen auseinander. Als politisches Phänomen muß er jedenfalls als ein weiteres Indiz für die Krise und die nachlassende Integrationskraft des Nationalstaates in Europa gewertet werden. Ebenso wie die Idee der europäischen Einigung scheint der Regionalismus zu signalisieren, daß die Epoche des nationalen Einheitsstaates abgelaufen ist: Auf der einen Seite gibt der Nationalstaat unter dem Druck übergreifender Integrationsvorgänge wichtige Kompetenzen seiner wirtschafts- und sozialpolitischen Ordnungsbefugnis an übernationale Institutionen wie die Europäische Gemeinschaft ab, auf der anderen Seite sieht er sich im Innern der Forderung nach Dezentralisierung politischer und gesellschaftlicher Macht ausgesetzt.

Global gesehen macht der Regionalismus in Frankreich, Spanien oder Großbritannien deutlich, daß die »Staatsnation« dort niemals völlig einheitlich und homogen war. *State-Building* und *Nation-Building* waren auch in diesen Staaten zwei verschiedene Dinge, die nicht synchron verliefen und nicht die gleichen Erfolge zeitigten. Drei notwendige Merkmale eines erfolgreichen politischen Systems wurden offensichtlich selbst dort nicht erreicht: die politische und kulturelle Identität der Bevölkerung, ein hoher Grad der Bindung an das Zentrum und die Anerkennung gemeinsamer politischer Ziele.[18] Abgesehen von der sozialen Heterogenität bestanden und bestehen Unterschiede kulturell-sprachlicher Art in den zentralistischen Nationalstaaten fort, die nun den Nährboden für den Regionalismus bilden. So wird z. B. Walisisch in Wales immer noch von rund einem Fünftel der Bevölkerung gesprochen.[19] Wie die Waliser haben auch die Schotten ein ausgeprägtes kulturelles Eigenbewußtsein. In Spanien wurde der besondere ethnische und kulturelle Charakter der Katalanen und Basken nur in der Zeit der Franco-Diktatur bezweifelt und gewaltsam unterdrückt. Selbst in Frankreich sprechen die Bretonen und Korsen, Elsässer und Provenzalen eine Muttersprache, die sich vom Französischen unterscheidet. Trotzdem bestreiten alle politischen Parteien Frankreichs einschließlich der Kommunisten, daß Frankreich ein multinationaler Staat ist. Franzose ist jeder Bürger mit französischer Staatsangehörigkeit. Die Gleichsetzung von Regionalismus mit Nationalismus sprachlich-ethnischer Minderheiten wird folgerichtig geleugnet, die Bezeichnung des Regionalismus als neuer Nationalismus »von unten« verworfen. Aber es läßt sich nicht verhehlen, daß die *grande nation* Risse zeigt.

Eine eindeutige Antwort auf die Frage, ob es prinzipiell falsch ist, regionalistische Bewegungen als Nationalismus zu behandeln, läßt sich nur schwer geben. Die Beobachtung ist sicher zutreffend, daß der Nationalisierungsprozeß der letzten zweihundert Jahre zur Bildung kleinerer politischer Einheiten geführt hat – mit den Ausnahmen Italien und Deutschland im 19. Jahrhundert. Die regionalistischen Bewegungen setzen, so läßt sich argumentieren, diesen Trend fort, da sie die Umgestaltung größerer staatlicher Einheiten im Sinne einer Dezentralisierung der Macht anstreben. Heißt das, daß die regionalistischen Bewegungen im Grunde politische Einheiten wünschen, die sich von größeren staatlichen Einheiten letzten Endes abspalten? Soziale Großgruppen, die sich aufgrund bestimmter Merkmale als Nation begreifen und politische Selbstbestimmung fordern, werden als nationale Bewegungen bezeichnet. Ihr Ziel ist der eigene, souveräne Nationalstaat. Dabei wird nicht selten politische Autonomie im Verband eines sich auflockernden multinationalen Staates als Zwischenstufe auf dem eingeschlagenen Weg zur Unabhängigkeit verstanden. Sind die Ziele nationaler und regionalistischer Bewegungen letztlich identisch?

Prüft man unter dem Aspekt der Ziele die Forderungen und programmatischen Erklärungen der Parteien, Organisationen und Gruppierungen, aus denen sich regionalistische Bewegungen zusammensetzen, ist der Eindruck zwiespältig. In dem Land Westeuropas mit den stärksten regionalistischen Bestrebungen, in Spanien, erlangten in der Vergangenheit nur der katalanische und der baskische Regionalismus politische Bedeutung. Ähnliche Bewegungen melden sich heute aber auch in anderen Teilen Spaniens zu Wort. Der Katalanismus, der als politische Bewegung, allerdings mit Unterbrechungen und unterschiedlicher Breitenwirkung, seit dem 19. Jahrhundert existiert, beansprucht jedoch, von Randgruppen abgesehen, nicht die Sezession von Spanien. Sein Ziel ist eine weitgehende kulturelle und politische Autonomie Kataloniens innerhalb des Gesamtstaats, wie sie Katalonien schon einmal während der Zweiten Republik 1932–39 besessen hatte. Sie wurde 1979 durch die neue Verfassung gewährt, die Spanien als Vielvölkerstaat definiert und konsequenterweise den »Nationalitäten« regionale Selbstverwaltung gestattet. Von ihr wollen inzwischen immer mehr spanische Regionen Gebrauch machen.

Allein der baskische Regionalismus gab sich mit dieser Konzession der Zentralregierung nicht zufrieden. Nicht nur seine radikalen Organisationen wie die Partei Herri Batasuna (»Volkseinheit«) und die seit 1959 bestehende ETA (Euzkadi Ta Askatasuna, »Baskenland und Freiheit«), sondern auch die in der Region regierende »Baskische Nationalistische Partei« (PNV) fordern den eigenen Nationalstaat. Den Autonomiestatus, der dem Baskenland 1979 umfassende Selbstverwaltungsrechte einräumte, betrachten sie nur als Übergangslösung. Ziel der PNV ist die Vereinigung der drei spanisch-baskischen Provinzen Guipúzcoa, Vizcaya und Alava mit den drei baskischen Arrondissements des Département Pyrénées Atlantiques in Südwestfrankreich und der spanischen Region Navarra, die im Norden von Basken bewohnt ist. Die sieben »baskischen Provinzen« sollen einen unabhängigen Staat bilden.[20]

Ob solche Pläne von den Basken in Frankreich unterstützt werden, ist nicht bekannt. Als Träger einer regionalistischen Bewegung traten sie noch nicht in Erscheinung. Der Regionalismus hat in Frankreich seinen Schwerpunkt vor allem in der Bretagne und in Korsika. In der Regel vermag er auf eine längere Geschichte zurückzublicken. Die Repräsentanten aller seiner Spielarten haben ihre Forderungen, zumindest in der Öffentlichkeit, primär auf die Gewinnung von größerer kultureller und erst sekundär von politischer Autonomie begrenzt. Starke separatistische Tendenzen lassen sich im bretonischen Regionalismus nur in seiner Frühphase, in den Jahren vor dem Ersten Weltkrieg, ausmachen. Als er sich seit der Mitte der sechziger Jahre wieder regte, waren seine Agitationsmethoden und die Namen seiner Organisationen (Front de Libération de la Bretagne, Armée Révolutionnaire Bretonne) entschieden radikaler als sein politisches Programm. Das gleiche gilt für Korsika, wo sich verschiedene Organisationen gewalttätiger und terroristischer Methoden bedienen, um ihren Forderungen Nachdruck zu verleihen. Von staatlicher Unabhängigkeit ist jedoch auch bei ihnen nicht die Rede.

Die politische Abspaltung vom Vereinigten Königreich von Großbritannien und Nordirland wird von den Organisationen des walisischen und schottischen Regionalismus ebenfalls nicht ernsthaft angestrebt. Der »Break-Up« des Königreichs, der Mitte der siebziger Jahre als eine vermeintliche Gefahr ausgiebig diskutiert worden war[21], drohte weder damals, noch ist er in der absehbaren Zukunft zu befürchten. Walisischer und schottischer Regionalismus, der sich hin und wieder militanter Agitationsmethoden bedient, stellt wie in Frankreich und im Unterschied zu Spanien eine von Minderheiten der Waliser und Schotten getragene Bewegung dar. Die bekanntesten Organisationen sind in Wales »Plaid Cymru« (»Partei für Wales«, gegr. 1925) und in Schottland die »Scottish National Party« (SNP, gegr. 1934). Gemeinde- und allgemeine Wahlen verschaffen ihnen gelegentlich Erfolgserlebnisse (Tab. 4 und 5).[22] Diese sind dann stets für Teile der britischen Presse Anlaß, die politische Bedeutung des Regionalismus und die von ihm ausgehenden Gefahren übertrieben darzustellen. Dabei sollte man aber berücksichtigen, daß die »Scottish National Party« auch nach den Unterhauswahlen von 1979 in vielen der 71 schottischen Wahlkreise zweitstärkste Partei blieb.

Die Ursachen des Konflikts in Nordirland, der den britischen Gesamtstaat unvergleichlich stärkeren Belastungen aussetzt, sind hingegen nicht im Regionalismus zu suchen. Dort sind die Probleme völlig anders gelagert als in Schottland oder Wales. In Nordirland lebt eine Mill. Menschen (bei einer Gesamtbevölkerung von 1,5 Mill.), die starke emotionale Bindungen zu Großbritannien empfinden, von wo die Vorfahren vor Jahrhunderten nach Nordirland übergesiedelt sind. In Nordirland bezeichnen die Begriffe »Protestanten« und »Katholiken« als eher vordergründige Unterscheidungsmerkmale nicht nur die Zugehörigkeit zu einer bestimmten Konfession, sondern primär die Zugehörigkeit zu einer von zwei nationalen Gemeinschaften, zwischen denen die soziale Kommunikation auf ein Minimum reduziert ist.[23] Die »katholische« Minderheit in Nordirland, die sich auf eine andere nationale Identität beruft als die »protestantische« Mehrheit, verlangt die

Tabelle 4: Abschneiden der »Scottish National Party« bei den Unterhauswahlen seit 1959

	Stimmen-zahl	Zahl der Kandi-daten	% der schottischen Stimmen	Errungene Mandate
1959	21738	5	0,8	0
1964	64044	15	2,4	0
1966	128474	23	5,0	0
1970	306802	65	11,4	1
1974 (Februar)	633180	70	21,9	7
1974 (Oktober)	839617	71	30,4	11
1979	504259	71	17,3	2

Tabelle 5: Abschneiden von »Plaid Cymru« bei den Unterhauswahlen seit 1959

	Stimmen-zahl	Zahl der Kandi-daten	% der walisischen Stimmen	Errungene Mandate
1959	77571	20	5,2	0
1964	69507	23	4,8	0
1966	61071	20	4,3	0
1970	175016	36	11,5	0
1974 (Februar)	171374	36	10,7	2
1974 (Oktober)	166321	36	10,8	3
1979	132544	36	8,1	2

Herauslösung des nordirischen Gemeinwesens aus dem Staatsverband des Vereinigten Königreichs und seine Eingliederung in einen anderen Staat, die Republik Irland im Süden. Ziel des Nationalismus der Minderheit ist nicht die Autonomie, sondern die Vereinigung ihres Siedlungsgebiets mit einem bereits bestehenden Nationalstaat, von dem sie gegen ihren Willen abgetrennt lebt.

Gemeinsam ist den regionalistischen Bewegungen in Westeuropa die Berufung auf die besondere Eigenart einer Bevölkerungsgruppe, oft auch auf vorhandene administrative und politische Institutionen und Traditionen in der Region. Sie führen für ihre Forderungen historische und sprachlich-kulturelle Argumente ins Feld. Ihre »nationale«, meist mythisch überhöhte Geschichte benutzen sie als Legitimation für ihr politisches Handeln. Das Bewußtsein, eine eigene geschichtliche Tradition, Kultur, Konfession zu besitzen, in spezifische soziale und ökonomische Lebensformen eingebunden zu sein, trägt zur Herausbildung einer kollektiven Identität bei.[24] All dies ist aus der Geschichte des europäischen Risorgimento-Nationalismus im 19. Jahrhundert wohlbekannt. Wie beim Nationalismus bedarf es auch beim Regionalismus der Anstöße von außen, um ein meist unpolitisches Heimatgefühl in eine politische Bewegung zu verwandeln. Ein solcher Anstoß kann von der Aufhebung traditioneller Selbstverwaltungsrechte durch den zentralisierenden und unifizierenden Staat ausgehen, ebenso von rascher ökonomischer und sozialer Modernisierung. Gerade im Regionalismus seit den sechziger Jahren, der in nahezu allen Fällen über eine breite soziale Basis verfügt, läßt sich häufig ein Unbehagen, das Element des Protestes gegen zunehmende Uniformität der Lebensverhältnisse, gegen Überfremdung durch Zuwanderung, gegen die Verdrängung der regionalen Wirtschaftsbetriebe durch anonyme »multinationale« Konzerne, gegen eine fortschreitende Zerstörung der historisch gewachsenen Umwelt nachweisen. Die Vertreter des Regionalismus plädieren für überschaubare Lebensräume, für die Stärkung der regionalen Wirtschaft, für mehr Kompetenzen regionaler Verwaltungskörperschaften.

Einige Autoren haben den Regionalismus als Reaktion auf einen innerstaatlichen »Kolonialismus« gedeutet – eine Interpretation, die sich auf die Rhetorik der regionalistischen Bewegungen stützen kann. So sprechen etwa die Korsen gern von der kulturellen und ökonomischen Kolonisierung ihrer Insel durch Paris. Ähnlich argumentieren die Bretonen. Für Jochen Blaschke steht deshalb außer Zweifel, daß »das wachsende Bewußtsein sozialer Benachteiligung ein entscheidendes Antriebsmoment« des Regionalismus bildet.[25] Disparitäten der wirtschaftlichen Entwicklung, »uneven development« (Ernest Gellner), führen zur Benachteiligung von Randgebieten und zu Spannungen zwischen Zentrum und Peripherie. Auf diesen vermeintlichen Zusammenhang haben in Anlehnung an Lenin und Antonio Gramsci in jüngster Zeit vor allem amerikanische und britische Politologen aufmerksam gemacht, so

Michael Hechter, Ernest Gellner und Tom Nairn.[26] Als Zentrum bezeichnen sie die politische und ökonomische Machtzentrale England, als Peripherie die »keltischen« Randzonen Schottland, Wales und Nordirland. Die ungleiche wirtschaftliche Entwicklung der Randzonen und der Wachstumsgebiete Englands sei nicht ein zufälliges Resultat günstiger bzw. ungünstiger lokaler Gegebenheiten, sondern sie beruhe auf ungleicher Machtverteilung, die die Expansion einzelner Regionen auf Kosten anderer begünstige. Sie begründe ein Ausbeutungsverhältnis, das einem »internen Kolonialismus« gleichkomme.

Die These ist fraglos zugespitzt, und sie vernachlässigt andere Faktoren. Aber gerade der Regionalismus im Vereinigten Königreich bietet für sie einiges Beweismaterial. Schottland und Wales sind bekanntlich Gebiete, die durch den Niedergang der Stahl- und Schiffbauindustrien und des Bergbaus in den letzten Jahren wirtschaftlich zurückfielen. Symptomatisch ist ihre Charakterisierung als »Depressed Areas«. In Schottland verband sich dabei das Gefühl der wirtschaftlichen und sozialen Benachteiligung im Gesamtstaat mit der Hoffnung, daß das Nordseeöl bei überlegter Nutzung eine neue Prosperität der schottischen Wirtschaft einleiten würde. Eine Nutzung des »schottischen« Erdöls im schottischen Interesse schien jedoch nur durch schottische Institutionen gewährleistet zu sein.

Im Hinblick auf Katalonien und das Baskenland läßt sich die These von der regionalen Differenzierung im ökonomischen Entwicklungsstand als Auslöser von Regionalismus ebenfalls anwenden. Beide Regionen sind wirtschaftliche Kerngebiete Spaniens, keineswegs wirtschaftlich vernachlässigt. Dort wird jedoch von den regionalistischen Organisationen häufig das Argument angeführt, aufgrund ihrer Wirtschaftskraft und der ihnen verweigerten Selbstbestimmung würden Katalonien und das Baskenland von »Madrid« ausgebeutet.

Wirtschaftliche Strukturgegensätze, ungleiche Entwicklung innerhalb eines Staates und die Unfähigkeit oder Unwilligkeit der Politiker, diese auszugleichen, stellen sicherlich entscheidende Faktoren beim Entstehen von ökonomisch argumentierendem Regionalismus dar. Der ökonomische Regionalismus verbindet sich in der Regel mit einem kulturellen und politischen Regionalismus. Das Mischungsverhältnis der Motive setzt sich in jedem Regionalismus anders zusammen. Allen Regionalismen gemeinsam ist unübersehbar die Überzeugung, eine sozial, historisch-kulturell und geographisch abgehobene, einheitliche Gruppe zu bilden, die auf die Gestaltung ihres Lebensraumes und ihrer Lebensverhältnisse einen stärkeren Einfluß ausüben müsse.

Mit dieser Überzeugung stehen die regionalistischen Bewegungen bei aller Differenzierung im einzelnen in der Tradition der europäischen Nationalbewegungen des 19. Jahrhunderts. Vielen Organisationen des Regionalismus ist dies auch bewußt. Sie drücken es in ihren Namen aus: Scottish National Party, Partido Nacionalista Vasco, Parti Nationaliste Occitan, Front de Libération Nationale de la Corse. Hugh Seton-Watson hat den Regionalismus deshalb als Nationalismus bezeichnet, der noch nicht erfolgreich war, das heißt: der die eigene Nationalstaatlichkeit noch nicht durchzusetzen vermochte.[27] Gegen die Definition des Regionalismus als Nationalismus spricht jedoch seine politische Zielsetzung. Der unabhängige Nationalstaat wird eigentlich nur vom baskischen Regionalismus und in anderen Regionalismen von radikalen Randgruppen angestrebt. In der Regel stellt der Regionalismus Forderungen, deren Bandbreite von der Kulturautonomie bis zu neuen föderativen Regelungen für den Gesamtstaat reicht. In einem extremen Fall, nämlich Korsika, soll sich die Gemeinsamkeit mit dem französischen Staat nur noch auf Währung, Außenpolitik, Verteidigung und bestimmte Sektoren der Justiz beschränken.

Die Reaktion der Zentralregierungen in Madrid, Paris und London auf den Regionalismus in ihrem Lande war bisher unterschiedlich. Als Hüter der »nationalen Einheit« handelten sie nur widerstrebend. Die spanischen Regierungen seit dem Ende der Franco-Diktatur kamen dem Regionalismus, der in diesem Land auf eine lange Geschichte zurückschaut, am weitesten entgegen. Spanien verwandelte sich durch die neue demokratische Verfassung von 1979 in ein föderalistisches Königreich. Es soll fortab aus 17 Regionen mit eigenen Regierungen bestehen. Die »historischen Regionen« Katalonien, Euzkadi (Baskenland) und Galicien, die schon in der Zeit vor Franco Autonomie besaßen, erhielten als erste ihre Autonomiestatute. Ihnen folgte als nächste Region Andalusien. Die französische Regierung leitete eine vorsichtige Dezentralisierung ein, die den Regionen mehr Kompetenzen übertrug. Die Dezentralisierung hat aber bisher in Frankreich, wo in der Vergangenheit Regionalismus immer als reaktionär galt, nicht die gleichen Ausmaße wie in Spanien – mit einer Ausnahme: Korsika. Die

Insel besitzt seit dem Frühjahr 1982 als einzige französische Region ein Autonomiestatut. Im Sommer 1982 wählten die Korsen eine Volksvertretung, die frei über ein bescheidenes Budget verfügen kann.

Im Vereinigten Königreich, in dem sich der Regionalismus in den letzten Jahren abgeschwächt hat, ist das Dezentralisierungskonzept (»Devolution«) nach dem negativen Ausgang der Referenden in Schottland und Wales (1979) vorerst gescheitert. Nach den ursprünglichen Plänen sollten Schottland und Wales Volksvertretungen mit administrativen, in Schottland auch mit legislativen Befugnissen erhalten. Die Souveränität des Westminster-Parlaments sollte durch die Delegation von Kompetenzen letztendlich aber nicht beeinträchtigt werden. Neue Pläne für eine Veränderung des Staatsaufbaus im Vereinigten Königreich sind nicht bekannt.

3. Nationalismus in der Dritten Welt

Selbst wenn der Regionalismus in Westeuropa gelegentlich zu den Symptomen gezählt wird, die auf ein Wiederaufleben des Nationalismus in Europa hindeuten, läßt sich doch nicht leugnen, daß der Nationalismus als politische Ideologie zur Mobilisierung von Massen heute in der Dritten Welt eine unvergleichlich größere Rolle spielt. »Der Krise des Nationalismus in der alten Welt stand der Aufstieg des Nationalismus in der ›Dritten Welt‹ gegenüber.«[28]

Die Befreiung der Kolonialvölker von der europäischen Herrschaft vollzog sich nach dem Zweiten Weltkrieg unter Berufung auf das Recht jeder Nation, ihr politisches Schicksal selber zu bestimmen. Die Analogie zum europäischen Risorgimento-Nationalismus ist offensichtlich. Die intellektuellen und politischen Führer der »nationalen Befreiungsbewegungen« in den Kolonien, die wie Mahatma Gandhi, Achmed Sukarno, Kwame Nkrumah, Léopold S. Senghor oder Jomo Kenyatta meist in Europa gelebt und studiert hatten, machten auch kein Hehl daraus, daß sie sich einer Ideologie bedienten, die ihre verändernde, emanzipatorische und integrierende Kraft in Europa bewiesen hatte. Wie sich der Risorgimento-Nationalismus in Europa gegen bestehende Herrschaftsverhältnisse und gegen multinationale Reiche gerichtet hatte, wandte sich nun der Nationalismus in der Dritten Welt gegen den Kolonialismus, gegen den politischen, wirtschaftlichen und kulturellen Imperialismus der Europäer. Er wurde das Band, das eine Koalition heterogener Gruppen gegen die Kolonialmächte und ihre einheimischen Kollaborateure einte. Das Problem, ob so grundlegende Begriffe der europäischen Geschichte wie Nation oder Nationalstaat auf die politischen Verhältnisse in der Dritten Welt überhaupt anwendbar sind, wurde selten diskutiert.[29]

Wesentlich schneller, als es erwartet worden war, konnten fast alle Kolonialgebiete ihre Unabhängigkeit auf dem Wege von Verhandlungen oder nach einem vorangegangenen Befreiungskrieg durchsetzen. In souveränen »Nationalstaaten« erlangten die Völker der Dritten Welt ihre Emanzipation im völkerrechtlichen Sinne. Die vor der Unabhängigkeit versprochene soziale und politische Befreiung des einzelnen, die mit der staatlichen Emanzipation einhergehen sollte, wurde jedoch nur selten verwirklicht. Politische und soziale Freiheit blieb Programm, das in der politischen Propaganda der jungen Staaten zu gegebener Zeit immer wieder auftaucht. Im ganzen gesehen spielte die liberale Komponente, die im europäischen Risorgimento-Nationalismus einen so herausragenden Stellenwert besessen hatte, im außereuropäischen Risorgimento-Nationalismus nur eine höchst untergeordnete Rolle. Ebensowenig wie in Europa wurde aber dort der Nationalismus als Ideologie am Tage der Unabhängigkeit hinfällig. Allem Anschein nach erfüllt in den außereuropäischen Staaten der Nationalismus, den der amerikanische Historiker Louis Snyder den »New Nationalism« nannte, weiterhin eine wichtige Funktion.

Dabei ist stets im Auge zu behalten, daß bei allen Parallelen zu den Erscheinungsformen und der Rhetorik des europäischen Risorgimento-Nationalismus die Ausgangslagen der nationalen Bewegungen in der Dritten Welt von denen in Europa fundamental verschieden waren. Sie entstanden in Gebieten, die nur in Ausnahmefällen eine kulturelle Homogenität der Bevölkerung aufweisen konnten und die als politische Einheiten ein Produkt der europäischen Kolonialverwaltung waren. Das gilt für Indien und Indonesien, das gilt aber auch für Nigeria, Kamerun oder Simbabwe. Für diese Staaten trat mit dem Tage der Unabhängigkeit, der das *State-Building* abschloß, der Prozeß des *Nation-Building* in eine neue Phase. Nun stellte sich die Aufgabe, aus einer sprachlich, religiös und ethnisch oft extrem verschiedenartigen Bevölkerung eine nationale Einheit zu formen, um dadurch dem zentralen Postulat des Nationalstaates Genüge zu tun. Die wenigen verbindenden Gemeinsamkeiten in den neuen Staaten, die heute ausnahmslos als »Entwicklungsländer« im wirtschaftlichen und politischen Sinne bezeichnet werden, beschränkten sich auf die Erfahrung der kolonialen Herrschaft und den Willen, das fremde Regime abzuschütteln. Je weiter freilich die Zeit der kolonialen Unterdrückung und sozialen Diskriminierung durch eine fremde Herrenschicht in die Vergangenheit entrückte, desto mehr verblaßte die unmittelbare Erfahrung und die Erinnerung an sie. Der Fundus an Gemeinsamkeiten drohte auszutrocknen.

In dieser Situation fiel dem *Nation-Building* ein entscheidendes Gewicht für den prekären Zusammenhalt der neuen Staaten zu. Der bis dahin vorwiegend negativ besetzte, antikoloniale Nationalismus wurde ins Positive gewendet. Jetzt sollte er die politische und soziale Integration der Staaten bewerkstelligen, die kohärente Nation schaffen. Grundlage der »Nation« in der Dritten Welt konnten aber nicht ethnische Kriterien oder historisch-kulturelle Merkmale sein, wie sie in Europa zur Kennzeichnung der Kulturnation herangezogen wurden. Grundlage der »Nation« sind dort vielmehr das Territorium des Staates, wie er aus der Kolonialzeit hervorgegangen ist, und ein System von Vorstellungen und Normen, ein Welt- und Gesellschaftsbild, das für die Bevölkerung des betreffenden Staates als spezifisch deklariert wird. Stichworte sind Begriffe wie »afrikanischer Sozialismus«, »Ujamaa«, »négritude«, »neue Ordnung« oder »afrikanischer Humanismus«, die den Nationalismus eines Staates von dem des anderen Staates unterscheiden.

Vielfach versuchten die Politiker der neuen Staaten darüber hinaus, ihre »Nation« durch den Rückgriff auf die vorkoloniale Geschichte zu legitimieren. Sie gaben ihren Staaten Namen, die an vorkoloniale Staatsbildungen in diesem Raum anknüpften: Ghana, Sri Lanka, Benin, Zaire, Simbabwe. Auch bei der Gestaltung der Staatssymbole griffen sie auf tatsächlich vorhandene oder vermeintliche Traditionen zurück. Das Wappen der Indischen Union zeigt eines der Löwenkapitelle von einer Säule in der heiligen Stätte Sarnath. In Sarnath bei Benares hatte Buddha zum erstenmal nach seiner Erleuchtung gepredigt. In der Nationalflagge Algeriens, ein anderes Beispiel, ist Grün die Farbe des Propheten, Rot die Farbe des Sozialismus, Weiß soll für Reinheit stehen. Der Halbmond mit dem Stern ist das Symbol des Islam. Aus der Geschichte des europäischen Risorgimento-Nationalismus sind ähnliche Bemühungen um die historische Legitimierung der Nation und ihres Staates und um die kulturelle Untermauerung des Nationalbewußtseins wohl bekannt.

Kurzum: Die Politiker in den neuen Staaten stellten den Nationalismus in den Dienst ihrer Anstrengungen, eine am Staatsvolk orientierte Staatsnation zu schaffen. Der einzelne soll sich unabhängig von seinen religiösen, kulturellen oder ethnischen Bindungen zur »Nation« des Staates bekennen, in dem er lebt. Um den nahezu unvermeidlichen Sprachenkonflikten und den mit ihnen verbundenen politischen Problemen aus dem Wege zu gehen, haben die meisten neuen Staaten deshalb darauf verzichtet, eine bestimmte einheimische Sprache zur Nationalsprache zu machen. Wo es, wie im Falle Pakistans, dennoch versucht wurde, trug die assimilatorische Sprachenpolitik der Zentralregierung erheblich zur Stärkung der Sezessionsbestrebungen in Ostpakistan bei. In den vormals britischen Kolonien ist Englisch weiterhin Amts-, meist auch Umgangssprache, in den vormals französischen Kolonien Französisch. Als *lingua franca* dient die Sprache der ehemaligen Kolonialmacht der Verwaltung und der Wirtschaft.

Für die Staaten in der Dritten Welt erfüllt der Nationalismus heute mithin die Funktion, den Prozeß des *Nation-Building* voranzutreiben und den Staat zu konsolidieren. Die nationale Ideologie soll heterogene soziale, religiöse und ethnische Gruppen integrieren und gegen andere abgrenzen, wobei sie sich jedoch nur in seltenen Fällen auf nationale Merkmale im herkömmlichen Sinne stützen kann. Ein anderes Integrationsmittel steht meist nicht zur Verfügung. Nationalismus wird folglich in den neuen Staaten als etwas Fortschrittliches propagiert, als ein Medium kollektiver Selbstfindung und politischer Bewußtwerdung nach den Erfahrungen kolonialer Unterdrückung und erzwungener Verwestlichung. Der Nationalismus weist einen Weg, der die partikularen Interessen in den neuen Staaten zu überwinden hilft und eine neue soziale Ordnung in Aussicht stellt. In Afrika, so hat es der in den USA lehrende kenianische Politologe Ali Mazrui pointiert formuliert, befindet sich der Nationalismus auf der Suche nach einem Utopia, in dem es keine Stämme mehr gibt.[30] Sie sind aus der Sicht der afrikanischen Zentralregierungen die Einheiten, die dem *Nation-Building* den stärksten Widerstand entgegensetzen.

Nicht selten verflacht jedoch der Nationalismus in den Staaten der Dritten Welt, wie in der Vergangenheit und auch heute noch gelegentlich in Europa, zu einer politischen Strategie, die von ungelösten inneren Problemen eines Staates, von Defiziten in der gesellschaftlichen Integration ablenken soll. Dann äußert sich der Nationalismus in einer aggressiven Politik gegenüber den Nachbarn, welche die Nation angeblich bedrohen oder Gebiete der Nation angeblich besetzt halten. Der nach außen gewendete Nationalismus stellt territoriale Ansprüche, und er schreckt auch nicht vor kriegerischen Konflikten zurück. Die Umwandlung des Nationalismus von einer Befreiungs- in eine Ablenkungsideologie scheint sich auch in der Dritten Welt anzubahnen.

Beispiele für den Mißbrauch des Nationalismus als Ablenkungsideologie lassen sich insbesondere in Lateinamerika nachweisen. Der Nationalismus stellte sich dort seit der Entstehung unabhängiger Staaten im frühen 19. Jahrhundert in ähnlicher Vielfalt dar wie in Europa. In den lateinamerikanischen Republiken, die aus den Gerichts- und Verwaltungsbezirken *(audiencias)* des spanischen Kolonialreiches hervorgegangen sind, hatte der Nationalismus während des 19. Jahrhunderts vor allem die Funktion, das *Nation-Building* voranzutreiben und die Herrschaft der kreolischen Elite zu legitimieren. Getragen wurde der Nationalismus von den Grundbesitzern und dem Großbürgertum. Umfassende Reformen des kolonialen Wirtschafts- und Gesellschaftssystems, die die politische und soziale Emanzipation breiterer Bevölkerungsschichten beabsichtigt hätten, unterblieben. Der Nationalismus diente dazu, Klassengegensätze und soziale Konflikte zu verschleiern.

Im 20. Jahrhundert wandelte sich der Nationalismus in Lateinamerika grundlegend. Intellektuelle, die einer langsam wachsenden Mittelschicht entstammten, führten Unterentwicklung und soziale Ungerechtigkeiten in ihren Ländern auf deren gestörtes Verhältnis zu den fortgeschrittenen Industriestaaten, vor allem zu den USA, zurück. Der Nationalismus erhielt zunehmend die Funktion eines Gegengewichts gegen bestehende wirtschaftliche, kulturelle und politische Abhängigkeit. Mexiko, das seit der Revolution von 1910 in eine neue Phase des nationalen Integrationsprozesses eintrat, übernahm hier die Rolle eines Vorreiters. Die oft leidenschaftliche Abwehr des nordamerikanischen Vorherrschaftsanspruchs in der »Westlichen Hemisphäre« und der Macht ausländischer Unternehmen begleitet seither in Mexiko wie auch in anderen Staaten des Kontinents das Bemühen, Unterentwicklung und Abhängigkeit zu überwinden. Der Nationalismus in Lateinamerika ist mithin zugleich nach außen und nach innen gerichtet. Er wendet sich gegen den Einfluß der USA und macht Abhängigkeiten und interne Gegensätze bewußt, die seit der Unabhängigkeit durch die nationale Rhetorik mehr oder weniger überdeckt waren. Seine intellektuellen Wortführer aus den Mittelschichten, gelegentlich auch aus dem Offizierskorps und der Arbeiterschaft, betrachten den Nationalismus als Mittel zur Befreiung von Fremdbestimmung und zur politischen und sozialen Emanzipation im Innern.

Inwieweit ist der Nationalismus in der Dritten Welt als Integrationsideologie erfolgreich gewesen? Eine detaillierte Antwort auf diese Frage setzt im Grunde eine genaue Prüfung der Entwicklung in einzelnen Ländern seit ihrer Unabhängigkeit voraus. Aber auch eine generalisierende Antwort, die auf die notwendigen Differenzierungen verzichtet, kann nur vorläufig sein. Wahrscheinlich ist sie sogar verfrüht. Wenn man die Geschichte der neuen Staaten in Afrika und Asien seit der Erlangung ihrer Unabhängigkeit betrachtet, fällt jedoch heute schon auf, daß sich ihre meist willkürlich gezogenen Grenzen bisher als ungewöhnlich stabil erwiesen haben. Grenzveränderungen, Gebietsabtretungen und Sezessionen waren bislang außerordentlich selten. Angesichts der gewaltigen Integrationsprobleme vieler Staaten in der Dritten Welt, ihrer großen inneren Spannungen und ihrer vielfältigen Bruchlinien ist dies zweifellos bemerkenswert.

An Versuchen, Grenzveränderungen und Sezessionen herbeizuführen, hat es jedoch nicht gefehlt. So scheiterte 1963 die Abspaltung der reichen Bergbauprovinz Katanga von Zaire. Der Sezessionsversuch des Ibovolkes im Südosten Nigerias (Biafra) wurde in den Jahren 1967–70 durch die nigerianische Zentralregierung mit militärischer Gewalt und praktisch mit der Zustimmung fast aller anderen afrikanischen Staaten vereitelt. Ausschlaggebend für die Haltung der afrikanischen Politiker in dem Konflikt war die Furcht, die erfolgreiche Sezession der Erdölregion Biafra von Nigeria könnte ähnlichen Bestrebungen in ihren Staaten Auftrieb geben. Das Recht auf Sezession wird folglich auch von der Organisation für Afrikanische Einheit (OAU) verneint, welche die Unverletzlichkeit der Grenzen garantiert.[31] Der einzige Fall einer gelungenen Sezession in der Dritten Welt blieb bisher Bangla Desh. Doch hier wurde die Abspaltung durch zwei Faktoren begünstigt: durch die Geographie und die aktive Hilfe eines Nachbarstaates. Ostpakistan (Bangla Desh) ist durch 1600 Kilometer indischen Territoriums (Luftlinie) von Westpakistan getrennt. Indien unterstützte zudem die ostpakistanischen Politiker, die 1971 auf die Abspaltung ihres Landes von Westpakistan hinarbeiteten, und intervenierte schließlich sogar militärisch.

Stabilität der postkolonialen Grenzen, wie sie gerade auch auf Drängen der neuen Staaten von den Vereinten Nationen unterstützt wird, sagt über den Erfolg der Nationsbildung in der Dritten Welt aber erst wenig aus. Da sie in vielen Fällen noch nicht sehr weit fortgeschritten ist, treten immer wieder Unruhen und Konflikte gerade in diesen Teilen der Welt auf. Staaten wie Indien, Sri Lanka, Nigeria, Sudan oder Kamerun, allesamt koloniale Schöpfungen, sind Konglomerate vieler Völker und Stämme, sprachlicher und religiöser Minderheiten. Gegenüber ihren Problemen verblassen geradezu die Nationalitätenprobleme der alten multinationalen Reiche Europas, die am Ende des Ersten Weltkriegs zerbrachen. Die Spannungen zwischen den verschiedenartigen Gruppen lassen sich in diesen Staaten offenbar nur zeitweise überdecken. So sieht sich die indische Zentralregierung fast vier Jahrzehnte nach der Entlassung des Subkontinents aus der britischen Kolonialherrschaft mit Sezessionswünschen von Teilstaaten (Assam, Nagaland) und religiösen Minderheiten (Sikhs) konfrontiert. Die Frage, ob Indien eine vielsprachige Nation oder ein multinationaler Staat sei, scheint noch nicht endgültig entschieden zu sein. Die Geschichte der südasiatischen Staaten im 20. Jahrhundert läßt, jedenfalls nach Meinung Dietmar Rothermunds, nur den Schluß zu, daß sich der Nationalismus als Triebkraft für Befreiungsbewegungen eignete. Aber er versagte, »wenn es darum ging, eine staatliche Ordnung zu begründen und zu erhalten«.[32]

In Sri Lanka, unter der britischen Kolonialverwaltung zum erstenmal politisch geeint, droht heute ein Bürgerkrieg zwischen den buddhistischen Singhalesen und der Minderheit der hinduistischen Tamilen. In Nigeria legt der »Tribalismus«, das Denken in Stammesverbänden und in Afrika meist negativ besetztes Etikett für Autonomiebestrebungen, dem *Nation-Building* offensichtlich große Hindernisse in den Weg. Dort begreift sich, wie in vielen anderen Staaten der Dritten Welt, das Militär als »Hüter der Nation« und »Wächter nationaler Einheit und Würde«.[33] Die Vertreter der Autonomiebewegungen nennen den Nationalismus, der sich auf das Staatsterritorium bezieht, künstlich und bezeichnen ihn als eine Fortschreibung der Kolonialzeit, da der bestehende Staat ein

Produkt des Kolonialismus sei. Der »Tribalismus« beruhe hingegen auf natürlichen Identitäten, die die koloniale Epoche überdauert haben.[34] Historiker des postkolonialen Afrika folgen dieser Argumentation insofern, als sie »Tribalismus« als Teil des antikolonialen afrikanischen Nationalismus und als eigenständige Nationalbewegung bewerten.[35] Der Sudan vermag die tiefe Kluft zwischen dem islamisierten und arabisierten Norden, mit Khartum als Zentrum, und dem Süden mit seiner ethnisch und religiös unterschiedlichen Bevölkerung nicht zu überwinden. Und in Kamerun, dem »Afrika in Miniatur«, sollen eine Einheitspartei, eine Einheitsgewerkschaft und ein Einheitsstaat aus etwa 200 Stämmen, 124 Sprachen und Dialekten und vier Religionsgruppen eine Nation entstehen lassen.

Die bisherige Geschichte Kameruns, Nigerias und anderer neuer Staaten in der Dritten Welt zeigt, daß der Prozeß der Nationsbildung oft dadurch empfindliche Rückschläge erleidet, daß sich die herrschende Elite in diesen Staaten auf eine bestimmte ethnische Gruppe stützt. Die Privilegierung einer ethnischen oder religiösen Gruppe, gewissermaßen ein »Tribalismus« von oben, betrachten die Eliten als Mittel zur Behauptung und Festigung ihrer Herrschaft. Durch die damit einhergehende Verschärfung bestehender »nationaler« Spannungen im Innern wird aber das Gegenteil erreicht. Der Boden wird bereitet für militante sezessionistische »Befreiungsbewegungen«, die sich nun nicht mehr gegen die Kolonialmacht, sondern gegen den Staat richten, wie er aus der Entkolonialisierung hervorgegangen ist. Damit aber verletzen die »Befreiungsbewegungen« der zweiten Generation offenbar einen sakrosankten Grundsatz des heutigen Völkerrechts. Denn die Frage, wem politische Selbstbestimmung zusteht, ist nach dem Zweiten Weltkrieg ins Zwielicht geraten. Nach Meinung der Staatenmehrheit in der UNO gilt das Recht auf Selbstbestimmung nicht für alle Völker und für alle ethnischen Minderheiten. In einer bemerkenswerten Verengung des Begriffs wird Selbstbestimmung von ihr nur im Blick auf koloniale Abhängigkeit und ihre Beendigung anerkannt. Alle anderen Möglichkeiten von Selbstbestimmung werden praktisch verneint.[36]

Neben Nationalismus, Separatismus und »Tribalismus« haben Bemühungen, die auf eine Überwindung nationalstaatlicher Grenzen und eines Denkens in nationalstaatlichen Kategorien zielen, in der Dritten Welt bisher keine große Bedeutung gewinnen können.

Das war in Europa seit dem 19. Jahrhundert nicht wesentlich anders. Angesichts des Fehlens oder nur schwach ausgebildeter nationaler Identitäten genoß das *Nation-Building* in der Dritten Welt Priorität. Der Panafrikanismus war im Grunde nur in der frühen Phase der Dekolonisation eine politische Kraft, als Politiker wie Kwame Nkrumah, Jomo Kenyatta, Julius Nyerere, Hastings Banda, Léopold S. Senghor oder Sékou Touré der sich abzeichnenden »Balkanisierung« Afrikas entgegenzuwirken versuchten. Unter der Parole »Wir sind alle Afrikaner« behaupteten sie eine afrikanische Identität, die selbst die Unterschiede zwischen dem »britischen« und dem »französischen« Afrika, zwischen dem Afrika nördlich und südlich der Sahara überwinden könne.

Die Idee der politischen und wirtschaftlichen Einheit Afrikas, die ursprünglich von Afro-Amerikanern entwickelt und getragen wurde[37], zeitigte als konkretes Ergebnis die 1963 in Addis Abeba gegründete Organisation für Afrikanische Einheit (OAU). Gemessen an den weitergehenden Plänen, wie sie etwa dem ghanaischen Staatschef Nkrumah zeitweise vorschwebten, war sie ein unbefriedigender Kompromiß. Als eine Art Landfriedensbündnis legt die OAU den Nachdruck auf die innerafrikanischen Beziehungen. Ihre Charta verpflichtet die Mitgliedsstaaten, die territoriale Integrität der anderen Staaten zu achten und sich nicht in ihre inneren Angelegenheiten einzumischen. Sie fordert die Unterzeichner zur friedlichen Streitbeilegung auf, sieht aber nicht ausdrücklich eine Beistandspflicht bei einem Angriff von außen auf einen Mitgliedsstaat vor. Das Bemühen der Mitgliedsstaaten, angesichts ihrer spezifischen Probleme den Status quo zu sichern und irredentistischen Forderungen von vornherein die Spitze zu nehmen, ist unübersehbar. Die OAU, der außer der Südafrikanischen Union alle unabhängigen Staaten Afrikas angehören, bietet den afrikanischen Politikern ein Diskussionsforum. Sie vermag zwischen den Mitgliedsstaaten im Konfliktfalle zu vermitteln und zu schlichten. Darin wird man vorläufig ihren Wert sehen müssen.

Als Gegenkraft zum Nationalismus der Einzelstaaten hat sich auch der Panarabismus nicht durchsetzen können. Obwohl die arabischen Länder zwischen Atlantik und Persischem Golf zu den kulturell homogensten Staaten in der Dritten Welt gehören, ist die Idee der geeinten arabischen Nation gegenüber dem einzelstaatlichen Nationalismus immer mehr in den Hintergrund getreten. Die Vorstellung, Ägypten könne wie einst Piemont oder Preußen die arabische Einheit herstellen, verflüchtigte sich mit dem Tode Gamal Abdel Nassers 1970.[38] Der wichtigste politische Integrationsfaktor der arabischen Länder war lange Zeit das Palästinenserproblem, vor allem aber die gemeinsame Ablehnung des Staates Israel, die andere politische und ideologische Differenzen überdeckte. Seit die gemeinsame Front der arabischen Staaten gegen Israel tiefe Risse zeigt, verliert der Panarabismus, der zudem meist das Stigma eines hegemonialen Anspruchs trägt, seine Integrationskraft. Der schwindende Einfluß der Arabischen Liga, die seit 1945 die arabischen Staaten zur außenpolitischen Zusammenarbeit und friedlichen Beilegung innerarabischer Konflikte verpflichtet, scheint dafür ein Indiz zu sein. Auf die Schwäche des Panarabismus ist es zurückzuführen, daß die gleichzeitige Zugehörigkeit der nordafrikanischen Staaten zur OAU und zur Arabischen Liga bislang noch keine außenpolitischen Probleme verursacht hat.

Auch wenn man zur Kenntnis nehmen muß, daß alle Panbewegungen seit dem 19. Jahrhundert wenig zur Überwindung des Nationalismus beitragen konnten, deuten doch die immer wieder unternommenen Versuche zur Kooperation über nationalstaatliche Grenzen hinweg die Möglichkeit einer anders gestalteten Weltordnung an, in der nationales Denken und Handeln zunehmend hinter einer supranationalen Zusammenarbeit auf regionaler Ebene zurücktritt. Die Arabische Liga, die Europäische Gemeinschaft, die Organisation für Afrikanische Einheit, die Vereinigung Südostasiatischer Staaten (ASEAN, gegr. 1967), der Andenpakt (gegr. 1969) oder die Organisation Ostkaribischer Staaten (gegr. 1981) sind dafür Beispiele. Sie erscheinen als Bausteine einer Weltordnung, deren Umrisse in der Zukunft schärfere Konturen gewinnen dürften. Es wird eine Ordnung sein, die den Nationalismus und das Nationalstaatsprinzip relativiert hat – nicht nur in den Beziehungen der Staaten untereinander, sondern auch auf der innerstaatlichen Ebene durch die stärkere Föderalisierung zentralistischer Einheitsstaaten.

Anmerkungen

Vorbemerkung

1 Überblicke über einzelne Nationalbewegungen geben E. Lemberg, Nationalismus, 2 Bde., Reinbek 1964; H. Seton-Watson, Nations and States. An Enquiry into the Origins of Nations and the Politics of Nationalism, London 1977; J. Breuilly, Nationalism and the State, Manchester 1982. Zur Theoriediskussion vgl. H. Mommsen, Der Nationalismus als weltgeschichtlicher Faktor. Probleme einer Theorie des Nationalismus, in: ders., Arbeiterbewegung u. nationale Frage, Göttingen 1979, 15–60; A. D. Smith, Theories of Nationalism, London 1971.

2 R. Wittram, Der Nationalismus als Forschungsaufgabe, in: ders., Das Nationale als europäisches Problem. Beiträge zur Geschichte des Nationalitätsprinzips vornehmlich im 19. Jahrhundert, Göttingen 1954, 36.

I. Was ist Nationalismus?

1 Großer Brockhaus, Wiesbaden 1955^{16}; Stichwort »Nationalismus«.

2 J. Huizinga, Im Banne der Geschichte, Basel 1943^{2}, 132; G. Kaiser, Pietismus u. Patriotismus im literarischen Deutschland. Ein Beitrag zum Problem der Säkularisation, Frankfurt 1973^{2}; L. W. Doob, Patriotism and Nationalism. Their Psychological Foundations, London 1964.

3 H. Kohn, Die Idee des Nationalismus. Ursprung u. Geschichte bis zur Französischen Revolution, Frankfurt 1962, 116.

4 B. C. Shafer, Faces of Nationalism. New Realities and Old Myths, New York 1972, 16; A. Kemiläinen, Nationalism. Problems Concerning the Word, the Concept, and Classification, Jyväskylä 1964.

5 Einen zusammenfassenden Überblick gibt Mommsen, Nationalismus.

6 K. W. Deutsch, Nation u. Welt, in: ders., Nationenbildung – Nationalstaat – Integration, Hg. A. Ashkenasi u. P. Schulze, Düsseldorf 1972, 204.

7 Lemberg, Bd. 2, 16, u. passim.

8 Ebd., 52.

9 Ebd.

10 T. Schieder, Probleme der Nationalismus-Forschung, in: ders. u. P. Burian Hg., Sozialstruktur u. Organisation europäischer Nationalbewegungen, München 1971, 11.

11 F. Meinecke, Weltbürgertum u. Nationalstaat (1907), München 1969^{2}.
12 H. A. Winkler, Einleitung: Der Nationalismus u. seine Funktionen, in: ders. Hg., Nationalismus, Königstein 1978, 6.
13 C. J. H. Hayes, Nationalism as a Religion, in: ders., Essays on Nationalism, New York 1926/Nd. 1966; ders., Nationalism. A Religion, ebd. 1960.
14 T. Nipperdey, Deutsche Geschichte 1800–1866. Bürgerwelt u. starker Staat, München 1983, 300.
15 Deutsch, 204.
16 M. Weber, Wirtschaft u. Gesellschaft, Tübingen 1976^{5}, 528.
17 J. W. Stalin, Marxismus u. nationale Frage, in: ders., Werke, Bd. 2: 1907–1913, Berlin 1950, 272.
18 Ebd., 271.
19 Ebd., 272.
20 Seton-Watson, 1 u. 5.
21 Meinecke, Weltbürgertum.
22 Vgl. M. Zenner, Die Nation im Denken E. Renans, in: K. Kluxen u. W. J. Mommsen Hg., Politische Ideologien u. nationalstaatliche Ordnung. Festschrift für T. Schieder, München 1968, 219–38.
23 T. Schieder, Typologie u. Erscheinungsformen des Nationalstaats in Europa, in: Historische Zeitschrift 202. 1966, 63.
24 H. Rothfels, Grundsätzliches zum Problem der Nationalität, in: ders., Zeitgeschichtliche Betrachtungen, Göttingen 1963^{2}, 97.
25 Winkler, Einleitung, 8.
26 Vgl. Kohn, Idee.
27 Dazu neuerdings J.-M. Mayeur, Elsaß, Lothringen u. die Deutsche Frage 1870–1945, in: J. Becker u. A. Hillgruber Hg., Die Deutsche Frage im 19. u. 20. Jahrhundert, München 1982, 221–38.
28 H. Rothfels, Die Nationalidee in westlicher u. östlicher Sicht, in: ders., Osteuropa u. der deutsche Osten, Köln 1956, 7–18.
29 T. Nipperdey, Der Kölner Dom als Nationaldenkmal, in: O. Dann Hg., Religion – Kunst – Vaterland. Der Kölner Dom im 19. Jahrhundert, Köln 1983, 109f.
30 Nipperdey, Deutsche Geschichte, 312.
31 E. Kedourie, Nationalismus, München 1971, 84.
32 Vgl. O. Dann, Einleitung: Der moderne Nationalismus als Problem historischer Entwicklungsforschung, in: ders. Hg., Nationalismus u. sozialer Wandel, Hamburg 1978, 13.
33 Zit. in Seton-Watson, 107.

II. Emanzipation und Unterdrückung: Zur Typologie des Nationalismus

1 Zit. nach R. Ruland Hg., Restauration u. Fortschritt, München 1963, 46f.
2 Huizinga, 132.
3 V. Gollancz, Aufbruch u. Begegnung, Gütersloh 1954, 354f. (engl. My Dear Timothy. An Autobiographical Letter to his Grandson, London 1952, 292).
4 Dann, Einleitung, 16.
5 Abgedruckt in: H. Kohn Hg., Von Machiavelli zu Nehru. Zur Problemgeschichte des Nationalismus, Freiburg 1964, 117.
6 N. Mansergh, The Irish Question 1840–1921, London 1965^{2}, 76–80.
7 R. Lill, Geschichte Italiens vom 16. Jahrhundert bis zu den Anfängen des Faschismus, Darmstadt 1982^{2}, 111ff.; Lemberg, Bd. 1, 120.
8 Zit. in Kedourie, 17.
9 C. J. H. Hayes, The Historical Evolution of Modern Nationalism (1931), New York 1963^{8}.
10 H.-U. Wehler, Das Deutsche Kaiserreich 1871–1918, Göttingen 1985^{6}, 93f. u. 107–10; G. Eley, Reshaping the German Right. Radical Nationalism and Political Change after Bismarck, New Haven 1980; ders., The Wilhelmine Right: How it Changed, in: R. I. Evans Hg., Society and Politics in Wilhelmine Germany, London 1978, 112–35.
11 H. v. Treitschke, Die ersten Versuche deutscher Kolonialpolitik, in: ders., Deutsche Kämpfe. Schriften zur Tagespolitik, Leipzig 1896, 335; M. Weber, Der Nationalstaat und die Volkswirtschaftspolitik, in: ders., Ges. politische Schriften, Tübingen 1971^{5}, 23.
12 D. Groh, Negative Integration u. revolutionärer Attentismus. Die deutsche Sozialdemokratie am Vorabend des Ersten Weltkrieges, Frankfurt 1973; H.-U. Wehler, Zur Funktion u. Struktur der nationalen Kampfverbände im Kaiserreich, in: W. Conze u. a. Hg., Modernisierung u. nationale Gesellschaft im ausgehenden 18. u. im 19. Jahrhundert, Berlin 1979, 113–24.
13 G. Mann, Deutsche Geschichte des 19. u. 20. Jahrhunderts, Frankfurt 1973, 547.
14 L. Bamberger, Die Nachfolge Bismarcks, Berlin 1889^{2}, 41.
15 A. Summers, The Character of Edwardian Nationalism: Three Popular Leagues, in: P. Kennedy u. A. J. Nicholls Hg., Nationalist and Racialist Movements in Britain and Germany before 1914, London 1981, 75.
16 W. Mock, Entstehung u. Herausbildung einer »radikalen Rechten« in Großbritannien 1900–1914, in: T. Schieder Hg., Beiträge zur britischen Geschichte im 20. Jahrhundert, München 1983, 13.
17 Lill, 256; H. Ullrich, Bürgertum u. nationale Bewegung im Italien des Risorgimento, in: Dann Hg., Nationalismus, 151.

18 Lemberg, Bd. 1, 198–203.
19 E. Kolb, Die Weimarer Republik, München 1984, 37.
20 C. H. Becker, Kulturpolitische Aufgaben des Reiches, Leipzig 1919, 13.
21 A. Mohler, Die konservative Revolution in Deutschland 1918–1932, Stuttgart 1950.
22 A. Hitler, Mein Kampf, München 1937, 736.
23 Hitlers Zweites Buch. Ein Dokument aus dem Jahr 1928, Hg. G. L. Weinberg, Stuttgart 1961, 81.
24 E. Ritter, Das Deutsche Ausland-Institut in Stuttgart 1917–1945. Ein Beispiel deutscher Volkstumsarbeit zwischen den Weltkriegen, Wiesbaden 1976, 136.
25 T. Schieder, Europa im Zeitalter der Weltmächte, in: ders. Hg., Handbuch der Europäischen Geschichte, Bd. 7, Stuttgart 1979, 9.
26 F. Ermacora, Südtirol u. das Vaterland Österreich, Wien 1984, 33.
27 C. F. Latour, Südtirol u. die Achse Berlin–Rom 1938–1945, Stuttgart 1962, 76f.
28 K. Hildebrand, Das Dritte Reich, München 1980[2], 89.

III. Der Risorgimento-Nationalismus in Europa

1 Vgl. zur Problematik: H. Beumann u. W. Schröder Hg., Aspekte der Nationenbildung im Mittelalter, Sigmaringen 1978; H. Beumann Hg., Beiträge zur Bildung der französischen Nation im Früh- u. Hochmittelalter, ebd. 1983; J. Ehlers, Karolingische Tradition u. frühes Nationalbewußtsein in Frankreich, in: Francia 4. 1976, 213–35; ders., Elemente mittelalterlicher Nationsbildung in Frankreich (10.–13. Jahrhundert), in: Historische Zeitschrift 231. 1980, 565–87; F. Graus, Die Nationenbildung der Westslawen im Mittelalter, Sigmaringen 1980; E. D. Marcu, Sixteenth-Century Nationalism, New York 1976; C. Tipton Hg., Nationalism in the Middle Ages, ebd. 1972; K. G. Hugelmann, Stämme, Nation u. Nationalstaat im deutschen Mittelalter, Stuttgart 1956.
2 Winkler, Nationalismus, 5.
3 O. Vossler, Der Nationalgedanke von Rousseau bis Ranke, München 1937.
4 Zit. in Kedourie, 13.
5 I. Wilharm, Die Anfänge des griechischen Nationalstaates 1833–1843, München 1973, 52.
6 A. Dorner u. O. Braun Hg., Schleiermachers Werke, Bd. 1, Leipzig 1910, 529.
7 G. W. F. Hegel, Vorlesungen über die Philosophie der Geschichte, in: Sämtliche Werke, Hg. E. Moldenhauer u. K. M. Michel, Bd. 12, Frankfurt 1970, 56.

8 Herders Sämtliche Werke, Hg. B. Suphan, Bd. 14, Berlin 1909, 277ff.

9 Vgl. H. Rothfels, Sprache, Nationalität u. Völkergemeinschaft, in: ders., Betrachtungen, 115.

10 Artikel 8, Bunreacht na hEireann. Constitution of Ireland, Dublin 1951.

11 Zit. in G. L. Mosse, Die Nationalisierung der Massen. Politische Symbolik u. Massenbewegungen in Deutschland von den Napoleonischen Kriegen bis zum Dritten Reich, Berlin 1976, 85. Allg.: T. Nipperdey, Nationalidee u. Nationaldenkmal in Deutschland im 19. Jahrhundert, in: Historische Zeitschrift 206. 1968, 529–85; ders., Kölner Dom.

12 Vgl. O. Dann, Einleitung, in: T. Schieder u. O. Dann Hg., Nationale Bewegung u. soziale Organisation, I: Vergleichende Studien zur nationalen Vereinsbewegung des 19. Jahrhunderts in Europa, München 1978, XIV.

13 Zur Organisation und Agitation des Risorgimento-Nationalismus sei auf die Studien in dem von Schieder u. Dann herausgegebenen Sammelband verwiesen.

14 Lill, 113f.

15 P. Alter, Nationale Organisationen in Irland 1801–1921, in: Schieder u. Dann Hg., 112f.

16 Vgl. T. Schieder, Der Nationalstaat in Europa als historisches Phänomen, Köln 1964, 26.

17 H. Seton-Watson, »Intelligentsia« u. Nationalismus in Osteuropa 1848–1918, in: Historische Zeitschrift 195. 1962, 331–45; M. Hroch, Das Erwachen kleiner Nationen als Problem der komparativen sozialgeschichtlichen Forschung, in: Schieder u. Burian Hg., Sozialstruktur, 121–39.

18 P. Gobetti, Risorgimento senza eroi, Turin 1926.

19 O. Dann, Nationalismus u. sozialer Wandel in Deutschland 1806 bis 1850, in: ders. Hg., Nationalismus, 113. Für andere Beispiele siehe Hroch und L. Namier, 1848: The Revolution of the Intellectuals, Oxford 1971[6].

20 Zit. in Dann, Nationalismus u. sozialer Wandel, 113.

21 Stalin, 280.

22 Vgl. Schieder, Typologie, 79f.

23 T. Schieder, Partikularismus u. Nationalbewußtsein im Denken des deutschen Vormärz, in: W. Conze Hg., Staat und Gesellschaft im deutschen Vormärz 1815–1848, Stuttgart 1982[3], 22.

24 W. Zorn, Sozialgeschichtliche Probleme der nationalen Bewegung in Deutschland, in: Schieder u. Burian Hg., Sozialstruktur, 106ff.

25 R. Wittram, Wandlungen des Nationalitätsprinzips, in: ders., Das Nationale, 79. Dazu jetzt ausführlich: D. Düding, Organisierter gesellschaftlicher Nationalismus in Deutschland (1808–1847). Bedeutung u.

Funktion der Turner- u. Sängervereine für die deutsche Nationalbewegung, München 1984.

26 H. Ullrich, Bürgertum u. nationale Bewegung im Italien des Risorgimento, in: Dann Hg., Nationalismus, 129.

27 Ebd., 136, 140, 145f.

28 Alter, Organisationen, 79f.; ders., Die irische Nationalbewegung zwischen Parlament u. Revolution. Der konstitutionelle Nationalismus in Irland 1880–1918, München 1971, 196–214.

29 Kohn, Idee, 10.

30 Winkler, Nationalismus, 26.

31 Dann, Einleitung, in: Schieder u. Dann Hg., Nationale Bewegung, XVI.

32 M. Hroch, Die Vorkämpfer der nationalen Bewegung bei den kleinen Völkern Europas. Eine vergleichende Analyse zur gesellschaftlichen Schichtung der patriotischen Gruppen, Prag 1968, 24f.

33 Vgl. zu Deutschland, Italien und Irland die Studien in: Dann Hg., Nationalismus. Außerdem R. M. Berdahl, Der deutsche Nationalismus in neuer Sicht, in: Winkler Hg., Nationalismus, 138–54. Zur »Leserevolution« und zur Entwicklung der Presse in Deutschland: Nipperdey, Geschichte, 587–94.

34 Siehe oben S. 36.

35 Wehler, Funktion, 118.

36 Siehe oben S. 29.

37 N. D. Palmer, The Irish Land League Crisis, New Haven/Conn. 1940, 115.

38 Nipperdey, Geschichte, 306f.; Schieder, Partikularismus, 9ff.

39 H. v. Treitschke, Bundesstaat u. Einheitsstaat, in: ders. Historische u. politische Aufsätze vornehmlich zur neuesten deutschen Geschichte, Bd. 1, Leipzig 1867^3, 448.

40 Dazu T. Schieder, Das Deutsche Kaiserreich von 1871 als Nationalstaat, Köln 1961, 13ff.

41 Ders., Idee u. Gestalt des übernationalen Staates seit dem 19. Jahrhundert, in: Historische Zeitschrift 184. 1957, 338.

42 A. H. L. Heeren, Der Deutsche Bund in seinen Verhältnissen zu dem Europäischen Staatensystem bei Eröffnung des Bundestags dargestellt, Göttingen 1816, 14.

43 O. v. Bismarck, Die Gesammelten Werke, Bd. 8/2: Gespräche, Hg. W. Andreas, Berlin 1926, 106.

44 O. v. Bismarck, Gedanken u. Erinnerungen, Bd. 2, Stuttgart 1898, 45.

45 J. E. Acton, Nationality, in: ders., Essays on Freedom and Power, Hg. G. Himmelfarb, London 1956, 159f., 168.

46 Ebd., 168.

47 H. Mommsen, Sozialismus u. Nation. Zur Beurteilung des Nationalismus in der marxistischen Theorie, in: ders., Arbeiterbewegung, 62.

48 Schieder, Kaiserreich, 16; H.-J. Steinberg, Sozialismus, Internationalismus u. Reichsgründung, in: T. Schieder u. E. Deuerlein Hg., Reichsgründung 1870/71, Stuttgart 1970, 318–44.
49 MEW, Bd. 4, Berlin 1974, 479.
50 Mommsen, Nationalismus, 43.
51 H.-U. Wehler, Sozialdemokratie u. Nationalstaat. Nationalitätenfragen in Deutschland 1840–1914, Göttingen 1971², 19 u. 212.
52 H. Lemberg, Polnische Konzeptionen für ein neues Polen in der Zeit vor 1918, in: T. Schieder u. P. Alter Hg., Staatsgründungen u. Nationalitätsprinzip, München 1974, 92f.; J. D. Clarkson, Labour and Nationalism in Ireland, New York 1925; C. D. Greaves, The Life and Times of James Connolly, London 1961.
53 Siehe Winkler, Nationalismus, 11f.; Wehler, Sozialdemokratie, 30f.
54 Vgl. die beiden Aufsätze von F. Engels Anfang 1849 in der »Neuen Rheinischen Zeitung« (in: MEW, Bd. 6, Berlin 1970, 165–76 u. 270–86); H. Mommsen, Die sozialistische Arbeiterbewegung u. die nationale Frage in der Periode der I. u. II. Internationale, in: Winkler Hg., Nationalismus, 89.
55 Zit. in A. Klíma, Die Entstehung der Arbeiterklasse u. die Anfänge der Arbeiterbewegung in Böhmen, in: W. Fischer Hg., Wirtschafts- u. sozialgeschichtliche Probleme der frühen Industrialisierung, Berlin 1968, 438f.
56 Mommsen, Nationalismus, 55.
57 Dazu ebd., 54–60, u. ders., O. Bauer, K. Renner u. die sozialdemokratische Nationalitätenpolitik in Österreich 1905–1914, in: ders., Arbeiterbewegung, 195–217.
58 Vgl. unten S. 111.
59 R. N. Coudenhove-Kalergi, Paneuropa, Wien 1923, 89; W. Lipgens, Europäische Einigungsidee 1923–1930 u. Briands Europaplan im Urteil der deutschen Akten, in: Historische Zeitschrift 203. 1966, 46–89 u. 316–63.

IV. Der Nationalstaat als politische Organisationsform

1 U. Scheuner, Nationalstaatsprinzip u. Staatenordnung seit dem Beginn des 19. Jahrhunderts, in: Schieder u. Alter Hg., 25.
2 L. Gall, Europa auf dem Weg in die Moderne 1850–1890, München 1984, 21.
3 Dazu L. Gall, Liberalismus u. Nationalstaat. Der deutsche Liberalismus u. die Reichsgründung, in: H. Berding u. a. Hg., Vom Staat des Ancien Régime zum modernen Parteienstaat. Festschrift für T. Schieder, München 1978, bes. 487–91.
4 L. v. Ranke, Sämtliche Werke, Bd. 49/50, Leipzig 1887, 326.

5 Hegel, Philosophie der Geschichte, 82.
6 Ebd., 56.
7 J. C. Bluntschli, Die nationale Staatenbildung u. der moderne deutsche Staat, in: ders., Ges. kleine Schriften, Bd. 2: Aufsätze über Politik u. Völkerrecht, Nördlingen 1881, 90.
8 Zit. bei Schieder, Idee, 336.
9 Ders., Nationale u. übernationale Gestaltungskräfte in der Geschichte des europäischen Ostens, Krefeld 1954, 5.
10 Siehe insbes. ders., Typologie; ders., Nationalstaat, 15ff.
11 Ders., Typologie, 64.
12 J. C. Heß, »Das ganze Deutschland soll es sein« – Die republikanischen Parteien u. die Deutsche Frage in der Weimarer Republik, in: Becker u. Hillgruber Hg., 280.
13 Wilharm, 13.
14 G. Wollstein, Mitteleuropa u. Großdeutschland – Visionen der Revolution 1848/49. Nationale Ziele in der deutschen Revolution, in: D. Langewiesche Hg., Die deutsche Revolution von 1848/49, Darmstadt 1983, 252.
15 Namier, 33.
16 Siehe z. B. G. Wollstein, Das »Großdeutschland« der Paulskirche. Nationale Ziele in der bürgerlichen Revolution 1848/49, Düsseldorf 1977.
17 Zit. in M. Broszat, Zweihundert Jahre deutsche Polenpolitik, Frankfurt 1972, 85.
18 F. Palacký, Gedenkblätter. Auswahl von Denkschriften, Aufsätzen u. Briefen, Prag 1874, 149ff.
19 H. Rumpler, Österreich. Vom »Staat wider Willen« zur österreichischen Nation (1919–1955), in: Becker u. Hillgruber Hg., 239–67. Das Schlagwort lieferte offenbar R. Lorenz, Der Staat wider Willen. Österreich 1918–1938, Berlin 1940.
20 A. Hillgruber, Die Deutsche Frage im 19. u. 20. Jahrhundert – Zur Einführung in die nationale und internationale Problematik, in: Becker u. Hillgruber Hg., 15.
21 P. Burian, Nationalstaat, in: Sowjetsystem u. Demokratische Gesellschaft, Bd. 4, Freiburg 1971, 717.
22 Schieder, Nationalstaat, 20f.
23 E. Viefhaus, Die Minderheitenfrage u. die Entstehung der Minderheitenschutzverträge auf der Pariser Friedenskonferenz 1919. Eine Studie zur Geschichte des Nationalitätenproblems im 19. u. 20. Jahrhundert, Würzburg 1960; I. L. Claude, National Minorities, Cambridge/Mass. 1955.
24 K. Braunias, Nationalgedanke u. Staatsgestaltung im 19. u. 20. Jahrhundert, Tübingen 1934, 42.
25 W. S. Churchill, The Second World War, Bd. 1: The Gathering Storm, London 1971[9], 9.

26 Burian, 714.
27 I. Seipel, Nation u. Staat, Wien 1916, 15.
28 G. Brunn, Die Organisationen der katalanischen Bewegung 1859 bis 1923, in: Schieder u. Dann Hg., 281–568.
29 Namier, 23.
30 Seton-Watson, 236.
31 H. Rothfels, Zur Krise des Nationalstaats, in: ders., Betrachtungen, 124 u. 138.
32 Ebd., 131.
33 Scheuner, 10.
34 Ebd., 11.
35 Deutsch, Nation u. Welt, in: ders., Nationenbildung, 214.
36 T. Schieder, Friedenssicherung u. Staatenpluralismus, in: ders., Einsichten in die Geschichte, Frankfurt 1980, 160.

V. Renaissance des Nationalismus?

1 E. Lemberg, Geschichte des Nationalismus in Europa, Stuttgart 1950, 9 u. 5.
2 Winkler, Nationalismus, 31.
3 Vgl. P. Alter, Wandel u. Kontinuität des Nationalismus in Irland, in: H. A. Winkler Hg., Nationalismus in der Welt von heute, Göttingen 1982, 49f.
4 Winkler, Nationalismus 32.
5 Vgl. die Literaturüberblicke von J. C. Heß, Die Bundesrepublik Deutschland auf dem Wege zur Nation?, in: Neue Politische Literatur 26. 1981, 292–324, u. T. Mayer, Die Nationale Frage in Deutschland, in: ebd. 28. 1983, 295–324.
6 W. Weidenfeld Hg., Die Identität der Deutschen, München 1983.
7 G. Schweigler, Nationalbewußtsein in der BRD u. der DDR, Düsseldorf 1974^2.
8 Dazu P.-C. Ludz, Deutschlands doppelte Zukunft. Bundesrepublik u. DDR in der Welt von morgen, München 1974; G. Gaus, Wo Deutschland liegt, Hamburg 1983.
9 Vgl. dazu W. Weidenfeld, Die Frage nach der Einheit der Nation, München 1981, 93–100; K.-E. Jeismann, Die Einheit der Nation im Geschichtsbild der DDR, in: Aus Politik u. Zeitgeschichte. Beilage zur Wochenzeitung ›Das Parlament‹ B 32–33/1983, 11ff. Das Politbüro-Mitglied Hermann Axen gebrauchte 1976 sogar die Formel von der »Sozialistischen Nation deutscher Nationalität« (C. C. Schweitzer Hg., Die deutsche Nation. Aussagen von Bismarck bis Honecker, Köln 1979^2, 612).
10 E. Schulz, Die deutsche Nation in Europa, Bonn 1982, 49f.
11 Hillgruber, Deutsche Frage, in: Becker u. Hillgruber Hg., 10.

12 E. Noelle-Neumann, Im Wartesaal der Geschichte, in: Frankfurter Allg. Zeitung 14. 3. 1984, 8.
13 Vgl. Die Zeit 29. 1. 1982, 12 (»Sind die Deutschen Nationalisten?«); Der Spiegel 1. 2. 1982, 34–41; Frankfurter Allg. Zeitung 2. 8. 1983, 6; Die Zeit 11. 11. 1983, 14.
14 Zit. in: W. D. Behschnitt, Nationalismus bei Serben und Kroaten 1830–1914, München 1980, 7.
15 K.-D. Grothusen, Jugoslawien zwischen Ost u. West, in: C. Gneuss u. K.-D. Grothusen Hg., Jugoslawien. Aspekte der Gegenwart – Perspektiven der Zukunft, Stuttgart 1979, 29.
16 Vgl. Behschnitt, 10.
17 J. G. Reißmüller, Ein kleines Volk behauptet sich, in: Frankfurter Allg. Zeitung 17. 11. 1983, 10.
18 S. Rokkan, Center Formation, Nation-Building, and Cultural Diversity, in: S. N. Eisenstadt u. S. Rokkan Hg., Building States and Nations, Beverly Hills 1973, 17ff.
19 R. Sturm, Nationalismus in Schottland u. Wales 1966–1980, Bochum 1981, 97.
20 Vgl. Frankfurter Allg. Zeitung 13. 6. 1984, 4.
21 T. Nairn, The Break-Up of Britain: Crisis and Neo-Nationalism, London 1977.
22 Quelle: R. Sturm, Nationalbewußtsein u. nationalistische Wahlerfolge in Schottland, in: R. S. Elkar Hg., Europas unruhige Regionen. Geschichtsbewußtsein u. europäischer Regionalismus, Stuttgart 1981, 165; ders., Nationalismus u. Devolutionspolitik: Der Kampf um die Einheit Großbritanniens, in: D. Gerdes Hg., Aufstand der Provinz. Regionalismus in Westeuropa, Frankfurt 1980, 69.
23 Alter, Wandel, 42f.
24 Hierzu bes. Elkar Hg.
25 J. Blaschke, Einleitung, in: ders. Hg., Handbuch der europäischen Regionalbewegungen, Frankfurt 1980, 7.
26 M. Hechter, Internal Colonialism. The Celtic Fringe in British National Development, 1536–1966, London 1975; E. Gellner, Thought and Change, London 1964, 147–78; T. Nairn, Break-Up. Zur Kritik des Konzepts vom »internen Kolonialismus«: Sturm, Nationalismus, 165–76.
27 H. Seton-Watson, Unsatisfied Nationalisms, in: Journal of Contemporary History 6. 1971, 3–13.
28 Winkler, Nationalismus, 19.
29 Vgl. L.-J. B. Duala-M'Bedy, Die Problematik afrikanischer Staatenbildung, in: Vierteljahrshefte für Zeitgeschichte 18. 1970, 292.
30 A. A. Mazrui, Africa: The Political Culture of Nationhood and the Political Economy of the State, in: Millenium. Journal of International Studies 12. 1983, 210.

31 Scheuner, 33.
32 D. Rothermund, Probleme der nationalen Integration in Südasien, in: Winkler Hg., Nationalismus in der Welt von heute, 155.
33 Vgl. Frankfurter Allg. Zeitung 20. 3. 1984, 9.
34 Vgl. Breuilly, 167.
35 A. Wirz, Koloniale Staatsbildung, ethnischer Nationalismus u. politischer Zerfall in Nigeria, in: P. Hablützel u. a. Hg., Dritte Welt: Historische Prägung u. politische Herausforderung. Festschrift R. v. Albertini, Wiesbaden 1983, 122f.
36 Vgl. Scheuner, 33.
37 I. Geiss, Panafrikanismus. Zur Geschichte der Dekolonisation, Frankfurt 1968, 16.
38 T. Hanf, Arabismus u. Islamismus, in: Winkler Hg., Nationalismus in der Welt von heute, 166.

Auswahlbibliographie

Einen Überblick über die kaum noch überschaubare Literatur zum Nationalismus und zur Geschichte einzelner Nationalbewegungen bis 1978 verschaffen die Bibliographien von K. W. Deutsch u. R. L. Merritt, Nationalism and National Development. An Interdisciplinary Bibliography 1935–1965, Cambridge/Mass. 1970, und H. A. Winkler u. T. Schnabel, Bibliographie zum Nationalismus, Göttingen 1979. Der Sammelband von H. A. Winkler Hg., Nationalismus, Königstein 1978, enthält ebenfalls eine umfangreiche Bibliographie.

Die folgenden Literaturangaben orientieren sich an der Gliederung dieses Bandes. Sie beschränken sich auf Titel, die für die behandelten Probleme von besonderer Bedeutung sind oder sie vertiefen. Zu Aspekten des Nationalismus, die hier nicht behandelt wurden, werden gelegentlich auch Arbeiten aufgeführt.

I. Theoretische, vergleichende und übergreifende Darstellungen

Breuilly, J., Nationalism and the State, Manchester 1982 (konzentriert sich auf die legitimierende Funktion von Nationalismus)

Conze, W., Nation u. Gesellschaft. Zwei Grundbegriffe der revolutionären Epoche, in: Historische Zeitschrift 198. 1964, 1–16

Craig, G. A., Geschichte Europas im 19. u. 20. Jahrhundert, Bd. 1: 1815–1980, München 1983

Dann, O. Hg., Nationalismus u. sozialer Wandel, Hamburg 1978 (mit Aufsätzen über Polen, Irland, Deutschland, Italien und die Dritte Welt)

Deutsch, K. W., Nationalism and Social Communication. An Inquiry into the Foundations of Nationality, Cambridge/Mass. 1966² (grundlegendes Werk für die moderne Nationalismusforschung und -interpretation)

Ders., Nationenbildung – Nationalstaat – Integration, Hg. A. Ashkenasi u. P. Schulze, Düsseldorf 1972 (Aufsätze, die den kommunikationssoziologischen Ansatz fortführen)

Gall, L., Europa auf dem Weg in die Moderne 1850–1890, München 1984 (Charakterisierung der Epoche und Grundprobleme der Forschung)

Gellner, E., Nations and Nationalism, Oxford 1983

Hättich, M., Nationalbewußtsein u. Staatsbewußtsein in der pluralistischen Gesellschaft, Mainz 1966³

Hayes, C. J. H., The Historical Evolution of Modern Nationalism, New York 1963³ (bis heute nicht veraltete Pionierarbeit der vergleichenden Nationalismusforschung)

Ders., Essays on Nationalism, New York 1926/Neudruck 1966
Kamenka, E. Hg., Nationalism. The Nature and Evolution of an Idea, London 1976 (Quellen und Dokumente)
Kedourie, E., Nationalismus, München 1971 (Ideengeschichte des Nationalismus)
Kemiläinen, A., Nationalism. Problems Concerning the Word, the Concept, and Classification, Jyväskylä 1964
Kohn, H., Die Idee des Nationalismus. Ursprung u. Geschichte bis zur Französischen Revolution, Frankfurt 1962 (detaillierte Untersuchung der Vorformen und Ursprünge der nationalen Ideologie)
Lemberg, E., Geschichte des Nationalismus in Europa, Stuttgart 1950 (immer noch lesenswerter Überblick über nationale Bewegungen in Europa)
Ders., Nationalismus, 2 Bde, Reinbek 1964 (vergleichende Analyse verschiedener Nationsbildungen und Typologie des Nationalismus)
Minogue, K. R., Nationalismus, München 1970
Mommsen, H. u. Martiny, A., Nationalismus, Nationalitätenfrage, in: Sowjetsystem und Demokratische Gesellschaft, Bd. 4, Freiburg 1971, 623–695 (Überblick über Ansätze und Geschichte der internationalen Nationalismusforschung, speziell über marxistische Theorien zum Nationalismus)
Schieder, T., Staatensystem als Vormacht der Welt 1848–1918, Frankfurt 1977 (eine der besten Darstellungen der Epoche)
Ders. Hg., Handbuch der europäischen Geschichte, Bd. 5 u. Bd. 6, Stuttgart 1981 u. 1968 (über die Nationalstaatsbildungen in Europa)
Seton-Watson, H., Nations and States. An Enquiry into the Origins of Nations and the Politics of Nationalism, London 1977 (beschreibt Entstehung von Nationalbewußtsein und Nationalstaaten seit dem ausgehenden 18. Jahrhundert)
Shafer, B. C., Nationalism, Washington 1963[2]
Ders., Faces of Nationalism, New York 1972
Smith, A. D., Theories of Nationalism, London 1971 (Auseinandersetzung mit den wichtigsten Theorien und Modellen zur Erklärung des Nationalismus)
Ders. Hg., Nationalist Movements, London 1976
Snyder, L. L., Varieties of Nationalism, Hinsdale/Ill. 1976
Vogt, H., Nationalismus gestern u. heute, Opladen 1967
Winkler, H. A. Hg., Nationalismus, Königstein 1978 (enthält neben wegweisenden Aufsätzen der Nationalismusforschung eine Einleitung des Herausgebers zur Problematik)

II. Emanzipation und Unterdrückung: Zur Typologie des Nationalismus

v. Albertini, R., Europäische Kolonialherrschaft 1880–1940, Zürich 1976
Anderson, P. R., The Background to Anti-English Feeling in Germany 1890–1902, New York 1969²
Ashkenasi, A., Modern German Nationalism, New York 1976
Beasley, W. G., The Meiji Restauration, Stanford 1973
Chickering, R., We Men Who feel Most German. A Cultural Study of the Pan-German League, 1886–1914, London 1984
Dahrendorf, R., Gesellschaft u. Demokratie in Deutschland, München 1968
Dakin, D., The Greek Struggle for Independence 1821–1833, London 1973
Della Peruta, F., Mazzini e i rivoluzionari italiani. Il »partito d'azione« 1830–1845, Mailand 1974
Droz, J., Der Nationalismus der Linken u. der Nationalismus der Rechten in Frankreich 1871–1914, in: Historische Zeitschrift 210. 1970, 1–13
Düwell, K., Deutschlands auswärtige Kulturpolitik 1918–1932, Köln 1976
Ehlen, P. Hg., Der polnische Freiheitskampf 1830/31 und die liberale deutsche Polenfreundschaft, München 1982
Eisenstadt, S. N. u. Rokkan, S. Hg., Building States and Nations, 2 Bde., Beverly Hills 1973
Eley, G., Reshaping the German Right. Radical Nationalism and Political Change after Bismarck, New Haven/Conn. 1980
Gerecke, D., Das deutsche Echo auf die polnische Erhebung von 1830, Wiesbaden 1964
Geyer, D., Der russische Imperialismus. Studien über den Zusammenhang von innerer u. auswärtiger Politik 1860–1914, Göttingen 1977
Girardet, F. Hg., Le nationalisme français 1871–1914, Paris 1966²
Hales, E. E. Y., Mazzini and the Secret Societies, London 1956
Hall, J. W., Das Japanische Kaiserreich, Frankfurt 1968
Hayes, C. J. H., Nationalism. A Religion, New York 1960
Heinemann, U., Die verdrängte Niederlage. Politische Öffentlichkeit u. Kriegsschuldfrage in der Weimarer Republik, Göttingen 1983
Hess, J. C., »Das ganze Deutschland soll es sein« – Demokratischer Nationalismus in der Weimarer Republik am Beispiel der Deutschen Demokratischen Partei, Stuttgart 1978
Hirschfeld, G., Fremdherrschaft und Kollaboration. Die Niederlande unter deutscher Besatzung 1940–1945, Stuttgart 1984
Kennedy, P. M., The Rise of the Anglo-German Antagonism 1860–1914, London 1980

Ders. u. Nicholls, A. J. Hg., Nationalist and Racialist Movements in Britain and Germany before 1914, London 1981
Kettenacker, L., Der Mythos vom Reich, in: K. H. Bohrer Hg., Mythos und Moderne, Frankfurt 1983, 261–89
Ders., Nationalsozialistische Volkstumspolitik im Elsaß, Stuttgart 1973
Kinross, J., Atatürk. The Rebirth of a Nation, London 1964
Kolb, E., Polenbild u. Polenfreundschaft der deutschen Frühliberalen. Zu Motivation u. Funktion außenpolitischer Parteinahme im Vormärz, in: Saeculum 26. 1975, 111–27
Ders., Die Weimarer Republik, München 1984
Krockow, C. v., Nationalismus als deutsches Problem, München 1974[2]
Kushner, D., The Rise of Turkish Nationalism, 1876–1908, London 1977
Lepsius, M. R., Extremer Nationalismus. Strukturbedingungen vor der nationalsozialistischen Machtergreifung, Stuttgart 1966
Lewis, B., The Emergence of Modern Turkey, Oxford 1968[2]
Maruyama, M., Der Nationalismus in Japan: Historische Grundlagen u. theoretische Perspektiven, in: H. A. Winkler Hg., Nationalismus, Königstein 1978, 215–31
Meinecke, F., Weltbürgertum u. Nationalstaat, München 1969[2]
Mitchison, R. Hg., The Roots of Nationalism. Studies in Northern Europe, Edinburgh 1980
Mommsen, W. J. Hg., Der moderne Imperialismus, Stuttgart 1971
Ders., Der europäische Imperialismus. Aufsätze u. Abhandlungen, Göttingen 1979
Nolte, E., Der Faschismus in seiner Epoche. Die Action française. Der italienische Faschismus. Der Nationalsozialismus, München 1963 u. ö.
Quack-Eustathiades, R., Der deutsche Philhellenismus während des griechischen Freiheitskampfes 1821–1827, München 1984
Rogger, H. u. Weber, E. Hg., The European Right, Stanford 1965
Rosenberg, H., Politische Denkströmungen im deutschen Vormärz, Göttingen 1972
Rutkoff, P. M., Revanche and Revision. The Ligue des Patriotes and the Origins of the Radical Right in France, 1882–1900, Athens/Ohio 1981
Seton-Watson, C., Italy from Liberalism to Fascism 1870–1925, London 1967
Snyder, L. L., Roots of German Nationalism, Bloomington/Ind. 1978
Sontheimer, K., Antidemokratisches Denken in der Weimarer Republik. Die politischen Ideen des deutschen Nationalismus 1918–1933, München 1968[2]
Sternhell, Z., Maurice Barrès et le nationalisme français, Paris 1972
Ders., La droite révolutionnaire 1885–1914. Les origines françaises du fascisme, Paris 1978
Stürmer, M., Das ruhelose Reich. Deutschland 1866–1918, Berlin 1983

Thaden, E. C. Hg., Russification in the Baltic Provinces and Finland 1855–1914, Princeton/N. J. 1981
Tümmler, H., »Deutschland, Deutschland über alles«. Zur Geschichte u. Problematik unserer Nationalhymne, Köln 1979
Valsecchi, F., Nation, Nationalität, Nationalismus im italienischen Denken, in: Historische Zeitschrift 210. 1970, 14–33
Vossler, O., Mazzinis politisches Denken u. Wollen in den geistigen Strömungen seiner Zeit, München 1927
Weber, E., Peasants into Frenchmen, Princeton/N. J. 1976
Wehler, H.-U., Krisenherde des Kaiserreichs 1871–1918, Göttingen 1979²
Ders., Das deutsche Kaiserreich 1871–1918, Göttingen 1985⁶
Wende, P., Radikalismus im Vormärz. Untersuchungen zur politischen Theorie der frühen deutschen Demokratie, Wiesbaden 1975
Winkler, H. A., Vom linken zum rechten Nationalismus. Der deutsche Liberalismus in der Krise von 1878/79, in: Geschichte und Gesellschaft 4. 1978, 5–28
Ders., Liberalismus u. Antiliberalismus. Studien zur politischen Sozialgeschichte des 19. u. 20. Jahrhunderts, Göttingen 1979
Wippermann, W., Europäischer Faschismus im Vergleich 1922–1982, Frankfurt 1983
Zillessen, H. Hg., Volk – Nation – Vaterland. Der deutsche Protestantismus u. der Nationalismus, Gütersloh 1970

III. Der Risorgimento-Nationalismus in Europa

Alter, P., Die irische Nationalbewegung zwischen Parlament u. Revolution. Der konstitutionelle Nationalismus in Irland 1880–1918, München 1971
Armstrong, J. A., Nations before Nationalism, Chapel Hill/N. C. 1982
Baier, D., Sprache u. Recht im alten Österreich, München 1983
Beales, D., The Risorgimento and the Unification of Italy, London 1981²
Beckett, J. C., The Making of Modern Ireland 1603–1923, London 1966
Behschnitt, W. D., Nationalismus bei Serben u. Kroaten 1830–1914, München 1980
Berding, H. u. Ullmann, H.-P. Hg., Deutschland zwischen Revolution und Restauration, Königstein 1981
Birke, E., Herder u. die Slawen, in: W. Hubatsch Hg., Schicksalswege deutscher Vergangenheit. Beiträge zur geschichtlichen Deutung der letzten hundertfünfzig Jahre, Düsseldorf 1950, 81–102
Böckenförde, E.-W., Die Einheit von nationaler u. konstitutioneller politischer Bewegung im deutschen Frühliberalismus, in: ders. Hg., Moderne deutsche Verfassungsgeschichte 1815–1918, Köln 1972/Königstein 1980², 27–39

Boyce, D. G., Nationalism in Ireland, London 1982
Burian, P., Das Germanische Nationalmuseum u. die deutsche Nation, in: B. Deneke u. R. Kahsnitz Hg., Das Germanische Nationalmuseum Nürnberg 1852–1977, München 1978, 127–262
Conze, W. u. Groh, D., Die Arbeiterbewegung in der nationalen Bewegung. Die deutsche Sozialdemokratie vor, während u. nach der Reichsgründung, Stuttgart 1966
Cronin, S., Irish Nationalism. A History of its Roots and Ideology, Dublin 1980
Dann, O. Hg., Religion – Kunst – Vaterland. Der Kölner Dom im 19. Jahrhundert, Köln 1983
Haupts, L., Dombaufeste 1863, 1867 u. 1880 in Köln u. das preußisch-deutsche Kaiserreich, in: Rheinische Vierteljahresblätter 46. 1982, 161–89
Hoensch, J. K., Geschichte Polens, Stuttgart 1983
Hroch, M., Die Vorkämpfer der nationalen Bewegung bei den kleinen Völkern Europas. Eine vergleichende Analyse zur gesellschaftlichen Schichtung der patriotischen Gruppen, Prag 1968
Kolb, E. Hg., Europa u. die Reichsgründung. Preußen-Deutschland in der Sicht der großen europäischen Mächte 1866–1880, München 1980
Lill, R., Geschichte Italiens vom 16. Jahrhundert bis zu den Anfängen des Faschismus, Darmstadt 1982[2]
Lutz, H., Österreich-Ungarn u. die Gründung des Deutschen Reiches. Europäische Entscheidungen 1867–1871, Frankfurt 1979
Ders. u. Rumpler, H. Hg., Österreich und die deutsche Frage im 19. u. 20. Jahrhundert. Probleme der politisch-staatlichen u. soziokulturellen Differenzierung im deutschen Mitteleuropa, Wien 1982
Mack Smith, D., Victor Emanuel, Cavour, and the Risorgimento, London 1971
Meinecke, F., Das Zeitalter der deutschen Erhebung 1795–1815, Göttingen 1963
Mommsen, H., Arbeiterbewegung u. nationale Frage. Ausgewählte Aufsätze, Göttingen 1979
Mosse, G. L., Die Nationalisierung der Massen. Politische Symbolik u. Massenbewegungen in Deutschland von den Napoleonischen Kriegen bis zum Dritten Reich, Berlin 1976
Nairn, T. u. a., Nationalismus und Marxismus, Berlin 1978
Nationalism. A Report by a Study Group of Members of the Royal Institute of International Affairs, London 1939/Nd. New York 1965
Nipperdey, T., Deutsche Geschichte 1800–1866. Bürgerwelt u. starker Staat, München 1983
Plessner, H., Die verspätete Nation. Über die politische Verführbarkeit bürgerlichen Geistes, Stuttgart 1959[4]

Rosdolsky, R., Friedrich Engels u. das Problem der »geschichtslosen« Völker, in: Archiv für Sozialgeschichte 4. 1964, 87–282
Schieder, T. u. Burian, P. Hg., Sozialstruktur u. Organisation europäischer Nationalbewegungen, München 1971
Ders. u. Dann, O. Hg., Nationale Bewegung u. soziale Organisation, I: Vergleichende Studien zur nationalen Vereinsbewegung des 19. Jahrhunderts in Europa, München 1978
Ders. u. Deuerlein, E. Hg., Reichsgründung 1870/71, Stuttgart 1970
Turczynski, E., Konfession u. Nation. Zur Frühgeschichte der serbischen u. rumänischen Nationsbildung, Düsseldorf 1976
Vossler, O., Der Nationalgedanke von Rousseau bis Ranke, München 1937
Wandruszka, A. u. Urbanitsch, P. Hg., Die Habsburgermonarchie 1848–1918, 3 Bde., Wien 1973–80
Wehler, H.-U., Sozialdemokratie u. Nationalstaat. Nationalitätenfragen in Deutschland 1840–1914, Göttingen 1971[2]
Wilharm, I., Die Anfänge des griechischen Nationalstaates 1833–1843, München 1973
Winkler, H. A., Bürgerliche Emanzipation u. nationale Einigung. Die Entstehung des Nationalliberalismus in Preußen, in: H. Böhme Hg., Probleme der Reichsgründungszeit 1848–1879, Köln 1968, 226–42

IV. Der Nationalstaat als politische Organisationsform

v. Albertini, R., Dekolonisation. Die Diskussion über Verwaltung u. Zukunft der Kolonien 1919–1960, Köln 1966
Ansprenger, F., Auflösung der Kolonialreiche, München 1973[2]
Aron, R., Frieden u. Krieg. Eine Theorie der Staatenwelt, Frankfurt 1963
Burghardt, A. u. Matis, H. Hg., Die Nation-Werdung Österreichs, Wien 1976
Burian, P. u. Mommsen, H., Nationalstaat, in: Sowjetsystem und Demokratische Gesellschaft, Bd. 4, Freiburg 1971, 713–40
Cobban, A., The Nation State and National Self-Determination, London 1969
Curran, J. M., The Birth of the Irish Free State 1921–1923, University/Alab. 1980
Dakin, D., The Unification of Greece 1770–1923, London 1972
Deutsch, K. W., Der Nationalismus u. seine Alternativen, München 1972
Fehrenbach, E., Über die Bedeutung der politischen Symbole im Nationalstaat, in: Historische Zeitschrift 213. 1971, 296–357
Geyer, D. Hg., Nationalitätenprobleme in Osteuropa, in: Geschichte und Gesellschaft 8. 1982, 159–293

Haas, E. B., Beyond the Nation-State. Functionalism and International Organization, Stanford 1964
Hamerow, T. S., The Birth of a New Europe: State and Society in the Nineteenth Century, Chapel Hill/N. C. 1983
Hantsch, H., Die Nationalitätenfrage im alten Österreich. Das Problem der konstruktiven Reichsgründung, Wien 1953
Hinsley, F. H., Nationalism and the International System, London 1973
Hoensch, J. K., Die Geschichte der Tschechoslowakischen Republik 1918–1965, Stuttgart 1978[2]
Huber, E. R., Nationalstaat u. Verfassungsstaat, Stuttgart 1965
Kann, R. A., Das Nationalitätenproblem der Habsburgermonarchie. Geschichte u. Ideengehalt der nationalen Bestrebungen vom Vormärz bis zur Auflösung des Reiches im Jahr 1918, Graz 1964[2]
Kappeler, A., Historische Voraussetzungen des Nationalitätenproblems im russischen Vielvölkerreich, in: Geschichte u. Gesellschaft 8. 1982, 159–83
Kluxen, K. u. Mommsen, W. J. Hg., Politische Ideologien und nationalstaatliche Ordnung. Festschrift für T. Schieder, München 1968
Link, W., Der Ost-West-Konflikt. Die Organisation der internationalen Beziehungen im 20. Jahrhundert, Stuttgart 1980
Massiczek, A. Hg., Die österreichische Nation. Zwischen zwei Nationalismen, Wien 1967
Pabst, K., Das Problem der deutsch-belgischen Grenze in der Politik der letzten 150 Jahre, in: Zeitschrift des Aachener Geschichtsvereins 77. 1966, 183–210
Pearson, R., National Minorities in Eastern Europe 1848–1945, London 1983
Sauer, W., Das Problem des deutschen Nationalstaates, in: H.-U. Wehler Hg., Moderne deutsche Sozialgeschichte, Königstein 1981[6], 407–36
Schieder, T., Wandlungen des Staates in der Neuzeit, in: ders., Einsichten in die Geschichte, Frankfurt 1980, 175–209
Ders., Zum Problem des Staatenpluralismus in der modernen Welt, Köln 1969
Ders., Das Deutsche Kaiserreich von 1871 als Nationalstaat, Köln 1961
Ders., Der Nationalstaat in Europa als historisches Phänomen, Köln 1964
Ders. u. Alter, P. Hg., Staatsgründungen u. Nationalitätsprinzip, München 1974
Ders. u. Brunn, G. Hg., Hauptstädte in europäischen Nationalstaaten, München 1983
Scott, I., The Rise of the Italian State. A Study of Italian Politics During the Period of Unification, Meerut 1980
Suval, S., The Anschluss Question in the Weimar Era. A Study of Nationalism in Germany and Austria 1918–1932, Baltimore 1974

Tilly, C. Hg., The Formation of National States in Western Europe, Princeton/N. J. 1975
Tivey, L. J., The Nation-State. The Formation of Modern Politics, Oxford 1981
Wollstein, G., Das »Großdeutschland« der Paulskirche. Nationale Ziele in der bürgerlichen Revolution 1848/49, Düsseldorf 1977

V. Renaissance des Nationalismus?

1. Europa

Barclay, G. S. J., Twentieth-Century Nationalism, London 1971
Benz, W. u. a., Einheit der Nation. Diskussionen u. Konzeptionen zur Deutschlandpolitik der großen Parteien seit 1945, Stuttgart 1978
Bertsch, G. K., Nation-Building in Yugoslavia. A Study of Political Integration and Attitudal Consensus, Beverly Hills 1971
Brandt, P. u. Ammon, H. Hg., Die Linke u. die nationale Frage. Dokumente zur deutschen Einheit seit 1945, Reinbek 1981
Brunner, G. u. Meissner, B. Hg., Nationalitätenprobleme in der Sowjetunion u. Osteuropa, Köln 1982
Dahrendorf, R., Die Staatsräson der Bundesrepublik Deutschland, Konstanz 1976
Friedrich, C. J., Europa – Nation im Werden?, Darmstadt 1972
Gaus, G., Wo Deutschland liegt, Hamburg 1983
Gneuss, C. u. Grothusen, K.-D. Hg., Jugoslawien. Aspekte der Gegenwart – Perspektiven der Zukunft, Stuttgart 1979
Hofer, W., Europa u. die Einheit Deutschlands. Eine Bilanz nach 100 Jahren, Köln 1970
King, R. R., Minorities under Communism. Nationalities as a Source of Tension among Balkan States, Cambridge/Mass. 1973
Kosing, A. u. Schmidt, W., Zur Herausbildung der sozialistischen Nation in der DDR, in: Deutschland-Archiv 7. 1974, 297–306
Lepsius, M. R., Die Teilung Deutschlands u. die deutsche Nation, in: L. Albertin u. W. Link Hg., Politische Parteien auf dem Weg zur parlamentarischen Demokratie in Deutschland, Düsseldorf 1981, 417–49
Ludz, P. C., Zum Begriff der Nation in der Sicht der SED. Wandlungen und politische Bedeutung, in: Deutschland-Archiv 5. 1972, 17–27
Meissner, B. u. Hacker, J., Die Nation in östlicher Sicht, Berlin 1977
Moersch, K., Sind wir denn eine Nation? Die Deutschen u. ihr Vaterland, Stuttgart 1982
Motschmann, K., Sozialismus u. Nation. Wie deutsch ist die »DDR«?, München 1979
Pross, H., Was ist heute deutsch?, Reinbek 1982

Schulz, E., Die deutsche Nation in Europa, Bonn 1982
Smith, A. D., Nationalism in the Twentieth Century, Oxford 1979
Tudjman, F., Nationalism in Contemporary Europe, New York 1981
Wehler, H.-U., Nationalitätenpolitik in Jugoslawien. Die deutsche Minderheit 1918–1978, Göttingen 1980
Weidenfeld, W., Die Frage nach der Einheit der deutschen Nation, München 1981
Ders. Hg., Die Identität der Deutschen, München 1983
Willms, B., Die Deutsche Nation, Köln 1982
Winkler, H. A. Hg., Nationalismus in der Welt von heute, Göttingen 1982
Ders., Wandlungen des deutschen Nationalismus, in: Merkur 33. 1979, 963–73

2. Regionalismus

Allemann, F. R., Aufstand der Regionen, in: W. Hennis u. a. Hg., Regierbarkeit. Studien zu ihrer Problematisierung, Bd. 2, Stuttgart 1979, 279–309
Blaschke, J. Hg., Handbuch der europäischen Regionalbewegungen, Frankfurt 1980
Brand, J., The National Movement in Scotland, London 1978
Brunn, G., Regionalismus u. sozialer Wandel: Das Beispiel Katalonien, in: O. Dann Hg., Nationalismus u. sozialer Wandel, Hamburg 1978, 157–85
Elkar, R. S. Hg., Europas unruhige Regionen. Geschichtsbewußtsein u. europäischer Regionalismus, Stuttgart 1981
Gerdes, D. Hg., Aufstand der Provinz. Regionalismus in Westeuropa, Frankfurt 1980
Hanham, H. J., Scottish Nationalism, London 1969
Hechter, M., Internal Colonialism. The Celtic Fringe in British National Development 1536–1966, London 1975
Héraud, G., L'Europe des éthnies, Paris 1974^2
Hywel Davies, D., The Welsh Nationalist Party 1925–1945: A Call to Nationhood, Cardiff 1983
Morgan, K. O., Rebirth of a Nation: Wales 1880–1980, Oxford 1981
Nationalism and Separatism, in: Journal of Contemporary History 6. 1971, 1–196
Philip, A. B., The Welsh Question: Nationalism in Welsh Politics 1945–1970, Cardiff 1975
Smith, A. D., The Ethnic Revival, Cambridge 1981
Sturm, R., Nationalismus in Schottland u. Wales 1966–1980, Bochum 1981

3. Dritte Welt

Ansprenger, F., Die Befreiungspolitik der Organisation für Afrikanische Einheit (OAU) 1963–1975, München 1975

Ders., Versuch der Freiheit. Afrika nach der Unabhängigkeit, Stuttgart 1972

Bechtoldt, H., Staaten ohne Nation. Sozialismus als Macht-Faktor in Asien u. Afrika, Stuttgart 1980

Bianco, L. Hg., Das moderne Asien, Frankfurt 1969

Coleman, J. S., Nigeria. Background to Nationalism, Berkeley/Calif. 1963

Dahm, B., Emanzipationsversuche von kolonialer Herrschaft in Südostasien. Die Philippinen u. Indonesien, Wiesbaden 1974

Ders., History of Indonesia in the Twentieth Century, New York 1971

Emerson, R., From Empire to Nation. The Rise of Self-Assertion of Asian and African Peoples, Cambridge/Mass. 1962

Geiss, I., Panafrikanismus. Zur Geschichte der Dekolonisation, Frankfurt 1968

Häckel, E., Afrikanischer Nationalismus, München 1974

Kang, T. S. Hg., Nationalism and the Crisis of Ethnic Minorities in Asia, Westport/Conn. 1979

Kedourie, E. Hg., Nationalism in Asia and Africa, London 1970

Langley, J. A., Pan-Africanism and Nationalism in West Africa, 1900 bis 1945, Oxford 1973

Mazrui, A. A., The African Condition, London 1980

Ders., Cultural Engineering and Nation Building in East Africa, Evanston/Ill. 1972

Puhle, H. J., Nationalismus in Lateinamerika, in: W. Grabendorff Hg., Lateinamerika. Kontinent in der Krise, Hamburg 1973, 48–77

Rothermund, D., Die politische Willensbildung in Indien 1900–1960, Wiesbaden 1965

Sathyamurthy, T. V., Nationalism in the Contemporary World: Political and Sociological Perspectives, London 1983

Snyder, L. L., The New Nationalism, Ithaca/N. Y. 1968

Tibi, B., Nationalismus in der Dritten Welt am arabischen Beispiel, Frankfurt 1971

Traeder, H., Panafrikanismus u. Staatsnationalismus. Untersuchungen zur Theorie u. Praxis afrikanischer Politik bis zur Gründung der »Organisation für Afrikanische Einheit«, Frankfurt 1975

Wirz, A., Krieg in Afrika. Die nachkolonialen Konflikte in Nigeria, Sudan, Tschad u. Kongo, Wiesbaden 1982

edition suhrkamp. Neue Folge

1 Gertrud Leutenegger, Lebewohl, Gute Reise
2 Hans Georg Bulla, Weitergehen
3 Von nun an: Neue deutsche Erzähler. Hg. v. Hans-Ulrich Müller-Schwefe
4 Franz Böni, Hospiz
5 Bodo Kirchhoff, Body-Building
6 Thomas Bernhard, Die Billigesser
7 Sinclair, Der Fremde
8 Octavio Paz, Suche nach einer Mitte
9 Tove Ditlevsen, Sucht
10 Hoffnung auf Frühling. Moderne chinesische Erzählungen. Bd. 1: 1919–1949. Hg. v. Volker Klöpsch u. Roderich Ptak
Hundert Blumen. Moderne chinesische Erzählungen. Bd. 2: 1949–1979. Hg. v. Wolfgang Kubin
11 Paul Feyerabend, Erkenntnis für freie Menschen
12 Norbert Elias, Der bürgerliche Künstler in der höfischen Gesellschaft. Am Beispiel Mozart
13 Stanisław Lem, Dialoge
14 Leo Löwenthal, Mitmachen wollte ich nie
15 William G. Niederland, Folgen der Verfolgung: Das Überlebenden-Syndrom. Seelenmord
16 Politik der inneren Sicherheit. Hg. v. Erhard Blankenburg
17 Der gerechte Krieg. Christentum, Islam, Marxismus. Red.: Reiner Steinweg
18 Darcy Ribeiro, Unterentwicklung, Kultur und Zivilisation
19 Uwe Johnson, Begleitumstände. Frankfurter Vorlesungen
20 Walter Benjamin, Moskauer Tagebuch
21 Dieter Leisegang, Lauter letzte Worte
22 Renate Rubinstein, Nichts zu verlieren und dennoch Angst
23 Hanna Krall, Schneller als der liebe Gott
24 Roberto Calasso, Die geheime Geschichte des Senatspräsidenten Dr. Daniel Paul Schreber
25 Nicolaus Bornhorn, America oder Der Frühling der Dinge
26 Winfried Menninghaus, Paul Celan. Magie der Form
27 Claude Lévi-Strauss, Mythos und Bedeutung
28 Der Neger vom Dienst. Afrikanische Erzählungen. Hg. v. Rüdiger Jestel
29 Rainer Malkowski, Das weiße Schloß
30 Roland Barthes, Leçon/Lektion

31 Das kontrollierte Chaos. Die Krise der Abrüstung. Red.: Reiner Steinweg
32 Die Museen des Wahnsinns und die Zukunft der Psychiatrie. Hg. v. Manfred M. Wambach u. a.
33 Alejo Carpentier, Stegreif und Kunstgriffe
34 Ernst Kris/Otto Kurz, Die Legende vom Künstler
35 Horst Antes, Poggibonsi 1979–1980
36 Wolfgang Glöckler, Seitensprünge
37 Manfred Jendryschik, Die Ebene
38 Christian Meier, Die Ohnmacht des allmächtigen Dictators Caesar
39 Das Afrika der Afrikaner. Gesellschaft und Kultur Afrikas. Hg. v. Rüdiger Jestel
40 Aufklärung und literarische Öffentlichkeit. Hg. v. Chr. Bürger, P. Bürger, J. Schulte-Sasse
41 Dalton Trevisan, Ehekrieg
42 Logik des Herzens. Die soziale Dimension der Gefühle. Hg. v. Gerd Kahle
43 Hans-Georg Backhaus, Marx und die marxistische Orthodoxie
44 Versuchungen. Aufsätze zur Philosophie Paul Feyerabends. Hg. v. Hans Peter Duerr
45 Julio Cortázar, Reise um den Tag in 80 Welten
46 Ernst Bloch, Abschied von der Utopie?
47 Karl Marx, Enthüllungen zur Geschichte der Diplomatie im 18. Jahrhundert. Hg. v. Karl August Wittfogel
49 Thomas Brasch, Engel aus Eisen
50 Hans Mayer, Versuche über die Oper
51 Maxime Rodinson, Die Araber
52 Eduard Heimann, Soziale Theorie des Kapitalismus. Theorie der Sozialpolitik
53 Renato P. Arlati, Auf der Reise nach Rom
54 Lao She, Das Teehaus
55 Max Kaltenmark, Lao-tzu und der Taoismus
56 Unsere Bundeswehr? Zum 25jährigen Bestehen einer umstrittenen Institution. Red.: Reiner Steinweg
57 Michael Buselmeier, Der Untergang von Heidelberg
58 Karl Heinz Bohrer, Plötzlichkeit. Zum Augenblick des ästhetischen Scheins
59 Kim Chi Ha, Die gelbe Erde und andere Gedichte
60 Tankred Dorst, Mosch
61 Anselm Glück, Falschwissers Totenreden(t)
62 Dambudzo Marechera, Das Haus des Hungers

63 Soziale Unterstützung und chronische Krankheit. Hg. v. B. Badura
64 Octavio Paz, Der menschenfreundliche Menschenfresser
65 Adolf Muschg, Literatur als Therapie?
66 Hans Magnus Enzensberger, Die Furie des Verschwindens
67 Peter Weiss, Notizbücher 1971–1980. Zwei Bände
68 Versuchungen. Aufsätze zur Philosophie Paul Feyerabends. 2. Bd. Hg. v. Hans Peter Duerr
69 Thomas Bayrle, Rasterfahndung
70 Kevin Casey, Racheträume
71 Gerald Zschorsch, Glaubt bloß nicht, daß ich traurig bin
72 Boris Moshajew, Die Abenteuer des Fjodor Kuskin
73 André Leroi-Gourhan, Die Religionen der Vorgeschichte
74 Dieter Prokop, Medien-Wirkungen
75 Jürg Laederach, Fahles Ende kleiner Begierden
76 Tove Ditlevsen, Wilhelms Zimmer
77 Roland Barthes, Das Reich der Zeichen
78 Manfred Eisenbeis (Hg.), Ästhetik und Alltag
79 Reto Hänny, Zürich, Anfang September
80 Marguerite Duras/Michelle Porte, Die Orte der Marguerite Duras
81 Kindheit als Fiktion. Fünf Berichte
82 Anton Blok, Die Mafia in einem sizilianischen Dorf. 1860–1960
83 Eva-Maria Alves, Neigung zum Fluß
84 Chinua Achebe, Ein Mann des Volkes
85 Erving Goffman, Geschlecht und Werbung
86 Hans Platschek, Porträts mit Rahmen
87 Darcy Ribeiro, Die Brasilianer
88 Georg Lukács, Gelebtes Denken
89 Zur Dichotomisierung von hoher und niederer Literatur. Hg. v. Chr. Bürger, P. Bürger, J. Schulte-Sasse
90 Martin Walser, Selbstbewußtsein und Ironie. Frankfurter Vorlesungen
91 Claus Böhmler, Drehbuch mit Tonspur
92 Afrikanische Schriftsteller heute. Hg. v. Dagmar Heusler
93 Im Atem des Drachen. Moderne persische Erzählungen. Hg. v. Touradj Rahnema
94 Franz Xaver Kroetz, Nicht Fisch nicht Fleisch. Verfassungsfeinde. Jumbo-Track. Drei Stücke
95 Ursula Hochstätter, Kalt muß es sein schon lang
96 Wassili Afonin, Im Moor

97 Hilfe + Handel = Frieden? Die Bundesrepublik in der Dritten Welt. Red.: Reiner Steinweg
98 Samuel Beckett, Flötentöne
99 Peter Sloterdijk, Kritik der zynischen Vernunft
100 James Joyce, Ulysses
101 Errungenschaften. Eine Kasuistik. Hg. v. Michael Rutschky
102 Der große Rausch. Türkische Erzähler der Gegenwart. Hg. v. Yüksel Pazarkaya
103 Bernhard Luginbühl, Die kleine explosive Küche
104 Hugh Kenner, Ulysses
105 Hans Wollschläger liest »Ulysses«
106 James Joyce, Penelope. Das letzte Kapitel des ›Ulysses‹. Engl./Dt.
107 Fragment und Totalität. Hg. v. Christiaan L. Hart Nibbrig und Lucien Dällenbach
108 Gabriel Jackson, Annäherung an Spanien 1898–1975
109 Thomas McKeown, Die Bedeutung der Medizin. Traum, Wahn oder Nemesis?
110 Uwe Kolbe, Hineingeboren. Gedichte 1975–1979
111 Ngũgĩ wa Thiong'o, Verborgene Schicksale
112 José Lezama Lima, Die Ausdruckswelten Amerikas
113 Signatur G. L.: Gustav Landauer im »Sozialist«. Hg. v. Ruth Link-Salinger (Hyman)
114 Michael Brodsky, Der Tatbestand und seine Hülle
115 Ulla Pruss-Kaddatz, Wortergreifung. Zur Entstehung einer Arbeiterkultur in Frankreich
116 Jean-Paul Aron / Roger Kempf, Der sittliche Verfall
117 Gerald Zschorsch, Der Duft der anderen Haut
118 George Tabori, Unterammergau oder Die guten Deutschen
119 Samuel Beckett, Mal vu, mal dit / Schlecht gesehen, Schlecht gesagt. Frz./Dt.
120 Vivian Mercier, Beckett/Beckett
121 Thomas A. Sebeok, Jean Umiker-Sebeok, »Du kennst meine Methode«
122 Von der Verantwortung des Wissens. Hg. v. Paul Good
123 Karin Struck, Kindheits Ende. Journal einer Krise
124 Wladimir Tendrjakow, Sechzig Kerzen
125 Dieter Henrich, Fixpunkte der Kunst
126 Roland Barthes, Die Rauheit der Stimme. Interviews 1962–1980
127 Einar Schleef, Die Bande
128 Takeo Doi, Amae – Freiheit in Geborgenheit

129 Blick übers Meer. Hg. v. Helmut Martin, Charlotte Dunsing, Wolf Baus
130 Wie die Wahrheit zur Fabel wurde. Nietzsches Umwertung von Kultur und Subjekt. Hg. v. Philipp Rippel
131 Josef Esser, Gewerkschaften in der Krise
132 Die Wiederkehr des Körpers. Hg. v. Dietmar Kamper u. Christoph Wulf
133 Richard Saage, Rückkehr zum starken Staat?
134 Dieter Senghaas, Von Europa lernen
135 Peter Weiss, Notizbücher 1960–1970. Zwei Bände
136 Marin Sorescu, Abendrot Nr. 15
137 Joachim Veil, Die Wiederkehr des Bumerangs
138 Chinua Achebe, Okonkwo oder das Alte stürzt
139 Robert Pinget, Apokryph
140 Julio Cortázar, Ultimo Round
141 Faszination der Gewalt. Politische Strategie und Alltagserfahrung. Red.: Reiner Steinweg
142 Manfred Frank, Der kommende Gott
143 Die neue Friedensbewegung. Red.: Reiner Steinweg
144 Mythos und Moderne. Hg. v. Karl Heinz Bohrer
145 Mongo Beti, Remember Ruben
146 Franz Böni, Alvier
147 Der religiöse Faktor
148 Michael Buselmeier, Radfahrt gegen Ende des Winters
149 Karl Held/Theo Ebel, Krieg und Frieden
150 Jean-Pierre Vernant, Die Ursprünge des griechischen Denkens
151 Literatur und Politik in der VR China. Hg. v. Rudolf G. Wagner
152 Hans-Ulrich Wehler, Preußen ist wieder chic ...
153 Der Mensch als Risiko. Hg. v. Manfred Wambach
154 Nicolas Bornhorn, Der Film als Wirklichkeit
156 Die armen Frauen. Hg. v. Ilona Kickbusch u. Barbara Riedmüller
157 Zum Funktionswandel der Literatur. Hg. v. Peter Bürger
158 Ulrike Heider, Schülerprotest in der Bundesrepublik
159 Eva-Maria Alves, Maanja
160 Franz Koppe, Grundbegriffe der Ästhetik
161 Jürg Laederach, In extremis
162 Eike Hennig, Der normale Extremismus
163 Walther Abisch, Im Futurum perfectum
164 Peter Schwacke, Carte blanche
165 Tove Ditlevsen, Die Gesichter

166 Die neue internationale Informationsordnung. Red.: Reiner Steinweg
167 Ernst Bloch, Was schadet und was nutzt Deutschland ein feindlicher Sieg. Hg. v. Martin Korol
168 Peter Handke, Phantasien der Wiederholung
169 Volker Braun, Geschichten von Hinze und Kunze
170 Edward P. Thompson, Die Entstehung der englischen Arbeiterklasse
171 Roland Barthes, Elemente der Semiologie
172 Franz Xaver Kroetz, Frühe Stücke/Frühe Prosa
173 Werner Koch, Intensivstation
174 Literatur der DDR in den siebziger Jahren. Hg. v. Peter Uwe Hohendahl u. Patricia Herminghouse
175 Lloyd de Mause, Grundlagen der Psychohistorie
176 Josef Esser/Wolfgang Fach/Werner Väth, Krisenregulierung
177 Josef Winkler, Die Menscher
178 Uwe Kolbe, Abschiede und andere Liebesgedichte
179 J. M. A. Biesheuvel, Der Schrei aus dem Souterrain
180 Jochen Hörisch, Gott, Geld und Glück – Zur Logik der Liebe
181 Georg Vobruba, Politik mit dem Wohlfahrtsstaat
182 Walter Vogl, Hassler
183 João Ubaldo Ribeiro, Sargento Getúlio
184 Francis F. Piven/Richard A. Cloward, Aufstand der Armen
185 Abschied vom Recht? Hg. v. Rüdiger Voigt
186 Celso Furtado, Brasilien nach dem Wirtschaftswunder
187 Martin Roda Becher, Der rauschende Garten
188 Das Schwinden der Sinne. Hg. v. Dietmar Kamper u. Christoph Wulf
189 Rüdiger Lautmann, Der Zwang zur Tugend
190 Vom Krieg der Erwachsenen gegen die Kinder. Red.: Reiner Steinweg
191 Brecht-Journal. Hg. v. Jan Knopf
192 Feminismus. Inspektion der Herrenkultur. Ein Handbuch. Hg. v. Luise F. Pusch
193 Alexander Kluge, Schlachtbeschreibung
194 Andrea Lee, Russisches Tagebuch
195 Taktische Kernwaffen. Die fragmentierte Abschreckung. Hg. v. Philippe Blanchard, Reinhart Koselleck u. Ludwig Streit
196 Rüstung und soziale Sicherheit. Red.: Reiner Steinweg
197 Andreas Buro/Karl Grobe, Vietnam! Vietnam?

198 Franz Böni, Der Johanniterlauf
199 Ngũgĩ wa Thiong'o, Der gekreuzigte Teufel
200 Walter Benjamin, Das Passagen-Werk. Hg. v. Rolf Tiedemann

Neue Historische Bibliothek
Hg. von Hans-Ulrich Wehler

241 Werner Abelshauser, Wirtschaftsgeschichte der Bundesrepublik Deutschland. 1945–1980
242 Dirk Blasius, Geschichte der politischen Kriminalität in Deutschland 1800–1980
243 Kurt Kluxen, Geschichte und Problematik des Parlamentarismus
244 Peter Marschalck, Bevölkerungsgeschichte Deutschlands im 19. und 20. Jahrhundert
245 Wolfgang Wippermann, Europäischer Faschismus im Vergleich 1922–1982
246 Michael Geyer, Deutsche Rüstungspolitik 1860–1980
247 Volker Hentschel, Geschichte der deutschen Sozialpolitik 1880–1980
248 Detlef Lehnert, Sozialdemokratie zwischen Protestbewegung und Regierungspartei 1848–1983
254 Hans-Ulrich Wehler, Grundzüge der amerikanischen Außenpolitik 1750–1900
256 Albert Wirz, Sklaverei und kapitalistisches Weltsystem

edition suhrkamp. Neue Folge